D1617852

Elbe, Rhein und Delaware.
Flüsse und Flussübergänge als Orte der Erinnerung

Herausgegeben von
Karl Holl und Hans Kloft

edition lumière

Elbe, Rhein und Delaware

Flüsse und Flussübergänge als Orte der Erinnerung

Herausgegeben von
Karl Holl und Hans Kloft

edition lumière bremen
2017

Bibliographische Information der Deutschen Bibliothek

Die Deutsche Bibliothek verzeichnet diese Publikation in der Deutschen Nationalbibliographie; detaillierte bibliographische Daten sind im Internet über http://dnb.ddb.de abrufbar.

Gesamtherstellung in der
Bundesrepublik Deutschland
© edition lumière Bremen 2017
ISBN: 978-3-943245-59-2

Inhaltsverzeichnis

Vorwort   7

Hans Kloft

Flüsse und Brücken. Einführung   9

Christoph Auffarth   21
Der Jordan: Grenze und Übergang zum ‚Gelobten Land'

Hans Kloft   37
Caesar und der Rubicon

Karen Piepenbrink   53
Der Tiber in Rom, Milvische Brücke (28. Oktober 312 n.Chr.)

Martin Vogt: 67
Ein Kreuzzug bis zum Saleph (1188–1190)

Hans-Wolf Jäger   75
RHODANUS.
Historische und literarische Blicke auf einen Fluss.

Corinna Hauswedell   97
Vom Boyne zur Somme? Der Wandel der Erinnerungskultur in Nordirland

Roger Chickering 121
George Washington überquert den Rhein. Zum großen Gemälde Emanuel Leutzes

Martin Vogt 129
Blüchers Rheinüberquerung am 1. Januar 1814

Holger Böning 137
Und nicht über und nicht unter/ Andern Völkern wolln wir sein/ Von der See bis zu den Alpen/ Von der Oder bis zum Rhein. – Ein deutscher Fluss im politischen Lied – nicht Brücke, sondern Grenze.

Karl Holl 165
Ein General bewährt sich als Mensch: Die Loire-Brücke von Beaugency

Martin Vogt 179
Torgau 25./26. April 1945

Reinhold Lütgemeier-Davin 187
Keine besonderen Vorkommnisse. Die Glienicker Brücke als Symbol des Kalten Krieges

Jens Schneider 203
Neretva – Mostar

Autorenverzeichnis 213

Vorwort

Flüsse und Flussübergänge sind den meisten Menschen vertraut. Seit Urzeiten bilden sie Lebensadern und als Brücken die Möglichkeit, von einer Seite auf die andere zu kommen und natürliche Hindernisse zu überwinden. Von früh an bildeten sie im Sinne von Arnold Toynbee *challenge and response*, die Herausforderung, Schwierigkeiten zu überwinden und neue Ufer zu gewinnen. Fluss und Brücke haben in ihrer jeweiligen Landschaft und in ihrer Zeit Geschichte gemacht, oft wenig aufregend und dem menschlichen Alltag geschuldet, zuweilen aber doch recht spektakulär, sowohl in der Sache, wie in der Deutung.

In diesem Sinne werden Fluss und Flussübergang in unserer kleinen Auswahl als Elemente der Erinnerungskultur gewürdigt, als denkwürdige Orte, an denen wichtige historische Erinnerungen sichtbar werden und sich dem menschlichen Gedächtnis eingebrannt haben. Wir sind den Autorinnen und Autoren dankbar, dass sie uns ihre Beiträge zur Verfügung gestellt haben. Wir danken Holger Böning, dass unser Büchlein in seinem Verlag erscheinen konnte. Das Thema berührt sich in mehreren Punkten mit den Fragen der Friedensforschung, die den Herausgebern stets am Herzen gelegen haben. Ihre Zusammenarbeit hat mit der Herausgabe von L. Quiddes Caligula vor über 20 Jahren begonnen, ein Stück Deutungsgeschichte der wilhelminischen Epoche, die nach wie vor aktuell ist. Wir wünschen dem vorliegenden Band eine ähnlich freundliche Aufnahme. Im Brückenbau darf man über alle Zeiten hinweg ein menschliches Grundbedürfnis sehen, das in der Welt von heute seine Bedeutung nicht verloren hat.

Bremen im Januar 2017

Karl Holl und Hans Kloft

Hans Kloft

Flüsse und Brücken – Einführung

Am 9. November 1993 wurde in Mostar die alte Brücke (Stari most), die über den Fluss Neretva führte, gezielt zerstört. Sie fiel als Opfer der kroatisch-serbischen Auseinandersetzung im Balkankrieg, der nach dem Zerfall Jugoslawiens die alten nationalen und religiösen Gegensätze auf dem Balkan in aller Brutalität wieder aufflammen ließ. Die Brücke war nicht nur ein architektonisches Meisterwerk aus der Mitte des 17. Jahrhunderts, sondern galt als Symbol, das zwischen Kroaten und Serben, zwischen der katholisch-orthodoxen und islamischen Welt, zwischen Ost und West eine schmale Verbindung schlug, fragil und in unruhigen Zeiten stets bedroht, wie das friedliche Zusammenleben der unterschiedlichen Bevölkerungsgruppen selbst.

Brücke Stari Most in Mostar, Photo vom August 1974

Es war der in der deutschen Außenpolitik erfahrene Bremer Bürgermeister Hans Koschnick (1926-2016), der als EU-Beauftragter die zerrissenen Fäden knüpfen und einem geregelten Neben- und Miteinander der Volksgruppen den Weg ebnen sollte. Hans Koschnick hat auch den Wiederaufbau der Brücke vorangetrieben, der 1995 begonnen und 2004 abgeschlossen wurde. Im Jahr darauf hat man sie in das Weltkulturerbe der UNESCO aufgenommen, ganz sicher auch so etwas wie ein Scheck auf die Zukunft.

Der Flussgott Nil, Spender des Wohlstandes in Ägypten
Kolossalstatue der römischen Kaiserzeit, Vatikanische Museen Rom

I.
Die Brücke über die Neretva steht als ein Beispiel für unser Vorhaben, an Flüssen und Übergängen sichtbar zu machen, dass sie sehr vielmehr sind als geographische Orientierungen und Verkehrswege. Flüsse und Brücken haben in der historischen Realität wie im historischen Bewusstsein von der frühesten Zeit an bis in die Gegenwart stets eine große Rolle gespielt. Sie sind wie der Nil die Lebensader eines Landes. Sie sichern die Grundlagen

der Ernährung, sie fördern die Landwirtschaft und den Handel wie Euphrat und Tigris in Mesopotamien. Sie trennen Landschaften und lassen doch auch wieder die Ufer zusammenwachsen. In der alten Welt haben sie vielfach eine religiöse Dimension besessen, mit einer Flussgottheit an der Spitze, mit Nereiden und Tritonen im Gefolge, die in der bildenden Kunst oft liebevoll ausgestaltet wurden.

Flüsse haben auf all diesen Feldern seit je her das Nachdenken und die Phantasie der Menschen herausgefordert und ihnen damit zu einer geschichtsträchtigen, mythischen Existenz verholfen. Im griechischen Totenkult galt es, die legendären Unterweltsströme zu überwinden, ehe der Trank aus dem Fluss Lethe die Erinnerung an das irdische Leben auslöschte. Der Fluss ist eine existentielle Grenze, über die es kein Zurück geben kann.

Stich von R.Bodmer nach J.A.Lasinsky

Die Grenzfunktion von Flüssen tritt uns sehr viel handfester bei der Trennung von Ländern und Kulturen entgegen: Der Halys in Kleinasien, der Jordan in Palästina, Rhône, Rhein und Donau in West- und Mitteleuropa, die Oder, die Neisse, die Weichsel im Osten. Der Bogen ließe sich leicht nach Amerika und Asien weiter schlagen. Dabei war der Fluss den Menschen nicht nur ein gliederndes und verbindendes Element in der Landschaft. Er war stets auch darüber hinaus ein Element der Reflexion, der dichterischen und künstlerischen Auseinandersetzung, die den Fluss auf eine höhere Ebene hob und ein Bild schuf, das über die realen Zustände oft weit hinaus ging. So verhalf die weitverbreitete Rhein-Romantik des 19. Jahrhunderts dem Strom zu einer geradezu seelischen Erlebnisform von großer Suggestion, gespeist von Dichtung, Malerei und Musik. Heinrich Heine, Eduard Turner, Robert Schumann und viele andere haben dem Rhein zu einem Ansehen verholfen, das auch heute noch imstande ist, Touristenströme anzulocken und Menschen jedweden Alters und Herkunft zu begeistern.

Blüchers Rheinübergang 1814

II.

Dem Fluss wächst eine zusätzliche historische Erinnerung zu, wenn sie mit kriegerischen Auseinandersetzungen verbunden ist, die ihm eine besondere Note geben. Der Fluss hindert Vormärsche, macht Übergänge möglich und fordert Kriegskunst und Technik heraus. Davon ist in unserem Florilegium exemplarisch die Rede. Hannibal setzt mit seinen Kriegselefanten in einem spektakulären Akt über die Rhône, um den Krieg gegen die Römer in ihr eigenes Herrschaftsgebiet zu tragen. Blücher, der legendäre „Marschall Vorwärts" der Befreiungskriege, geht am Neujahrstag des Jahres 1814 mit seinem Heer bei Kaub über den Rhein, eine denkwürdige militärische Leistung, die ihre historische Bedeutung durch die nachfolgenden Ereignisse erhielt, die Einnahme von Paris und die Entmachtung Napoleons.

In ähnlicher Weise kündigt Caesars Übergang über den Grenzfluss Rubicon den späteren Marsch auf Rom und den diktatorischen Machthaber an. Im April des Jahres 1945 treffen sich russische und amerikanische Truppen in Torgau an der Elbe, ein Zusammentreffen, das im Nachhinein als Handschlag der doch so unterschiedlichen Sieger in die Geschichte eingeht.

Treffen der Alliierten in Torgau am 25. April 1945

Immer wieder begegnen eindrucksvolle Bilder, die nur zum Teil in den zeitgenössischen Quellen angelegt sind, vielmehr von Historikern, Literaten und Malern vielfach im Nachhinein geschönt und nachgestellt wurden. Sie prägen die historische Erinnerung weit mehr als die nüchterne Nacherzählung „wie es eigentlich gewesen". Der Übergang von George Washington im Jahre 1776 über den Delaware fand seinen prägenden, sozusagen „klassischen" Ausdruck im Bild von Emanuel Leutze (1816-1868) aus der Düsseldorfer Malerschule, der den Übergang der amerikanischen Truppen kurzerhand an den Rhein verlegte.

Washington überquert den Delaware. Gemälde von Emanuel Leutze 1851

Er hatte mit dem Bild eine „patriotische Ikone", wie die Kritiker meinten: einen historischen „Schinken" von zweifelhafter Qualität geschaffen, das in dem Konterfei des zukünftigen amerikanischen Präsidenten all die Tugenden und Haltungen aufwies, die sich die amerikanische Gesellschaft gern selbst zusprach.

Flüsse stimulieren die Dichtung, die Musik und das Theater. Chauvinistische Töne finden Eingang in das politische Lied, wie dies etwa in der „Wacht am Rhein" der Fall ist. „Der Soldat am Wolgastrand, der Wache hält für sein Vaterland", ein heiß geliebtes und rührseliges Stück für die Landser im Zweiten Weltkrieg, stammt ursprünglich aus einer Operette von Franz Lehár. Das Lied verharmlost den Überfall des nationalsozialistischen Deutschlands auf die Sowjetunion und die militärisch wichtige Stellung am

„Grenzfluss". Die über ihren Anlass hinaus wirkenden populären Lieder sprechen die Emotionen an und sind geeignet, dem Fluss einen quasi mythischen Glanz zu verleihen.

Max Baltruschat – Lehár – Der Zarewitsch – Wolgalied.

III.
Mehr noch als die Flüsse können Brücken hohen Symbolwert annehmen. Sie stellen, wie dies der Philosoph Georg Simmel herausgestellt hat, eine spezifisch menschliche Leistung dar. Die Brücke überwindet den Fluss

nicht durch eine natürlich Furt, wie sie seit Urzeiten auch die Tiere genommen haben, sondern verbindet mit einer gewissen Dauer die trennenden Ufer und symbolisiert so, wie Simmel weiter sagt, die Ausbreitung unserer „Wollens-Sphäre über den Raum". Demnach ist die Brücke ein menschlicher Kraftakt und verrät technisches Vermögen. Sie besitzt für den Betrachter in der Regel einen hohen ästhetischen Wert, auch ist ihr eine gewisse religiöse Dimension eigen. Dem Brückenbauer, dem Pontifex wird das Vermögen zugetraut, menschliche und göttliche Sphäre miteinander zu verbinden. Der jetzige Papst Franziskus versteht die Aufgabe zur Verbindung und Versöhnung darüber hinaus ganz säkular: Brücken bauen in einer zerstrittenen, friedlosen Welt als vornehmste Aufgabe des Pontifex Maximus.

Als der Perserkönig Xerxes sich anschickte, in Griechenland einzumarschieren, ließ er über den Hellespont eine gewaltige Brücke bauen, die Asien und Europa verbinden sollte. Sie wurde das Opfer eines furchtbaren Seesturmes. In seinem Zorn ließ der Großkönig das Meer peitschen und Ketten versenken, mit frevelhaften Worten, wie dies Herodot berichtet: „Du tückisches Wasser, so bestraft dich unser Herr, weil du ihn beleidigt hast, obwohl er dir nichts zuleide tat", (Herod. VII, 33-35). Der immense Brückenbau zeugt von Frevel und Hybris und fand in der Vorstellung der Griechen seine Strafe in der Niederlage der Perser.

Für die Brücke als technisches und ästhetisches Kunstwerk stehen die vielen Beispiele römischer Baukunst, sie unterstreicht, ganz in der Argumentation Simmels, den römischen Willen zur Raumbeherrschung. Sie sind bis auf den heutigen Tag ansehnlich und bewundernswert.

Man mag an den Pont du Gard in Frankreich, an die Römerbrücken in Trier und an der ehemaligen Verbindung über den Rhein oberhalb von Koblenz denken. Sie lässt sich aber aus den Stützpfeilern im Rhein rekonstruieren und auf die Zeit um 50 n. Chr. datieren: Was hat den Brückenbau veranlasst, wirtschaftliche oder militärische Absichten, um römische Zivilisation und germanisches Barbarenland miteinander zu verbinden?

Viele mittelalterliche Städte sind ohne Straßennetz und Brücken nicht zu denken, Städte wie Regensburg, Prag oder Innsbruck müssen als Beispiele genügen. Brückentor, Brückenzoll und Brückenwache sind vor allem mittelalterliche Accessoires, die den Weg von draußen nach drinnen regulieren helfen und der Brückenverbindung Kontrollinstanzen beigeben, die Menschen und Waren gleichermaßen betreffen.

Pont du Gard

IV.
Brücken sind bei aller äußerlichen Standfestigkeit zerbrechliche Gebilde, vor allem in Kriegsfällen gefährdet, umkämpft und zuweilen Schauplatz von Entscheidungen mit großer Reichweite. Dafür stehen in unserer Sammlung der Sieg des Kaiser Konstantin an der Milvischen Brücke unweit von Rom im Jahre 312 n. Chr., den die spätere Deutung mit der Bekehrung des Kaisers zum Christentum und der Überwindung des alten durch den neuen Glauben verbindet. Symbolträchtig hat dieses Ereignis der Maler Peter Lastman durch den Brückensturz des heidnischen Tyrannen Maxentius ins Bild gesetzt.

Die Brücke verbindet nicht nur, sie kann ein Zeichen des Abbruches, der Trennung gegen ihren ursprünglichen Sinn sein. Für den Abbruch stehen nicht nur die vielen Kriegszerstörungen von Brücken. Im populären Bilderbogen „Max und Moritz" von Wilhelm Busch sägen die kleine Bösewichte den Holzsteg an, der über den Bach zum Haus des Schneiders führt und verursachen damit beinahe eine große menschliche Kalamität. Diese Zerstörung „voller Tücke" lässt sich durchaus symbolisch verstehen.

Aus Wilhelm Busch's Max & Moritz: 3. Streich (Schneider Böck)

Symbolisch steht für den Abbruch von Beziehungen in jüngerer Zeit die Glienicker Brücke zwischen Potsdam und Berlin, an der die Trennung zwischen Ost und West nach dem 2. Weltkrieg manifest wurde. Der Übergang, das „Symbol des Kalten Krieges", schrieb als Ort des Agentenaustausches zwischen Ost und West Geschichte. Die Brücke stellt bis auf den heutigen Tag ein Denk-Mal im eigentlichen Sinn des Wortes dar, an dem ein wichtiger Abschnitt der jüngeren deutschen Geschichte sichtbar wird.

In der Brücke, so lautet die Überlegung Simmels, treffen sich Momente von Getrenntsein und Verbundenheit. Den erneuten Brückenschlag haben sowohl die Glienicker- als auch die alte Brücke in Mostar erlebt, wie unsere Beiträge zeigen. Der Leser, bzw. der Zuschauer, mag entscheiden, wie weit dem äußeren, renovierten Bau die inneren Verbindungen entsprechen, die politischen, ökonomischen und mentalen Verhältnisse auf beiden Seiten, die doch sehr schwer zueinanderfinden. In diesem Sinne steht sie als ein Zeichen der Hoffnung und als Wechsel auf die Zukunft, den einzulösen eine stets neue Aufgabe der betroffenen Menschen in der Region ist.

V.

Erinnerung, Erinnerungskultur, gar Erinnerungspolitik sind als gängige Größen aus dem aktuellen wissenschaftlichen Diskurs nicht mehr wegzudenken. Sie haben dort, wo eine echte *memoria* geglückt ist, neue Zugänge zu Personen, zu Orten und Ereignissen eröffnen können. Geschichte konnte auf diese Weise gegenwärtig werden und Verbindungen schaffen zwischen dem Einst und dem Jetzt in Erzählungen, in Bildern, in Musik und Theater, nicht zuletzt im modernen Film. In dem eindrucksvollen Kunstwerk „Die Brücke" von Bernhard Wicki aus dem Jahre 1962 bildet das unscheinbare Bauwerk den dramatischen Austragungsort ganz unterschiedlicher Kriegsteilnehmer, von Amerikanern und Deutschen, von alten und jungen Kämpfern, von verblendeten Jugendlichen und illusionslosen Landsern. Der Film machte den Krieg in seiner ganzen Grausamkeit und Sinnlosigkeit offenbar angesichts einer Brücke, die dabei ist, ihre eigentliche Funktion zu verlieren.

In der Verbindung und in der Trennung zeigen sich, wie Simmel ganz allgemein formuliert hat, zwei grundsätzliche menschliche Existenzformen: Der Mensch als das verbindende Wesen, das zugleich auch Grenzen setzt. Das ist eine philosophische Aussage, die der empirische Historiker mit Anschauung füllen muss, wenn er sich über die Rolle von Flüssen und Brücken in der Geschichte verbreitet. Der Gegensatz von Krieg und Frieden ist dabei oft implizit mit gedacht.

Verbindung und Übergang, Abbruch und Zerstörung haben sich als politische Begriffe fest eingebürgert und besitzen in der wissenschaftlichen Analyse ihren festen Platz. – So läßt sich der Bogen schlagen zu den Verhältnissen vor Ort.

Die Konflikts- und Friedensforschung hat an der Universität Bremen von Beginn an einen hohen Stellenwert und in Karl Holl und Dieter Senghaas Vertreter besessen, deren Arbeiten weit über Bremen hinaus Anerkennung gefunden haben. So steht unser Bändchen in einer Wissenschaftstradition, der geeignete und erfolgreiche Nachfolger zu wünschen sind.

Christoph Auffarth

Der Jordan: Grenze und Übergang zum ‚Gelobten Land'*

1. Kampf um einen kleinen Fluss

Von den murmelnden Quellen vier kleiner Quellflüsse am Bergmassiv Hermon mit seinem grünen Bergland füllt der Jordan zunächst den Hule-See, dann den – für die Verhältnisse der Levante – riesigen See Genezareth, ergießt sich an dessen Ausfluss wieder ins Bett zunächst noch in einer grünen Ebene, dann aber fließt er durch die Wüste, bis er schließlich südlich von Jericho ins Tote Meer mündet, mit seinem überaus salzigen Wasser, ohne Vegetation ringsum, lebensfeindlich, tödlich.[1] Das süße, lebensspendende Wasser hat dort unten nicht die Kraft, Pflanzen zu Leben und Frucht zu bringen. Und die Kraft ist ihm unterwegs genommen. Denn Wasser ist knapp im Nahen Osten und wird für intensive Gartenbauwirtschaft dringend benötigt. So entnehmen schon im Oberlauf, wo noch semi-arid mediterranes Klima herrscht, Bauern und Bauerngenossenschaften in den Kibbuzim so viel Wasser, dass der Spiegel des Sees Genezareth um mehrere Meter gesunken ist und sich auch durch winterlichen Regen und Schneeschmelze vom Hermon nicht wieder auffüllt. Etwa ab der Region, wo die Jesreel-Ebene vom Mittelmeer auf die Jordan-Senke trifft, beginnt die Wüste. Nur wo sich der Fluss jetzt träge schlängelt, ist er das einzige Süßwasser; das aber nehmen sich die Gärten rechts und links des Flusses. Die Gewächshäuser benötigen so viel Bewässerung, dass man kaum noch von einem Fluss reden kann. Wasser, das anschließend in konzentrierter und aromatischer Form exportiert wird: Berühmt sind die Zitrusfrüchte, darunter die Jaffa-Orangen.[2]

Geographisch gesehen ist das Jordantal Teil einer riesigen Narbe der Erdkugel, die als „Ostafrikanischer Grabenbruch" (Rift Valley) vom Sambesi im südlichen Afrika über den Viktoriasee und die Seenplatte rechts und links des großen Sees durch Äthiopien zum Golf von Aden, schließlich durch das Rote Meer bis zum südlichsten Punkt des Staates Israel läuft, Eilat. Von dort zieht sie sich weiter zum Toten Meer, das wie ein Brennglas bis 400 Meter unter dem Meeresspiegel die ‚mörderische' Sonne einfängt. Am nördlichen Ende mündet der Jordan ein. Das Jordantal bis zum See Genezareth folgt dem Graben, der sich über den Hermon hinaus zwischen den beiden Gebirgen Libanon und Antilibanon im Libanon und in Syrien als Beqaa-Ebene noch einmal 120 km nach Norden erstreckt.

Politisch-historisch bildet der Jordan Grenze und Zankapfel im ‚Nahostkonflikt', nicht erst seitdem die europäischen Juden, die dem Genozid entkommen waren, in dem Land, das nun die ‚Palästinenser' bewohnten, ihren eigenen Staat erobern und aufbauen wollten. Lord Balfour hatte einer Delegation europäischer Juden am Ende des Ersten Weltkriegs 1917 versprochen, dass sie eine ‚nationale Heimat für das jüdische Volk' bekommen würden.

His Majesty's government view with favour the establishment in Palestine of a national home for the Jewish people.

Das verantworteten sie als Mandatsmacht mit kolonialer Selbstermächtigung, ohne die andere Seite zu fragen oder einen Weg einer Zwei-Staaten-Lösung zu öffnen. Stattdessen einen Konflikt ohne Ende.[3] Es gab nur das Stammeskönigtum in Jordanien im ehemaligen Osmanischen Reich, das sich von Amman bis zur Mittelmeerküste erstreckte, das die Briten nun in zwei Teile teilten mit dem Jordan als Grenze: Der eine Teil, Transjordanien („Jenseits des Jordan'), bildet das heutige Königreich Jordanien; der westliche Teil als die Westufer (Westbanks) würde Palästinenser und Juden aufnehmen. Die jüdische Untergrundarmee der Hagana bombte und feuerte Orte frei, um dort Kibbuzim zu bauen, sozialistische Gemeinschaftssiedlungen als Wehrdörfer: die einen pflanzten und ernteten Früchte, die anderen standen auf den Wachtürmen und verteidigten ihre Bastionen mitten in einem Land, das anderen gehörte. Im Teilungsplan von 1948 legte die UN eine ‚grüne Grenze' fest: der Westteil als Territorium des neuen Staates ‚Israel', der Ostteil mit den Städten Hebron im Süden und Nablus im Norden und vor allem in der Mitte die Altstadt von Jerusalem – ja, als was? Formal gehören die ‚Palästinenser-Gebiete' zum Königreich Jordanien, das aber auf keinen Fall die aus ihren Orten vertriebenen Araber in Lagern auf ihrem Gebiet ansiedeln und so ein Pulverfass bei sich beherbergen wollte. Nur ein

Übergang führt vom Westjordanland über den Fluss nach dem Königreich Jordanien, die Allenby-Brücke. Im Sechs-Tage-Krieg 1967 besetzte der Staat Israel dann weite Teile des Ostteils jenseits des Teilungsplans, darunter Jerusalems Altstadt. In den besetzten Gebieten (im Sprachgebrauch in Israel spricht man einfach von ‚den Gebieten') herrscht entweder Kriegsrecht oder ist die palästinensische Polizei für die Ordnung verantwortlich. Die grüne Grenze wurde durch eine sechs Meter hohe Mauer zementiert bzw. durch einen Drahtzaun befestigt, vielfach mitten durch fruchtbarste Ländereien der Palästinenser. Der Film *Lemon-Tree*[4] erzählt eindrücklich davon, wie „das Recht der Juden auf Selbstverteidigung" zum Unrecht wird, wo auch der Oberste Gerichtshof in einem Rechtsstaat der militärischen Logik weichen muss. In den (nach Völkerrecht unrechtmäßig) besetzten Gebieten breitet sich zudem das Krebsgeschwür der „Siedlungen" aus und schnürt an einer Stelle schon die Verbindungsstraße vom Süden zum Norden massiv ein.[5] Die *Shoa*, die Ermordung der Juden Europas, steht gegen *Nakba*, die Vertreibung der Palästinenser aus den meisten Dörfern. Ein Gesetz Israels verbietet, der *Nakba* am gleichen Tag (15. Mai) öffentlich zu gedenken, an dem die Israelis ihre nationale Unabhängigkeit feiern. Die Erinnerung ist konkurrierend.[6]

2. Grenze: Die mythische Grenze zum Gelobten Land

Doch wem gehört das Land?
Im Staat Israel gab es eine Koalition zwischen den Religiösen und den Zionisten, sonst erbitterte Gegner, die die Hebräische Bibel als Beweis für ihr Recht auf das ganze Land westlich des Jordans erheben.

Auf der anderen Seite steht einerseits die historische und juristische Kontinuität von Besitzverträgen, Regelungen aus osmanischer Zeit und ein Rückgriff auf die gleiche antike Geschichte, auf die sich die biblische Erzählung der ‚Landnahme' bezieht: Als am Ende des *Exodus* (dazu gleich) die ‚Kinder Israel' das Land einnahmen und ansiedelten, da siedelten dort schon andere. Die Neukömmlinge nannten die Ansässigen Kanaanäer und Philister. Aus dem Namen der Letzteren, semitisch *Pelištim* (Philister), formten die Römer den Namen ihrer Provinz *Palaestina*, die Palästinenser sehen sich als deren Nachkommen und Rechtsnachfolger. Einen der riesenhaften und bestens mit Eisen bewaffneten Philister namens Goliath tötete der kleine

Hirte mit seiner schlichten Waffe, der Schleuder: David gegen Goliath (1. Samuel 17). Der Mythos, den man bis zum Sechstage-Krieg 1967 gerne auf die Situation Israels gegenüber den übermächtigen, es umzingelnden Arabern metaphorisch übertrug, hat sich längst in sein Gegenteil verkehrt. Die anderen arabischen Staaten solidarisieren sich politisch, distanzieren sich aber in den Lebensbereichen strikt von dieser solchermaßen konstruierten Nation der Palästinenser. Israel ist der mit modernster Waffentechnik ausgestattete Staat: die Palästinenser dürfen keine großen Waffen besitzen.

Jetzt sprechen die Israelis von dem Reich, das der kleine David dann als König gründete und sein Sohn Salomon weiter ausbaute: das Großreich Davids. Von Dan in den 1967 eroberten und seither besetzten Golanhöhen im Norden bis zum Golf von Eilat habe David von Jerusalem aus das Großreich beherrscht, Salomon baute den Tempel dort, wo heute die Palästinenser ihr *Haram*, ihren tabuisierten ‚heiligen' Bezirk argwöhnisch bewahren: auf dem ‚Tempelberg' in der Altstadt von Jerusalem. Israels Archäologen suchten und glauben gefunden zu haben den Palast des Königs. Genauer gesagt: Jerusalems Archäologen, denn die Archäologen von Tel Aviv widersprechen.[7] Nirgendwo in den vielen Ausgrabungen zeigte sich ein Befund für eine neue Phase um das Jahr 1000 BCE,[8] wo Israel Kanaan oder Philister abgelöst hätte, als um diese Zeit David nach biblischer Chronologie das Königtum errichtete.

Meron Benvenisti (früherer Bürgermeister von Jerusalem) beschreibt von seinem Vater, dass der Landvermesser im Auftrag des neuen Staates Israel in die Karten der Osmanen und die britischen Militärkarten an der Stelle von arabischen Ortsbezeichnungen nun hebräische Namen eintragen sollte: aus der Landkarte wird ein Palimpsest.[9] In der einen das Blatt auf dem Messtisch, in der anderen die Bibel, insbesondere das Buch Josua, mit seiner detaillierten Fülle von Ortsnamen. Aus dem Land der Araber wird die jüdische Heimat, die Zeit von der arabischen Eroberung 634 bis 1948 ausradiert und mit neuem Namen überschrieben.

3. Der Mythos vom Jordan: Der Übergang zum Gelobten Land ist verboten

Mythische Qualität erhält der Fluss durch mehrere Erzählungen in der Bibel. Die erste bezieht sich auf die Gestalt des Moses. Nach den Patriarchen und Gründungsmüttern Abraham und Sarah, Isaak und Rebekka, Jakob und seinen zwei Frauen Lea und Rahel wandern deren zwölf Söhne nach Ägypten aus. Dort bekommen sie Arbeit und ein auskömmliches Leben, aber sie sind den Launen des Herrenvolkes ausgesetzt. Als es wieder einmal unerträglich wird, führt Moses, ein hebräisches Findelkind, das wie ein Prinz im Pharaonenhaus aufgewachsen ist, und nun ein charismatischer Anführer der Befreiung wird, die ‚Kinder Israel' (den Namen Israel hatte Jakob von Gott erhalten), aus Ägypten heraus: die Befreiung aus der Sklaverei, der Exodus.

Rückkehr der Kundschafter
nach einem Stich von Gerard Jollain, 1670

Durch viele Wunder rettet Gott Jhwh[10] sein Volk aus allen Todesgefahren. Er ist präsent als mit-wandernder Gott in Gestalt einer Wolkensäule bei Tage, einer Feuersäule bei Nacht. Aber ‚sein Volk' begehrt immer wieder auf gegen die Strapazen von vierzig Jahren Nomadendasein, es „murrt". Endlich kommen sie am Jordan an, die Grenze zu dem Land, das Gott seinem Volk verheißen hatte. Eine kleine Gruppe Kundschafter unter der Führung des Kaleb erkundet das Land jenseits des Jordan. Sie kommen mit einer Traube zurück, die nur zwei Männer auf einer Stange über den Schultern tragen können (Numeri 13,23).

Noch einmal wird das Volk auf seine Vollständigkeit hin gezählt. (Davon heißt das vierte Buch Mose ‚Zahlen', lat. *Numeri*; dort ist die hier bezeichnende Stelle Num 34,12). Mose, der das Volk all die Jahre geführt, der die Gesetzestafeln von Gott erhalten hatte, darf vom Berg in der Wüste aus das fruchtbare Gelobte Land sehen. Gott zeigt ihm die Regionen des Landes, von Dan im Norden bis Gilead, vom Mittelmeer bis zum Jordangraben. Aber Moses darf es nicht betreten. Der Jordan wird für ihn die Grenze, der Ort des Todes. Wie sein Bruder, der Priester Aaron, und seine Schwester Mirjam sterben die drei Führer der Befreiung; kein Grab ist bezeichnet; die Person verweist auf ihr Werk. Bevor er stirbt (Dtn 34), hält Moses noch eine Rede (Dtn 1-4), die als Zweites Gesetz (griech. *Deuteronomium* abgekürzt Dtn) das Fünf-Buch abschließt, gewissermaßen das Testament des Moses: Es bekräftigt noch einmal das Bündnis Gottes mit seinem Volk auf der Grundlage der Zehn Gebote (Dtn 5) und des täglichen Gebetes „Höre Israel, der Herr ist Dein Gott und er ist ein Einziger!" (Dtn 6,4f) Danach zieht das Volk durch die Furten am Unterlauf des Jordan in das Gelobte Land ein und nimmt – oft mit Gewalt – das Land in Besitz: Beschrieben ist das in dem Buch Josua 3, benannt nach Moses' Nachfolger Josua. Eben den Namen Joschua/Jesus („Gott rettet") erhält dann der Mann, der die zwölf Männer sammelt für die Wiederherstellung Israels in der Römerzeit. Auch dort beginnt die Geschichte am Jordan. Dazu gleich.

Gewissermaßen das verkleinerte Gegenstück zur Wüstenexistenz spielt an einem Nebenfluss des Jordan. Dort muss sich der Prophet Elia (*Elijahu* „der [einzige] Gott ist Jhwh!") verstecken, weil er die Königin Isebel und den König Ahab angeprangert hatte, dass sie neben dem einzigen Gott Israels auch andere Götter verehrten, besonders Aschera und Baal. Mit Kleidung aus Kamelhaar bekleidet und von wildem Honig ernährt er sich notdürftig eine Zeit lang. Am Bach Kerit will Elia nun sterben, Essen kann er sich nicht besorgen, ohne dass ihn die Männer des Königs ergreifen und töten. Doch ein Rabe bringt ihm täglich etwas zu essen (1. Könige 17). Nachdem Elia den Monotheismus wieder hergestellt hat, belohnt ihn Gott damit, dass er nicht sterben muss. Vielmehr holt ihn ein feuriger Wagen aus dem Himmel ab aus dem Jordantal. Er wird in den Himmel entrückt (2. Könige 2).

Als neuer Elia, ebenfalls in der Wüste am Fluss Jordan, ebenfalls mit Kamelhaar-Mantel, ebenfalls von Honig ernährt, tritt in der Römerzeit ein Prophet auf: Johannes der Täufer. Auch er gerät in Konflikt mit dem König. Er ruft auf zur Umkehr durch Umdenken (μετάνοια).[11] Auch Jesus begibt sich dorthin und lässt sich von Elia-Johannes taufen. Dieser weigert sich zunächst, weil er in dem jungen Mann den Messias erkennt, nimmt dann aber doch seine Aufgabe als Täufer an. Als Jesus in das Wasser des Jordan hinabsteigt, öffnet sich der Himmel und eine Stimme ruft „Das ist mein ‚Sohn', ihn habe ich erwählt." (Markus 1,1-11). Mit dieser Erwählung zu seinem ‚Sohn' beginnt das Wirken des Gesalbten (hebräisch *Meschiach/Messias*, griechisch *Christòs* χριστός), eben am Jordan.

Noch eine andere mythische Bedeutung, die beide Teile der Bibel umfasst, die hebräische und die griechische des Neuen Testaments. Als das Volk 586 v.Chr. deportiert wurde nach Babel, einer Wüstenlandschaft, durch die der Fluss Euphrat fließt, da erklärt der Prophet Hesekiel,[12] dass Israel durch seine eigenen Fehler da hinein geraten ist: weil es die Armen ausgebeutet hat und weil es Gott nicht mehr verehrt, weil es auf seine militärische Macht vertraute. Die umliegenden Völker lachen Israel aus (Ez 25-39), doch Gott zeigt am „Tag des Herrn", dass er sie seinerseits zu lächerlichen Wichten macht. Aber wenn Israel umdenkt und eine Theokratie neu einführt, die Stadt Jerusalem reinigt und einen neuen Tempel baut, dann wird Gott auch wieder einziehen und mitten in seinem Volk wohnen. In dem Verfassungsentwurf für die neue gerechte Gesellschaft (Ez 40-48) mi sich juristisch-politische Regelungen mit utopischen Elementen. Die Gerechte Gesellschaft ist zu erkennen auch in der Natur durch die Wiederkehr des Goldenen Zeitalters.[13] Dafür wird folgendes Bild eingeführt: Das Tote Meer, das den Abschluss des Flusssystems des Jordan bildet, die vegetationslose Wüste, obwohl Süßwasser hineinfließt, galt als Beweis für die ungerechte Gesellschaft. Früher standen dort die Städte Sodom und Gomorra. Jetzt ist dort jedes Leben vernichtet, nur Salzwasser und Salzwüste. Mit der neu zu schaffenden

Theokratie jedoch bekehrt sich auch die Natur. Nicht der Jordan ist dazu in der Lage, sondern ein Süßwasserstrom aus der Quelle des Tempels fließt durch das sonst trockene Wadi – bis zur Höhe der etwa 800 m hoch gelegenen Stadt Jerusalem erstreckt sich vom Mittelmeer die grüne Vegetation, unmittelbar dahinter beginnt die Wüste bis hinunter zum Jordan. Der neu vom Tempel ausgehende Strom macht diese Wüste fruchtbar, rechts und links wachsen Bäume, die das ganze Jahr über Früchte tragen, das salzige Wasser wird „gesund", Fische leben darin, die Ufer werden wieder grün. Das Goldene Zeitalter beginnt erneut (Ez 47).

Das Buch des hebräischen Propheten Hesekiel ist im Neuen Testament ‚fortgeschrieben'. Die auffälligen Handlungen seines ‚Straßentheaters' hat der Autor der *Offenbarung* aufgenommen. Dazu gehören auch der Neubau des Tempels und der Tempelstrom.[14]

> Und er (der Engel) zeigte mir (dem Seher der Offenbarung) das Wasser des Lebens, klar wie Kristall; er geht vom Thron Gottes und des Lammes aus. Zwischen der Straße der Stadt und dem Strom, hüben und drüben stehen Bäume des Lebens. Zwölfmal tragen sie Früchte, jeden Monat einmal, und die Blätter der Bäume dienen der Heilung der Völker.

Nicht mehr die schönen Bilder von einer aufblühenden und üppigen Landschaft im Diesseits, sondern der Städter hat eine trockene, wenig anschauliche Metapher daraus gemacht!

4. Das Gelobte Land liegt im Jenseits

Religionen, die wandern, müssen sich an die Sprache anpassen, die in ihrer neuen Lebenswelt gesprochen wird: „Sprache" in dem weiten Sinne, dass sie auch deren soziale Differenzen, klimatische und geografische Bedingungen, wie man den Lebensunterhalt aufbringt, Rechtsfindung, Nahrung, körperliches Empfinden, usf. aufnimmt und dazu etwas zu sagen hat. Hermann Gunkel prägte einmal dafür den Begriff „Sitz im Leben".[15] Die Religion verliert einiges von ihren Botschaften, die für ihren Entstehungsort galten, aber gewinnt neue hinzu und bewahrt – meist nun metaphorisch –

etwas von den alten Traditionen. Die Begriffe „primäre / sekundäre" Religion oder „Weltreligion" vs. „Volksreligion" verunklaren, dass jede Religion im Wandel begriffen ist und sich auf veränderte Bedingungen einstellen muss – auch wenn sie am gleichen Ort bleibt und nur die äußeren Bedingungen sich verändern.[16]

Aus dem Leben spendenden realen Fluss wird der mythische Jordan nun zu einem Symbol, zu einer Metapher.[17] Besonders bei den Afro-Amerikanern, die als Sklaven auf den Farmen der Südstaaten schufteten und die bei der schweren und den ganzen Tag ausfüllenden Arbeit singen, wurde der Jordan das Symbol für eine schwer überwindbare Grenze: noch befinden sich die schwarzen Sklaven im Sklavenhaus Ägypten und stecken in der beschwerlichen Wanderung durch die Wüste, aber auf der anderen Seite winkt das Gelobte Land, die Fülle des mediterranen Klimas, frisches Wasser, Honig, Trauben, Fleisch. Der Jordan wird als Symbol für das Sterben, Hindurchrudern, Ankommen auf der anderen Seite des kalten, erschreckenden Flusses besungen. Der Erzengel Michael hilft dabei. Bekannte Beispiele sind:

Michael row the boat ashore! Halleluyah [...]
River Jordan is chilly and cold,
Chills the Body, but not the Soul.

Auf der anderen Seite erwartet die Sklavinnen und Sklaven der Erlöser:

Oh Jordan's ribber is deep an' wide,
But Jesus stan' on the hebbenly side.[18]

Und sie werden Gehör und Genugtuung für all die erlittene Ungerechtigkeit erfahren:

I'm going to sit down and tell my troubles
Of about the world I came from.[19]

Die Einschätzung über die die afro-amerikanischen Sklavenlieder und ihre Aufnahme in die Popkultur, besonders seit der Bürgerrechtsbewegung, und ihre religionswissenschaftliche systematische Einordnung sei hier nur angedeutet: Zum einen war der Streit, ob sie genuiner Ausdruck des Christentums seien (wie auch die Bezeichnung *Gospel* Evangelium es beansprucht) oder vielmehr als „restafrikanische Volkskunst" zu verstehen seien, „der Anteil, den christliche Einflüsse auf ihre Entstehung ausübte, wird noch immer beträchtlich überschätzt."[20] Zum anderen die Beurteilung, ob sie eher die Übernahme der Religion der Sklavenhalter benennen und damit den Quietismus – Stillhalten predigen, oder ob sie ein spezifisches Bewusstsein zum Ausdruck kommen lassen, das widerständig zu den Herren stehe, wie etwa (das eben zitierte)

> I'm goin' to sit down and tell my troubles
> Of about the world I came from.

Oder das berühmte

> When Israel was in Egyptland: Let my people go!

wird man kein Entweder-Oder machen. Die Bürgerrechtsbewegung unter Martin Luther King (1929-1968) verwendete sie als Protestsongs in ihren Aktionen zivilen Ungehorsams, als sie gegen den Rassismus der US-amerikanischen Apartheid kämpften. Ebenso hat die heutige Religionswissenschaft als Kulturwissenschaft die essentialistische Frage nach einer einheitlichen Kultur und der Vermischung (Synkretismus) zweier Kulturen überwunden. Wie nach zwanzig Generationen noch von „restafrikanischer Volkskunst" die Rede sein kann, kann man heute viel differenzierter mit *religio migrans* analysieren.[21] Die afro-amerikanischen Kulte in der Karibik und in den USA sind weder afrikanisch noch amerikanisch, sondern etwas Neues und Drittes.[22]

Der Jordan behält noch etwas von seiner Realität als Fluss und Grenze, verstärkt in diesen Liedern seine mythische Qualität als gefährlicher Eintrittsort in das Gelobte Land, das man nun aber nur durch die Todesgrenze betreten kann und das ein von den Qualen der Sklaverei befreites, sorgenfreies Leben verspricht in einer anderen Welt.

5. Das Gelobte Land liegt in Nordamerika: *Civil Religion* und die Mormonen

Eine andere Verwendung hat der Jordan als Grenze zum und Lebensspender im Heiligen Land erfahren in der Identitätsbildung der Einwanderergesellschaft in der Gründungsphase der USA und der dieser Tradition verhafteten Reden, die die neu gewählten Präsidenten im Angesicht der ganzen Nation halten. Robert N. Bellah hat diese *inaugural speeches* untersucht und unter dem Begriff der *civil religion* religionswissenschaftlich eingeordnet. Es sind Festtagsreden, keine Alltagreligion, aber es kommt zum Ausdruck, dass die verschiedenen Religionen und Kulturen in einem Staat, in dem alle irgendwie Migranten sind, durch gemeinsame Symbole integriert werden können, gleich welcher Hautfarbe, ethnischem Ursprung, *migration background* oder religiöser Tradition. Dazu gehören „das verheißene Land", die „Wildnis", die Stadt auf dem Hügel, die nicht verborgen bleiben kann, und deshalb ihrer Verantwortung als Vorbild gerecht werden muss.[23] Robert N. Bellah fasst das so zusammen:

> Behind the civil religion at every point lie biblical archetypes: Exodus, Chosen People, Promised Land, New Jerusalem, and Sacrificial Death and Rebirth. But it is also genuinely American and genuinely new. It has its own prophets and its own martyrs, its own sacred events and sacred places, its own solemn rituals and symbols. It is concerned that America be a society as perfectly in accord with the will of God as men can make it, and a light to all nations.[24]

Von vielen erst beargwöhnt, insbesondere wegen ihrer Propagierung der Polygamie, aber auch wegen der unglaubwürdigen Ursprungserzählung ihrer Heiligen Schrift, deshalb gezwungen, an die Grenzregion (*frontier*) der Zivilisation auszuwandern, konnten die Mormonen genau das bedienen, was die Präsidenten für das ganze US-amerikanische Volk beanspruchten: die Träger von Gottes Heilsgeschichte zu sein, – vielleicht sogar in einem Punkt näher an dem Vorbild. Während der Exodus der Pilgerfahrt Ende des 17. Jahrhunderts mitten in eine Landschaft saftigen Wachstums führte, in die *wilderness*,[25] wanderten die Mormonen auf der Suche nach einer neuen, nicht-angefeindeten Heimat durch Wüste. Und sie fanden das Gelobte Land

– mitten in der Wüste! Eine Landkarte des neuen *promised land* beweist im Vergleich mit dem ersten Gelobten Land Gottes in Palästina schlagartig, dass diese neue Heimat genau so von Gott geschaffen ist, wie er einst das Gelobte Land für die Juden vorsah.

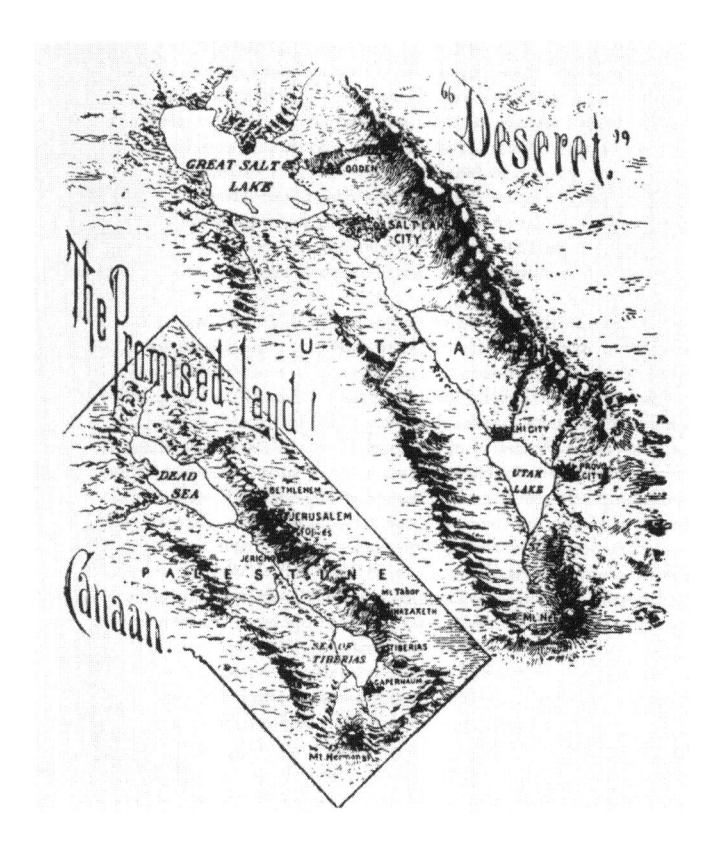

Das Heilige Land der Mormonen: Die Geographie des Verheißenen Landes links in Palästina wird gegenüber gestellt der Geographie von Utah als dem (neuen) Heiligen Land. Vom Lake of Utah (entspricht dem See Genezareth) fließt der Jordan River zum Großen Salzsee (entspricht dem Toten Meer), die judäischen Berge den Rocky Mountains und die Lage der Stadt der Mormonen Salt Lake City wird gleichgesetzt mit der von Jerusalem. Dass die Wüste in Palästina links (im Osten) liegt, rechts im Westen aber das Mittelmeer, übergeht der Zeichner.[26]

6. Kein Übergang: Der Jordan als unüberwindliche Grenze zum Paradies

Ein kleiner Fluss! Eine gewaltige Metapher, die über die ganze Welt mit der Verbreitung der Religion der Juden und der Christen Bedeutung gewinnt. Den realen, geographischen Fluss gibt es immer noch, wenn ihm auch das Wasser entzogen, er zum Rinnsal wird. Umkämpft zwischen den Bauern und Städtern auf den beiden Seiten des Flusses, ist er ein bedeutender Zankapfel im Nahostkonflikt. Zum Mythos wird er, als die Oberschicht der Israeliten ihren Tempel verliert durch die Zerstörung 587 v.Chr. Nun wird der kleine Fluss zur Grenze. Ende des Lebens des großen Gesetzgebers, Moses, und Begründer des Volkes als religiös verfasste Gesellschaft – die ohne Könige, ohne Militär, ohne Reichtum und Ausbeutung in der Wüste besser lebte als in der reichen Königszeit. Dorthin zu kommen, zu der Gesellschaft, in der nur einer, Gott, herrscht, dazu will eine Gruppe von Propheten einen Verfassungsentwurf entwickeln. Nicht als Heimkehr und Weitermachen wie bisher, sondern als Umkehr, neu denken, Regeln für ein gerechtes Leben entwerfen. Wüstenexistenz ist besser als mediterrane Üppigkeit mit Öl, Wein, Feigen, Weizen – und vor allem frisches, kristallklares Wasser. Aber wenn die neue Gesellschaft gelingt, dann wird auch die Natur umkehren, aus dem Toten Meer und dem Rinnsal des Jordan wird das Neue Leben.

Die noch anschauliche, aus eigener Erfahrung bekannte Geographie der Ambivalenz von Wüste und Tod auf der einen, Goldene Zeit und Leben, wird zum Mythos und zur Metapher. Zum Mythos bereits durch den Tod des Moses, dem der Eingang ins Gelobte Land nicht gestattet wird; er darf es sehen in seiner ganzen Ausdehnung, darf von Trauben genießen. Er hat den Exodus angeführt und gegen alle Widerstände bei seinen Volksgenossen durchgesetzt. Aber er stirbt im Angesicht des Ziels der vierzigjährigen Wanderung durch die Wüste. Für die Sklaven, besonders in den Südstaaten der USA, kehrt sich das Verbot in die Verheißung, die sie allerdings erst nach ihrem Tod erfüllt bekämen.

Ein kleiner Fluss, eine gewaltige Metapher!

Anmerkungen

* Den Beitrag widme ich Prof. Dr. Joachim Negel, Marburg (siehe Anm. 6)

[1] Jürgen Zangenberg: Jordan. *Religion in Geschichte und Gegegenwart*[4] 4(2001), 572f. Ders.: *Das Tote Meer. Kultur und Geschichte am tiefsten Punkt der Erde.* Darmstadt: von Zabern 2001. Ders.; Jens Schröter: *Bauern, Fischer und Propheten. Galiläa zur Zeit Jesu.* Darmstadt 2012.

[2] Jeffrey K. Sosland: *Cooperating rivals: the riparian politics of the Jordan River Basin.* Albany, NY: State University of New York Press 2007. K. David Hambright: Water in the Middle East: cooperation and technological solutions in the Jordan Valley. Brighton: Sussex Academic 2006. Zum politischen Streit http://www.botschaftisrael.de/2014/02/13/aus-aktuellem-anlass-erlaeuterungen-zur-wasserfrage-im-nahostkonflikt/ vom 13.2.2014 und dagegen (Stand 2001): Klaus Polkehn: Das Wasser und die Palästinafrage. *Marxistische Blätter*, Heft 4/2001-Sonderheft, wieder unter http://www.ag-friedensforschung.de/regionen/Palaestina/wasser.html (18.7.2015)

[3] Gudrun Krämer: *Geschichte Palästinas von der osmanischen Eroberung bis zur Gründung des Staates.* München: Beck [6]2015.

[4] Vom Regisseur Eran Riklis auf Hebräisch und Arabisch 2008 veröffentlicht.

[5] Zwei sehr aktive Bewegungen berichten über die Völker- und Menschenrechtsverletzungen in den besetzten Gebieten: *Schovrim Schtika* (hebräisch שוברים שתיקה, auf Deutsch „Das Schweigen brechen", in Englisch „Breaking the Silence" http://www.breakingthesilence.org.il/ . Und: *Be tselem* „in seinem Ebenbild" begründet als Zitat aus Gen 1,27 aus der jüdischen Tradition die allen Menschen zugesagten Menschrechte. http://www.btselem.org/

[6] Anne Rohrbach schreibt dazu eine Dissertation unter dem Arbeitstitel ÜberGrenzenLebenSchreiben. Zu „Erinnerungsorten" hat der Autor einen Aufsatz veröffentlicht: Auschwitz: Der Gott, der schwieg, und vorlaute Sinndeuter. Eine Europäische Religionsgeschichte fokussiert auf einen Erinnerungsort. In: Adrian Hermann; Jürgen Mohn (Hrsg.): *Erinnerungsorte der Europäischen Religionsgeschichte.* Würzburg: Ergon 2015, 463-501. Dank der Einladung zum DAAD-Professor im „Studienjahr in Jerusalem", besonders durch den Studiendekan, Prof. Dr. Joachim Negel, konnte ich bislang fünf Mal die Situation und ihre Veränderung beobachten.

[7] Israel Finkelstein, Neil Asher Silberman: *Keine Posaunen vor Jericho. Die archäologische Wahrheit über die Bibel.* (Original: The Bible Unearthed, Archaeology's New Vision of Ancient Israel and the Origins of its Sacred Texts, New York 2001) München: Beck 2002, dtv 2004. Dies.: *David und Salomo. Archäologen entschlüsseln einen Mythos.* (Original: David and Solomon, In Search of the Bible's Sacred Kings and the Roots of the Western Tradition.) München: Beck 2006. Israel Finkelstein: *Das vergessene Königreich. Israel und die verborgenen Ursprünge der Bibel.* (Original: The Forgotten Kingdom, The Archaeology and History of Northern Israel.) München: Beck 2014. Die Befunde des Tempelbergs in Jerusalem sind

beschrieben bei Max Küchler: *Jerusalem*. Göttingen: Vandenhoeck & Ruprecht 2007, 1-91.

[8] Ich verwende hier die relativ neutrale Epochenbezeichnung: *Before Common Era* (statt des älteren BC *before Christ* oder v.Chr. *vor Christi Geburt*, die auch für Araber und Juden akzeptabel ist. Auch v.u.Z. *vor unserer Zeit* war nicht viel besser).

[9] Meron Benvenisti: *Sacred landscape. The buried history of the Holy Land since 1948*. Berkeley: UCP 2000

[10] Da das Hebräische (und das Arabische) keine Konsonanten schreibt, sind nur die vier Konsonanten der Schrift (*ketiv*) bekannt, nicht aber, wie sie ausgesprochen werden (*qerê*).

[11] Die Vulgata (lateinische Bibel) übersetzte „Tut Buße!" Luthers entdeckte im griechischen Urtext, dass dort gar nicht von einem Tun die Rede ist, sondern von Umdenken.

[12] Die Ökumenische Kommission zur Vereinheitlichung der hebräischen Namen vereinbarte (statt des protestantischen Hesekiel) den Namen des Propheten Ezechiel auszusprechen. Daher die Abkürzung Ez.

[13] Christoph Auffarth: *Der drohende Untergang. "Schöpfung" in Mythos und Ritual im Alten Orient und in Griechenland am Beispiel der Odyssee und des Ezechielbuches*. (Religionsgeschichtliche Versuche und Vorarbeiten 39) Berlin: de Gruyter 1991, 524-558.

[14] Der Neubau des Tempels wird zum Symbol für die Aufklärung, s. Tilman Hannemann: *Religiöser Wandel in der Spätaufklärung am Beispiel der Lavaterschule*. Habilitationsschrift Bremen 2015, 113-158.

[15] Zu dem kreativen Alttestamentler Gunkel siehe Konrad Hammann: Hermann Gunkel. Tübingen: Mohr Siebeck 2014 mit meiner Rezension in: *Jahrbuch der Gesellschaft für Niedersächsische Kirchengeschichte* 112 (2014[2015]).

[16] Christoph Auffarth: „Weltreligion" als ein Leitbegriff der Religionswissenschaft im Imperialismus. in: Ulrich van der Heyden; Holger Stoecker (Hrsg.): *Mission und Macht im Wandel politischer Orientierungen. Europäische Missionsgesellschaften in politischen Spannungsfeldern in Afrika und Asien zwischen 1800 und 1945*. (Missionsgeschichtliches Archiv 10) Stuttgart: Steiner 2005, 17-36.

[17] Herausragend Michael Stausberg: Vor und nach der Middle Passage. Varianten der Ritualtransfers in der afroamerikanischen (Relgions-) Geschichte. In: *Zeitschrift für Religionswissenschaft* 20 (2011), 39-69.

[18] Lehmann, *Negro Spirituals. Geschichte und Theologie*. Berlin: EVA 1965. Dort zum „Jordan" 309-313 mit vielen Textbeispielen, das Zitat 311. Marc A. Bauch: *Extending the Canon: Thomas Wentworth Higginson and African-American Spirituals*. München 2013.

[19] Lehmann, *Negro Spirituals* 1965, 312.

[20] Janheinz Jahn: *Muntu. Umrisse der neo-afrikanischen Kultur.* Düsseldorf: Diederichs 1958, 224f. Dagegen Theo Lehmann: *Negro Spirituals* 1965, 172, der die Spirituals als „Mischungsprodukt zweier Kulturen" verstehen will: 142-152.

[21] Zu Programm und Methode (für die Antike) Christoph Auffarth: *Religio migrans. Die ‚Orientalischen Religionen' im Kontext antiker Religion. Ein theoretisches*

Modell. In: Corinne Bonnet, Sergio Ribichini; Jörg Rüpke (Hrsg.): *Religioni in Contatto nel mondo antico. Modalità di diffusione e processi di interferenza.* (Mediterranea 4) Rom 2008, 333-363. Französische Übersetzung in: *Trivium* Nr. 4(2009) http://trivium.revues.org/index3300.html. Das gehört im weiteren Kontext zu den Theorien der Transkulturalität. *Transkulturalität. Klassische Texte.* Hrsg. Andreas Langenohl, Ralph Poole, Manfred Weinberg. Bielefeld: Transcript 2015.

[22] Muster einer religionswissenschaftliche Analyse Martin Baumann: *Alte Götter in neuer Heimat: Religionswissenschaftliche Analyse zu Diaspora am Beispiel von Hindus auf Trinidad.* Marburg : Diagonal 2003.

[23] Rolf Schieder: *Wieviel Religion verträgt Deutschland?* Frankfurt am Main: Suhrkamp 2001. Thomas Hase: *Zivilreligion. Religionswissenschaftliche Überlegungen zu einem theoretischen Konzept am Beispiel der USA.* (Religion in der Gesellschaft. 9) Würzburg: Ergon 2001. Christoph Auffarth: „Ein Hirt und keine Herde". Zivilreligion zu Neujahr 1900. In: CA; Jörg Rüpke (Hrsg.): Ἐπιτομὴ τῆς Ἑλλάδος. *Studien zur römischen Religion in Antike und Neuzeit für Hubert Cancik und Hildegard Cancik-Lindemaier.* (Potsdamer Altertumswissenschaftliche Beiträge 6) Stuttgart 2002, 203-223.

[24] Robert N. Bellah: "Civil Religion in America" zuerst in *Dædalus, Journal of the American Academy of Arts and Sciences* 96, Winter 1967, 1–21.

[25] Ulrike Brunotte: *Puritanismus und Pioniergeist. Die Faszination der Wildnis im frühen Neu-England.* (RGVV 50) Berlin: de Gruyter 2000. Vgl. Dies.: Die Lost Ten Tribes in Amerika: Millenarismus, puritanische Identität und die endzeitliche Rolle der Juden. In: *Geliebter Feind - gehasster Freund* (2009), S.331-349

[26] (Aus Catherine L. Albanese: *America: religions, and religion.* Belmont, CA: Thomson/ Wadsworth [1987] 2007, 225 (Der Autor der Landkarte ist unbekannt; erste Veröffentlichung in William E. Smythe: *Conquest of arid America.* New York: Macmillan 1900; ²1905).)

Hans Kloft

Caesar und der Rubicon

"Wäre Caesar nicht über den Rubicon gegangen, so lässt sich gar nicht absehen, wohin er noch gekommen wäre" – diese tiefsinnige Überlegung verdanken wir dem ebenso gelehrten wie skurrilen Schulmann Johann Georg August Galletti (1750-1828); seine Schüler am Gymnasium in Gotha haben sie neben diversen anderen Memorabilia aufbewahrt.[1]

Was sich auf den ersten Blick als ein abwegiges Gedankenspiel eines zerstreuten Professors ausnimmt, erweist sich bei weiterem Nachdenken durchaus als überlegenswertes Beispiel einer frühen kontrafaktischen Geschichtsbetrachtung, die von der neueren Forschung als Suche nach Alternativen zum historischen Verlauf zunehmend ernstgenommen wird. Was wäre geschehen, hätte Caesar in der Nacht vom 10. auf den 11. Januar des Jahres 49 v. Chr. nicht den Rubicon, die Grenze zwischen Gallia Cisalpina und Italien überschritten? Wäre er in der ihm zugewiesenen Provinz geblieben, hätte er die Verhandlungen mit dem Senat und seinen Kontrahenten in Rom abgewartet und auf einen wie immer gearteten Kompromiss in einer krisenhaften Situation gesetzt? Wie hätte ein Kompromiss aussehen können? Wären Rom ein furchtbarer Bürgerkrieg und eine Militärdiktatur erspart geblieben? Wir sind schnell geneigt, mit Christian Meier von einer Krise ohne Alternative zu sprechen,[2] um vom Effekt her zuzugeben, dass Caesar von seiner ganzen Statur nach so handeln und sich so entscheiden musste, wie er es getan hat. Um das zu verstehen, bedarf es des Blickes auf die genauen Umstände, auf die Mitspieler und besonders auf die Überlieferungen, die vom Gang über den Rubicon berichten und ihn bewerten.

I.

In der politischen Organisation der späten römischen Republik ist das Provinzialland von Italien und der Stadt Rom streng unterschieden. Provinzen stellen das Aufgabenfeld, den Zuständigkeitsbereich des römischen Magistrats dar, der als Träger des Imperium, der politischen und militärischen Vollgewalt, die römische Herrschaft über die sog. nicht autonomen Untertanen (Mommsen) und über die verbündeten Städte ausübt, und zwar in einem relativ genau umgrenzten Raum und in einer begrenzten Zeit, die in Rom vom Senat und der Volksversammlung vorgegeben waren; wie auch die Entsendung der sog. Statthalter, die in der Regel aus den adeligen Familien kamen, eine Prärogative des römischen Senates darstellte. Italien, ursprünglich das Gebiet der römischen Bundesgenossen, hatte sich mit dem 1. Jh. v. Chr. mehr und mehr zu einem römischen Landbesitz entwickelt, bewohnt von römischen Bürgern und formal unabhängigen Italikern, sozusagen eine Kategorie des Übergangs zwischen dem Provinzialland und der Stadt Rom. Der Stadtstaat bündelte alle zentralen politischen, religiösen und wirtschaftlichen Kompetenzen. Er war von seinen Institutionen und von seinen Bauten her, den Tempeln, Plätzen, öffentlichen Gebäuden und Märkten, gleichsam das Herz des Staatskörpers.[3]

In diesem idealtypisch gezeichneten Gefüge der römischen Republik blieb trotz aller gewaltigen Veränderungen der einzelnen Größen die staatsrechtliche Unterscheidung von friedlichem Inneren und feindlichem Äußeren, *domi – forisque* bzw. *domi – militiae,* als wichtige Leitlinie bestehen.[4] Erst die scharfe Scheidung von *buten und binnen* ermöglichte die Entwicklung von Staatlichkeit, von Institutionen und Verfahrensweisen, die in ihrem Zusammenspiel die römische Republik schufen.[5]

Hier kommt naturgemäß alles auf die Grenze zwischen beiden Bereichen an. Die Überschreitung des Rubicon im Januar 49 v. Chr. durch Caesar und ein militärisches Detachement von 5 Kohorten verletzte einen fundamentalen Grundsatz der politischen Regeln und eröffnete dem entschlossenen Akteur den Marsch auf Rom. Er setzte damit bewusst nicht auf einen friedlichen Ausgleich, sondern auf eine militärische Auseinandersetzung, wie immer das Ende aussehen mochte.

II.

Caesars Zeitgenosse Cicero hatte dessen Aktionen in den Jahren 50 und 49 v. Chr. mit Kommentaren in seinen Briefen kritisch begleitet, schwankend zwischen Hoffen und Bangen und immer wieder die Konstellationen zwischen Senat, Pompeius und Caesar durchspielend. *„Über die Republik mache ich mir mehr und mehr Sorgen – de re publica cotidie magis timeo"* (Att. VII 5,4) lautet die Befürchtung, die er in immer neuen Wendungen wiederholt. *Sollte es zur kriegerischen Auseinandersetzung kommen, weiß keiner, wie es ausgehen wird – nemini est enim exploratum, [c]um ad arma ventum sit, quid futurum sit."* schreibt er im Januar des Jahres 50 (Cic. Att. VII 7,7).

Caesar als Feldherr
Panzerstatue des 2. Jh. V. Chr. Kapitolinisches Museum Rom
(Meier, Caesar, S. 372)

Man tut gut daran, ein solches Zeugnis der Ungewissheit ernst zu nehmen und Caesars Entschluss, den Rubicon zu überschreiten, nicht von seinen Folgen und seinem Ergebnis her zu deuten, wie es die meisten Quellen und viele neuere Historiker tun. Die räumliche Seite, also den Bereich *militiae* in den Bereich *domi* zu überführen, ist oben angesprochen worden. Caesars Vorgehen erinnerte fatal an den verheerenden Marsch auf Rom des Diktators Sulla im Jahre 82 v. Chr., in beiden Fällen ein eklatanter Verfassungsbruch. Er wird freilich nur verständlich, wenn man die krisenhafte Zuspitzung im Vorfeld ins Auge fasst und auf die Hauptakteure schaut.

Caesar wollte sein ebenso erfolgreiches wie angefeindetes Prokonsulat in Gallien, das er neun Jahre lang geführt hatte und welches Anfang 49 auslief, durch die Bewerbung um ein weiteres Konsulat zum Jahre 48 in ein Herrschaftskontinuum überführen, eine Absicht, die von den republikanischen Kreisen im Senat zu Recht gefürchtet wurde. Ihre Forderung, Caesar solle sein Heer entlassen und sich als Privatmann in Rom um das Konsulat bewerben, hätte auf der einen Seite den Heerführer seines Schutzes und seines militärischen Druckmittels beraubt, auf der anderen Seite den Gegnern in Rom die Möglichkeit eröffnet, den verhassten Imperator vor Gericht zu stellen. Den zögerlichen und schwankenden Pompeius, nach seiner Laufbahn und seinen Erfolgen der erste Mann im Staate, wussten die senatorischen Kreise schließlich auf ihre Seite zu ziehen und ihn als militärischen Gegner Caesars aufzubauen und militärisch auszustatten.

Konsequenterweise beschloss der Senat Anfang Januar 49 die Abberufung Caesars und traf Bestimmungen für die Nachfolge. Dagegen gab es Widerstand von tribunizischer Seite. In dieser schwierigen Lage rief der Senat das vielberufene *senatus consultum ultimum* (SCU), das Gesetz über den Staatsnotstand, aus, das es erlaubte, den Magistraten umfassende Vollmachten zum Schutz des Staates zu übertragen. Die Volkstribunen, die im Interesse Caesars interveniert hatten und sich in ihren Befugnissen verletzt sahen, reisten in Caesars Heerlager und gaben ihm einen willkommenen Anlass für sein weiteres Vorgehen und seinen Marsch auf Rom.

„*Dieses senatus consultum ultimum*", urteilt Matthias Gelzer,[6] „*entsprach völlig dem damals gültigen Staatsrecht: Die ordnungsgemäße Re-*

gierung Roms erteilte ihren Organen diktatorische Befugnisse, um einen widerspenstigen Prokonsul zum Gehorsam gegen ihre Befehle zu zwingen."

Gegen den legalen Rahmen der Republik stand in den Jahren 50/49 v. Chr. der Anspruch Caesars. Er war offensichtlich nicht gewillt, sich den republikanischen Spielregeln zu beugen und setzte dagegen das gesteigerte Selbstbewusstsein des erfolgreichen Imperators, dessen *dignitas* die Gegner in Rom offensichtlich verletzt hatten. Die Überschreitung des Rubicon war nun keineswegs der Weg, diesen Konflikt zu lösen, wohl aber war er geeignet, die Divergenz und die unterschiedlichen Interessen deutlich zu machen, deren Lösung erst die kommende Entwicklung bringen konnte: er zeigte, wo es lang ging.

III.

Natürlich liegt die Versuchung nahe, in den Vorgang der Grenzüberschreitung schon eine Deutung hineinzusehen, die vom Effekt her argumentiert: die Errichtung einer Alleinherrschaft nach der Beendigung des Bürgerkriegs. Es ist deshalb nötig, auf die ganz unterschiedlichen Aussagen und Schwerpunkte der Quellen zu schauen, die ihren Bericht durchaus in einen wertenden Gesamtzusammenhang bringen.

Die *Deutung* ist es, die Geschichte gemacht hat. Es ist bezeichnend, dass Caesar in seinem Kommentar zum Bürgerkrieg, dem *bellum civile,* den Übergang selbst gar nicht erwähnt, sondern von den turbulenten Ereignissen Anfang Januar 49 unmittelbar zu einer großen Verteidigungs- und Begründungsrede vor seinen Soldaten ausholt. Sie thematisiert seine Sicht des Konflikts, erinnert die Soldaten an seine Verdienste und ruft sie zu einer Verteidigung seiner *existimatio* und *dignitas* auf. Die Zustimmung der Soldaten gibt ihm die entscheidende Ermächtigung zu handeln an die Hand. Er besetzt im Handstreich die erste italische Stadt nach Überschreitung der Grenze. In Ariminum trifft er die aus Rom geflohenen Volkstribunen und beordert seine restlichen Legionen an diesen Platz (Caes. bel. civ. I 6-9)

Der Bericht enthält, besonders was die zeitliche Abfolge der Ereignisse anbelangt, mehrere Ungenauigkeiten. Das Auftreten und das Agieren seiner Legionen in Oberitalien in den ersten Monaten des Jahres 49 legen nahe, dass sie den Marschbefehl spätestens am 20. Dezember 50 v. Chr. erhalten hatten;[7] so erklärt sich das Verschweigen des Rubiconübergangs von verschiedenen Seiten her: Die Bereitschaft Caesars zur militärischen Auseinandersetzung mit seinen Gegnern muss schon vor den Januarereignissen bestanden haben. Die Legitimation zu seinem Vorgehen zieht er aus der Verteidigung seiner Rechte und der ihm zugewachsenen außerordentlichen Stellung, aber auch aus der Verteidigung der tribunizischen Rechte, die er durch die Aktionen des Senats verletzt sah.

Die Akklamation der Soldaten ist ihm die Vorlage und gleichsam das staatsrechtliche Votum, seine Ziele mit Hilfe des Militärs durchzusetzen (Caes. bel. civ. 7,7). Bei dieser Argumentation bleibt der Rubicon, die Grenzüberschreitung, auf der Strecke.

Auch Cicero erwähnt in seinen zeitnahen Briefen den Rubicon nicht. In einem Brief vom 12. Januar 49, der den nächtlichen Übergang aus Zeitgründen nicht kennen konnte, vermerkt er die Abreise der Volkstribunen zu Caesar und das in Rom erlassene Notstandsgesetz. *„Niemals hat sich das Gemeinwesen in größerer Gefahr befunden, niemals hatten die niederträchtigen Bürger einen breiteren Führer gehabt – numquam maiore in periculo civitas fuit, numquam improbi cives habuerunt paratiorem ducem."* (Fam. XVI 11,2f.) Der Rubicon bedeutete ihm keine Grenzmarke in der Entwicklung und Abfolge der schrecklichen Ereignisse, die zum Bürgerkrieg und zur Diktatur führten.

IV.

Die Voraussetzung, dass der Rubicon als *„fatale Grenzüberschreitung"*, als *„ubiquitäre Metapher"* (U. Götter) in den allgemeinen Bild- und Wortschatz eingehen konnte, schufen vor allem die Biographien Suetons und Plutarchs, die aus ihren Vorlagen einen je eigenständigen Lebensabriss schufen. Es lohnt, sich dabei vorab die Urteile des genialen Friedrich Gundolf ins Gedächtnis zu rufen, die dieser seinem Panegyricus auf Caesar vorausgeschickt hatte.[8] Plutarch habe, so Gundolf, *„Geschichten von Caesars Leben erzählt, nicht die Geschichte Caesars vermeldet"*; er hat *„bei all seinem flachen Urteil noch die griechische Kunst des bildhaften Zeigens bewahrt. ... in dieser Weise hat er auch die Nachtstunde am Rubico ... gleichsam ausgestattet."* (Gundolf, Caesar 31)

Diese Skizze Gundolfs trifft den griechischen Autor ebenso genau wie sein Urteil über den römischen Biographen Sueton, dessen Sinn für die privaten Sonderlichkeiten seines hohen Gegenstandes viele wichtige Details zusammengetragen hat. *„Wer den Helden lieber im Schlafrock als im lebendigen Kleid der Gottheit betrachtet, der wende sich an Sueton"* (Gundolf, Caesar 29).

Der genaue Blick hinter die Kulissen, hinter *„das lebendige Kleid der Gottheit"*, fördert bei beiden Autoren wichtige Einzelheiten zutage, die wahrscheinlich dem Autor Asinius Pollio verdankt werden, der sich im Gefolge Caesars befand. Beide berichten, dass Caesar den Übergang sorgfältig inszeniert habe. Dazu zählt die Täuschung der Öffentlichkeit, was den Übergang betrifft, indem er den Tag bewusst lässig hinbringt, sich dann abends heimlich davon stiehlt und mit einem privaten Fahrzeug und wenigen Vertrauten zum Rubicon begibt. Dort angekommen fällt er in tiefes Nachdenken, wie Plutarch berichtet, erwägt das Für und Wider, prüft Varianten seines Vorgehens, dies alles in dem Bewusstsein, wie viel er an Elend und Unglück über alle Völker bringen werde. Und: Was wird die Nachwelt darüber denken (Plut. Caes. 32,5; Suet. Caes. 31,1)?

Der Reflexion folgt bei Plutarch die spontane Entscheidung: *Hoch fliege der Würfel*, so die ursprüngliche Version des bekannten Sprichworts, ein Zitat aus einer Komödie des hellenistischen Dichters Menander. Sie führt den Heerführer als Spieler, als Desperado vor,[9] der alles auf eine Karte setzt. Der Entschluss wird in der ihm eigenen Geschwindigkeit in die Tat umgesetzt. In kürzester Zeit erreicht er das italische Ariminum und besetzt die Stadt.

Auch bei Sueton legt Caesar alles darauf an, den Übergang soweit wie möglich geheim zu halten. Am Tage lässt er sich durch ein Gladiatorenspiel unterhalten, begibt sich anschließend zum abendlichen Mahl, um dann heimlich mit einem kleinen Gefolge aufzubrechen und mit einem Privatgefährt den Weg zum Rubicon zu suchen, den er nach einer mühseligen Irrfahrt auch findet. Der Entscheidung, über den Fluss zu gehen, geht die Reflexion voraus: Noch könne man zurück, wenn aber der Weg über die kleine Brücke genommen wird, hat man sich für den Waffengang entschieden (Caes. 31).

Caesar überquert den Rubicon
Miniatur von Jean Fouquet (ca. 1450)
(M. Grant, Caesar, Hamburg 1970, S. 173)

Dem nachdenklichen und scheinbar unschlüssigen Feldherrn kommt ein göttliches Zeichen zu Hilfe: Ein ungewöhnlich großer und schöner Mensch, wahrscheinlich ein Hirte aus der Gegend, der auf seiner Flöte bläst, lockt Zuhörer heran, darunter auch militärische Tubabläser. Von diesen greift sich der Musikus ein Instrument, bläst das Angriffssignal und geht über den Fluss. Darin sieht Caesar, so Sueton, einen göttlichen Fingerzeig: *„Lasst uns gehen, wohin die Götterzeichen und die Ungerechtigkeit der Feinde uns ruft. Der Würfel ist geworfen – eatur, inquit, quo deorum ostenta et inimicorum iniquitas vocat, alea iacta est, inquit"* (Suet. Caes. 32). Hier handelt kein Hasardeur, der alles auf eine Karte setzt, indem er die Grenze überschreitet, sondern ein Mann, der den Wink der Götter zu deuten und zu befolgen weiß. So sind Würfel und Entscheidung mit einer zwingenden Notwendigkeit gefallen.

Caesar überquert den Rubicon

War dies ein *„Knalleffekt"*, ein inszenierter *„Hokuspokus"*, wie der italienische Philologe Luciano Canfora vermutet?[10] Eher möchte man annehmen, dass eine reale, eher beiläufige Episode vom schlagfertigen Heerführer umfunktioniert und instrumentalisiert wurde und so den Weg in die Überlieferung fand. Caesar kam es offensichtlich darauf an, unter allen Umständen die Solidarität der Soldaten mit ihrem Imperator zu stärken. In diese Intention passt sehr wohl auch das theatralische Auftreten Caesars bei der anschließenden Heeresversammlung, auf welcher er die geflohenen Volkstribune auftreten lässt, in Tränen ausbricht, sein Gewand zerreißt und so an die *fides* der Soldaten appelliert. Auch mag er dabei, wie Sueton berichtet, den Soldaten, die bereit waren seine *dignitas* zu verteidigen, eine ansehnliche Geldprämie in Aussicht gestellt haben (Suet Caes. 33).

V.

So präsentiert sich der Übergang über den Rubicon im Jahre 49 v. Chr. als ein vielschichtiges Ereignis, das seine Deutung, als fundamentaler Akt in der Geschichte der niedergehenden Republik, der je eigens konturierten Überlieferung verdankt. Hier wird alles aufgeboten: Der Kampf um die Anerkennung seiner überragenden Stellung; das angestrengte Bemühen um die Loyalität der Soldaten; der Hinweis auf die Verletzung der tribunizischen Rechte durch den Senat; das moralische Räsonnement: wie viel menschliches Elend der Übergang mit sich bringen könnte und, damit verbunden, die Frage nach dem Urteil der Nachwelt; schließlich der schnelle Entschluss, über den Grenzfluss zu gehen, der an den durchaus doppeldeutigen Wurf des Würfels gebunden wird.

Der Rubicon wird so nicht allein zu einer Chiffre für die Gestalt und die Politik Caesars, sondern zu einer *„ubiquitären Metapher für Grenzüberschreitung"*, für eine unwiderrufliche Entscheidung, hinter die man nicht mehr zurück kann. Für beide Aspekte mögen am Schluss zwei Beispiele stehen: Für Theodor Mommsen, dessen geniale „Römische Geschichte" eine der meist gelesenen und meist bewunderten historischen Erzählungen bis auf den heutigen Tag darstellt, verkörperte Caesar Ziel und Erfüllung der römisch-italischen Geschichte, der an die Stelle einer abgewirtschafteten Adelsherrschaft das Ideal einer demokratisch legitimierten Alleinherrschaft aufrichtete, ein zeitgenössisch eingefärbtes Bild, das die Forschung in all ihren Aspekten eingehend beleuchtet. Für Mommsen bedeutet der Übergang über den Rubicon einen *„erschütternden Wendepunkt"*, der Caesar als Person und das *„Weltgeschick"* gleichermaßen betrifft (Röm. Gesch. III 372). An diesem Wendepunkt zeigte sich nicht nur der geniale Feldherr, sondern es sprach der *„energische und konsequente Staatsmann"*, der sich anschickte, für *„die Sache der Freiheit"*, den *„entscheidenden Kampf gegen den ebenso verhassten wie verachteten, ebenso perfiden wie unfähigen und bis zur Lächerlichkeit unverbesserlichen Adel"* aufzunehmen (III 373). Aus der Ansprache Caesars an seine Soldaten in Ravenna (Caes. bel. civ. I

7), einer *„glänzenden Rede"*, wie Mommsen betont, gewinnt er die Legitimation des Schrittes. Seine Adressaten, so Mommsen, sind nicht die Bürger Roms, *„das clodianische Publikum, dessen republikanischer Enthusiasmus längst zu Asche und Schlacken niedergebrannt war"*, sondern die *„jungen Mannschaften aus den Städten und Dörfern Norditaliens"*, gleichsam die *sanior pars* des *populus,* unverbraucht und empfänglich für den *„mächtigen Gedanken der bürgerlichen Freiheit"* (Röm. Gesch. III 373). Ein erweiterter Volksbegriff und ein umfänglicherer Volkswillen, der über den alten Stadtstaat hinaus reichte, wird damit in Ansätzen greifbar und weist voraus auf Caesars politisches Programm, die Überführung der römischen Republik in einen römisch-italischen Nationalstaat, der im Endeffekt in einer Weltzivilisation sein Telos findet.[11] So gewinnt für Mommsen *„der erschütternde Wendepunkt"* der Weltgeschichte am Rubicon seinen Sinn und seine Legitimation von der künftigen Entwicklung her, die den Diktator als Wegweiser, als *„Brücke zur Kaiserzeit"* (A. Heuß) ausweist, zum Weltreich und seiner kosmopolitischen Kultur. *„Indem er nach neunjähriger Abwesenheit den Boden des Vaterlandes wieder betrat, betrat er zugleich die Bahn der Revolution. Die Würfel waren geworfen"* (III 373).

Man mag derartige Deutungen, die dem Flüsschen Rubicon eine weltgeschichtliche Perspektive aufbürdet, für gelehrte Spekulation halten, die ihre Wurzeln in den politischen Idealen und im Geschichtsdenken des 19. Jahrhunderts besitzt. Für ihre Anhänger verdichtete sich die Weltgeschichte nur zu gerne in signifikanten Ereignissen, etwa der Schlacht an der Milvischen Brücke 312 n. Chr. oder an Luthers Thesenschlag von 1517, aber auch am Übergang über den Rubicon. Er wurde durch Caesar zu einer allgemeinen Chiffre der Grenzüberschreitung, unwiderruflich, schicksalhaft und fatal im eigentlichen Sinn des Wortes.

Ein spätes und sehr anschauliches Beispiel dafür bildet der Entschluss des amerikanischen Präsidenten G. W. Bush und seiner Berater, im Jahre 2002 – auch unabhängig von einem UN-Beschluss – in den Irak einzumarschieren, um ein Terror-Regime unschädlich zu machen. Teilen der amerikanischen Presse, denen der Vergleich der imperialen Mächte Rom-Amerika geläufig war, apostrophierten den amerikanischen Präsidenten als neuen Caesar, der sich über bestehende Rechtsgrundsätze souverän hinwegsetzte und seine Entscheidung wie der römische Princeps im Circus mit dem Daumen: *pollice vertice* traf. Der unterlegene Gladiator ist dem Tod geweiht.

Hell Bush
Fotomontage aus dem Guardian. (M. Griffin, S. 449)

Der demokratisch-republikanische Diskurs in Amerika transportierte auf diese Weise Gestalt und Politik des römischen Diktators auf die zeitgenössische Bühne: *Caesar has been index and embodiment of a devastating turning point in history"*, der Vergleich offenbart einen verhängnisvollen Schritt sowohl in der Innen- wie in der Außenpolitik der USA.

> George W. Bush has crossed his Rubicon, and he has taken us with him. Julius Caesar set world history on a new course, when he took his legions into Italy in defiance of the Senate. President Bush has taken an equally irrevocable step of entering the Tigris and Euphrates basin to wage war in spite of UN objections.[12]

Der gebildete Journalist Brad Warthen geht 2003 über die bloße Analogie hinaus, *„This Rubicon is wider than the one Caesar crossed,"* ein weises und hellsichtiges Wort, das auf die heutige Lage im Vorderen Orient voll zutrifft. Der Einmarsch in den Irak hat das angestrebte Ziel einer Terrorbekämpfung nicht erreicht und nur neue Probleme geschaffen. Man könnte den antiken Mythos von Herakles und seinem Kampf gegen die Hydria in Erinnerung rufen: Jedem abgeschlagenen Haupt des Ungeheuers wachsen neue nach.

Etikett einer Weinflasche
(Weingut Casa Vinicola Poletti, Imola, Bologna – Italien)

Der Rubicon wäre heute als Flusslauf wahrscheinlich weitgehend unbekannt, hätte Mussolini in den dreißiger Jahren des 20. Jahrhunderts nicht festgelegt, dass der Fiumicino südlich von Ravenna als Rubicon zu gelten habe, der auch dem Landstrich, heute ein bekanntes Weinbaugebiet, den Namen gegeben hatte.

Für den Duce Mussolini war Caesar, der große Führer seiner Soldaten, ein bewundertes Vorbild: *„Caesare, il piu grande uomo dopo Cristo,"* der größte Mensch nach Christus.[13] Dass der Übergang über den Rubicon am Beginn seines Marsches auf Rom stand, machte das unscheinbare Flüsschen umso bedeutsamer. In seinem wundervollen Film Roma aus dem Jahre 1972 lässt Fellini einen geschichtsbesessenen Schulmann samt seiner Klasse durch den Rubicon waten: *„A Roma"*, lautet die Losung, der Marsch auf Rom geht über den Rubicon. Wer weiß, wieweit, um den Gedanken Galettis aufzunehmen, Mussolini noch gekommen wäre, hätte er im Jahre 1922 den Marsch auf Rom unterlassen? Wie wäre die Weltgeschichte verlaufen, hätte Busch nicht Euphrat und Tigris überschritten, um in den Irak einzumarschieren?

Über den Rubicon nach Rom
(Fellini, Roma, 1972)

Für beide fatale Entscheidungen gilt: *alea iacta erat* – der Würfel war gefallen, und so kam es, wie es gekommen ist mit den Folgen, an denen, wie im Falle des Irak, die Staaten und Menschen noch heute zu leiden haben.

Leben und Wirken Caesars sind von der Forschung intensiv erforscht und umfassend dargestellt worden. Ich nenne nur Weniges: klassisch die nüchterne Monographie von M. GELZER, Caesar, der Politiker und Staatsmann, Wiesbaden 1960. Im guten Sinne spekulativ die gute Darstellung von CHR. MEIER, Caesar, Berlin 1982. Die Einordnung der Caesar-Entwürfe bei K. CHRIST, Caesar, Annäherungen an einen Diktator, München 1994; umfassend die neue Literatur verarbeitend M. GRIFFIN, Hg., A Companion to Julius Caesar, Oxford 2009. Zum Rubicon U. GÖTTER, Vom Rubicon nach Actium – Schauplätze des Bürgerkrieges, in: Erinnerungsorte der Antike, die römische Welt, München 2006, 242ff.

Anmerkungen

[1] Gallettiana, neu hg. von HORST KUNZE, Leipzig 1977, 18.
[2] CHR. MEIER, Die Ohnmacht des allmächtigen Diktators Caesar, Frankfurt 1980, 39ff.; ders. Caesar, 422ff.
[3] U. VON LÜBTOW, Das römische Volk, sein Staat und sein Recht, Frankfurt 1956, 635ff. A LINTOTT, The Constitution of the Roman Republic, Oxford 1999,
[4] U. VON LÜBTOW (Anm. 3), 319ff; ED. MEYER, Röm. Staat und Staatsgedanke, Darmstadt 1961^2, 119.
[5] ED. MEYER, Caesars Monarchie und das Prinzipat des Pompejus, Stuttgart-Berlin 1922^3, 278ff., GELZER, Caesar, 168ff.
[6] GELZER, Caesar, 175.
[7] Vgl. den Kommentar von KRANER, DITTENBERGER, MEUSEL zum Bellum civile, Berlin 1906 (ND 1968), 25f.
[8] F. GUNDOLF, Caesar, Geschichte seines Ruhms, Berlin 1925, 28ff. Zu den Quellen insgesamt CHRIST, Caesar, 91ff; 264ff. zu GUNDOLF.
[9] PLUT. CAES. 32,6, ebenfalls App. bell. civ. 2,35; GELZER, Caesar, 176f. J. T. RAMSEY bei Griffin, 53: „It was a desperate act in a desperate situation".
[10] L. CANFORA, Caesar, der demokratische Diktator, München 2001, 51f.
[11] A. HEUSS, Theodor Mommsen und das 19. Jahrhundert, Kiel 1956, 78f.
[12] WYKE bei GRIFFIN, Companion, 448ff. Die Abbildung ebenda 449.
[13] CANFORA bei GRIFFIN 435

Karen Piepenbrink

Der Tiber in Rom, Milvische Brücke (28. Oktober 312 n.Chr.)

Der Tiber in Rom steht im Zusammenhang mit einer ganzen Reihe denkwürdiger historischer Begebenheiten und stellt so in mehr als nur einer Hinsicht einen ‚Erinnerungsort' dar. Das wohl berühmteste Ereignis, das wir an diesem Fluss lokalisieren, ist die Schlacht an der Milvischen Brücke (Pons Mulvius), die Entscheidungsschlacht zwischen Konstantin und Maxentius am 28. Oktober 312. Auch wenn über die genaue Örtlichkeit und den Verlauf des Gefechts in der antiken Überlieferung keine Einigkeit herrscht, stimmen unsere Quellen doch überein, dass der Tod des Maxentius in den Fluten des Tiber schlachtentscheidend war. Mit dem Sieg setzte sich Konstantin gegen seinen Rivalen um die Vorherrschaft im Westteil des Römischen Reiches endgültig durch. Berühmt geworden aber ist das Ereignis aus einem anderen Grund.

I.

Betrachten wir jedoch zunächst die Vorgeschichte: Bis zu jenem Tag beanspruchten Konstantin wie auch Maxentius gleichermaßen die Regentschaft über den Westen des Imperium. Konstantin gebot bis dato faktisch über Britannien, Gallien sowie die iberische Halbinsel, Maxentius über Italien und Nordafrika. Beide hatten ihre ‚Karriere' als Usurpatoren begonnen: Konstantin ließ sich 306 entgegen den Regeln der Tetrarchie – einem System aus zwei Hauptkaisern (*augusti*) und zwei Mitkaisern (*caesares*), das von Diocletian seit 285 sukzessive implementiert worden war – von den Truppen seines gerade verstorbenen Vaters Constantius Chlorus, dem bisherigen Hauptkaiser im Westen, zum *augustus* ausrufen. Er folgte damit in traditioneller Manier dem dynastischen Prinzip und ignorierte die im Rahmen der Tetrarchie vorgesehene Nachfolgeregelung. Maxentius leitete seinen Anspruch ebenfalls regelwidrig von seinem Vater, dem vormaligen Kaiser Maximian, her und ließ sich im gleichen Jahr wie Konstantin, allerdings noch zu Lebzeiten des Vaters, von den Prätorianern in Rom zum Kaiser proklamieren. Zunächst begnügte er sich mit dem Titel eines *princeps*; schon bald aber forderte auch er für sich den *augustus*-Rang. Konstantin gelang es, von Galerius, dem damaligen Hauptkaiser im Osten, zumindest als Mitregent (*caesar*) des Severus, des offiziellen westlichen *augustus*, anerkannt zu werden. Gleichwohl reklamierte er für sich weiterhin die Position eines *augustus*. Maxentius fand bei Galerius keinerlei Anerkennung und wurde auf dessen Initiative gar zum Staatsfeind erklärt. Nachdem Versuche des Severus wie auch des Galerius, militärisch gegen Maxentius in Italien vorzugehen, gescheitert waren, avancierten Konstantin und Maxentius zu den eigentlichen Kontrahenten im Westen. Beide waren bestrebt, sich durch Siege zu profilieren und die Kaiserherrschaft in diesem Reichsteil für sich allein zu gewinnen. Nach einer Reihe wechselseitiger Provokationen ließ Maxentius die Konstantin-Statuen, die in seinem Machtbereich errichtet worden waren, umstürzen und erklärte seinem Rivalen so faktisch den Krieg. Konstantin brach im Herbst 312 aus Gallien, vermutlich seiner Residenzstadt Trier auf, überquerte mit seinen Truppen die Alpen und marschierte in Italien ein. Nach Einnahme der wichtigsten norditalischen Städte drang er bis Rom vor. Hier nun sollte es zur Entscheidung kommen.

Ausgangslage und Chancen der beiden Kriegsparteien einzuschätzen, ist schwierig, da unsere Quellen, die sämtlich aus der Retrospektive verfasst sind, einhellig den späteren Sieger favorisieren. Wir wissen, dass die Befestigungsanlagen der Stadt Rom kurz zuvor verstärkt worden waren und Maxentius im Vorfeld der Schlacht große Getreidevorräte in die Metropole hatte schaffen lassen, so dass sie selbst einer längeren Belagerung hätte standhalten können. Nichtsdestotrotz ist die Stimmungslage in der Stadt nur schwer zu beurteilen: Die Quellen suggerieren, dass sich das einstmals gute Verhältnis zwischen Maxentius und den verschiedenen Bevölkerungsgruppen massiv verschlechtert habe. Dies aber besagt wenig, sondern erklärt sich aus der Tendenz der Quellen, den Herrscher mit den typischen Elementen der Tyrannentopik zu belegen. Unklar sind Größe und Zusammensetzung der beiden Truppenverbände – hierzu haben wir zwar zahlreiche, aber doch höchst widersprüchliche Informationen.

II.

Als Konstantins Truppen sich auf der *Via Flaminia* auf Rom zubewegten, änderte Maxentius seine Strategie, die vorsah, sich in der Metropole zu verschanzen und defensiv zu agieren. Stattdessen setzte er nun auf eine Entscheidungsschlacht außerhalb der Stadttore – der Überlieferung zufolge motiviert durch ein Orakel, welches ihm prophezeit haben soll, dass die Feinde Roms hier den Tod fänden. Die Quellenangaben über die Konfrontation der beiden Heere sind heterogen und äußerst intransparent.[1] Gleiches gilt für die Aussagen über die Rolle unserer Brücke im Schlachtplan des Maxentius wie auch im tatsächlichen Kampfgeschehen. Fest steht, dass Maxentius hat verhindern wollen, dass Konstantin mit seinen Truppen den *pons* überquerte und so die Stadt unmittelbar bedrohte.[2] Möglicherweise ließ er daher ein Stück aus der Brücke herausbrechen, um sie unpassierbar zu machen. Als er sich dann doch für eine Offensivstrategie entschied, die eine Verlegung seiner Truppen über den Tiber erforderte, soll er zu dem Zweck eine Schiffsbrücke errichtet haben, die beim Herannahen des konstantinischen Heeres leicht hätte abgebrochen oder versenkt werden können.[3] Andere Quellen berichten vom Bau einer provisorischen Holzbrücke, die so präpariert wurde, dass sie bei einer Überquerung durch Konstantins Einheiten zum Einsturz gebracht werden konnte.[4]

Bei der Begegnung mit den Truppen des Angreifers sollen die Soldaten des Maxentius in Panik geraten sein. Viele haben offenbar versucht, sich in die Stadt zu flüchten, darunter der Kaiser und seine Garde selbst. Sie passierten dazu den Tiber – sei es über die unterbrochene Milvische Brücke oder die manipulierte Holzbrücke – mit dem Effekt, dass der Herrscher wie auch viele seiner Soldaten in die Fluten stürzten und ertranken. Der *pons*, der eine Falle für Konstantin darstellen sollte, wurde ihnen so selbst zum Verhängnis. Eusebius – der das Ereignis einige Jahre später in seiner ‚Kirchengeschichte' mit dem Untergang des Pharao und dessen Heeresmacht im Roten Meer (Exodus 15,4f.) vergleicht – kommentiert die Begebenheit mit einem Psalmzitat: „*Eine Grube hat er gegraben und sie aufgeworfen; er wird hineinfallen in das Loch, das er gemacht hat. Sein Schaffen wird sich gegen sein Haupt wenden, und seine Ungerechtigkeit auf seinen Scheitel niedersteigen*" (Ps. 7,16f.) (Eusebius, *Historia ecclesiastica* 9,9,5).

Abb. 1: Relief der Schlacht an der Milvischen Brücke auf dem Konstantinsbogen

III.

Die Berühmtheit der Schlacht gründet sich nicht auf ihre strategische oder machtpolitische Bedeutung, sondern auf ihre religiösen Implikationen. Bereits in der Spätantike wurde sie als zentrales Moment in der christlichen Konversion Konstantins charakterisiert. Schon in unserem frühesten Dokument, dem *Panegyricus* von 313, der von einem paganen Autor in Trier verfasst ist, wird davon ausgegangen, dass Konstantin in einer besonderen Beziehung zu einer einzelnen Gottheit stand und dieser den Sieg in der Schlacht verdankte. Der Verfasser räumt gleichwohl ein, dass ihm der Name des betreffenden Gottes nicht bekannt sei, und bittet den Kaiser, diesen preiszugeben (*Panegyrici latini* 12[9],2,4f.). Der christliche Autor Laktanz, der vermutlich 314 in seiner Schrift ‚Über die Todesarten der Christenverfolger' über das Ereignis berichtet, weiß schon erheblich mehr. Er legt dar, wie Konstantin in der Nacht vor der Schlacht im Traum eine Weisung erhalten habe: „*Konstantin wurde im Schlaf ermahnt, das himmlische Zeichen Gottes auf den Schilden anzubringen und so die Schlacht zu beginnen. Er tat, wie ihm befohlen war, und indem er den Buchstaben X (Chi) zur Seite drehte und die Spitze umbog, stellte er Christus auf den Schilden dar*" (Laktanz, *De mortibus persecutorum* 44,5). Über die Herkunft dieser Information macht er freilich keine Angaben. Denkbar ist, dass Konstantin selbst ihm davon berichtet hat.[5] Laktanz war mit dem Kaiser seit längerem persönlich bekannt und wirkte zur fraglichen Zeit als Lehrer dessen Sohnes Crispus am Trierer Hof.

Der zweite zeitgenössische christliche Autor, der sich zu dem Komplex äußert, ist Eusebius, der Bischof von Caesarea. Er schreibt allerdings mit größerem zeitlichen Abstand als Laktanz und lernte den Kaiser auch erst später kennen – auf dem Konzil von Nizäa 325. Besonders detailreich ist seine Schilderung in der *Vita Constantini*, für die er ausdrücklich den Herrscher selbst als Gewährsmann angibt, die jedoch erst kurz nach dessen Tod 337 entstand: Demnach habe Konstantin im Vorfeld der Schlacht bei sich überlegt, dass er einer mächtigeren Hilfe als gut gerüsteter Heere bedürfe, nämlich göttlicher Unterstützung – nicht zuletzt, weil Maxentius Zaubereien u.Ä. betrieb, um seine Siegeschancen zu erhöhen. Konstantin soll darüber nachgedacht haben, welche Gottheit in Frage komme. Dabei sei ihm bewusst geworden, dass in der Vergangenheit all jene Kaiser, die auf eine Vielzahl von Göttern gesetzt und diesen in herkömmlicher Manier geopfert hätten, keine zuverlässige Unterstützung erfahren hätten. Sein eigener Vater hingegen, der auf eine einzelne Gottheit vertraut habe, sei erfolgreich gewesen (Eusebius, *Vita Constantini* 1,27).

Abb. 2: Pieter Lastman, ‚Die Schlacht zwischen Konstantin und Maxentius'

Bei jener Gottheit handelte es sich, wie wir aus zahlreichen Zeugnissen wissen, um den Sonnengott *Sol invictus*, der zu der Zeit große Popularität genoss, nicht zuletzt weil er unterschiedlich konkretisiert und mit diversen anderen Gottheiten in synkretistischer Manier verbunden werden konnte. Nicht selten wurde er etwa mit Apollon identifiziert – so auch von Konstantin selbst, der bereits 310 in einem Heiligtum in den Vogesen eine Begegnung mit diesem Gott gehabt haben soll: Apollon sei ihm dort gemeinsam mit der Siegesgöttin Victoria erschienen und habe ihm dreißig Lorbeerkränze überreicht, was als Prophezeiung einer dreißig Jahre währenden Herrschaft gedeutet wurde (*Panegyrici latini* 6[7],21).[6] Eusebius schreibt, dass Konstantin im Vorfeld der Schlacht zu jenem *Sol invictus* gebetet und ihn ersucht habe, sich ihm erkenntlich zu geben. Er erbat also ein klärendes Zeichen, das er wenig später tatsächlich in Form einer Vision sowie eines anschließenden Traumes erhalten haben soll: Gemeinsam mit seinem Heer habe er um die Mittagszeit am Himmel eine Kreuzeserscheinung wahrgenommen, verbunden mit dem Schriftzug ‚Hierdurch siege'.

In der Forschung ist über jene Vision viel diskutiert worden; teils hat man versucht, das Geschehen naturwissenschaftlich zu deuten – beispielsweise als ein Halo-Phänomen, einen Lichtkreis oder -bogen, der bei bestimmten Brechungen des Sonnenlichts entsteht.[7] In der Antike hat man derartige Erscheinungen nicht problematisiert. Hier stellte sich lediglich die Frage, welche Himmelszeichen als göttliche Botschaften zu begreifen und wie sie zu interpretieren seien. Eusebius gemäß erfuhr Konstantin in der anschließenden Nacht im Traum eine Erscheinung Christi, der ihn aufgefordert habe, ein Kreuzeszeichen anzufertigen. Über die Ereignisse am folgenden Morgen heißt es bei ihm:

> Gleich bei Tagesanbruch, nachdem der Kaiser aufgestanden war, erzählte er seinen Freunden von dem geheimnisvollen Vorfall. Anschließend beorderte er Künstler zu sich, die in der Bearbeitung von Gold und Edelsteinen erfahren waren, setzte sich mitten unter sie, beschrieb ihnen die Gestalt des Zeichens und gab ihnen den Auftrag, dieses in Gold und Edelsteinen genau nachzubilden. (…) Das Zeichen war auf folgende Weise gefertigt: Ein langer goldüberzogener Lanzenschaft trug eine Querstange und hatte damit die Gestalt des Kreuzes. Am oberen Ende des Lanzenschaftes war ein Kranz befestigt, der aus Edelsteinen und Gold hergestellt war und in dem das Zei-

chen für den Namen des Erlösers angebracht war: zwei Buchstaben, die als Anfangsbuchstaben den Namen Christi bezeichneten, indem das Rho in der Mitte durch das Chi gekreuzt wurde. Diese Buchstaben pflegte der Kaiser in der Folgezeit auch auf seinem Helm zu tragen" (Eusebius, Vita Constantini 1,30f.).

Der Bischof greift hier zeitlich etwas vor und beschreibt das sog. ‚Labarum', das Konstantin wohl erst im Zuge des Konzils von Nizäa 325 präsentiert hat und das seit dieser Zeit auch durch Münzabbildungen belegt ist.

Die beiden christlichen Autoren stimmen überein, dass Konstantin seine Soldaten in der Schlacht an der Milvischen Brücke auf Geheiß des Christengottes unter einem christlichen Symbol hat kämpfen lassen und aufgrund der Unterstützung durch diesen Gott den Sieg errungen hat. Über Maxentius dagegen bemerken sie, er habe sich auf pagane Gottheiten gestützt, habe Opferschauer konsultiert und sei auch vor Magie nicht zurückgeschreckt. Die Auseinandersetzung wird so bereits in den zeitgenössischen christlichen Quellen zu einem Religionskrieg stilisiert und ihr Ausgang als Gottesurteil begriffen. Maxentius wird dabei nicht nur als abergläubisch und vielfältigen Zauberkünsten zugeneigt geschildert, sondern auch – historisch sicher unkorrekt – als Christenverfolger desavouiert. Konstantin wird demgegenüber – wie schon sein Vater Constantius Chlorus – als christenfreundlich gezeichnet. Zu beachten ist, dass weder Laktanz noch Eusebius behaupten, dass der Kaiser sich in jener Situation bereits vollumfänglich bewusst gewesen sei, dass er es mit dem Christengott zu tun hatte. Dem Bericht des Eusebius zufolge wurde Konstantin erst nach den Ereignissen von Eingeweihten mit der Identität der Gottheit und der Bedeutung des Zeichens konfrontiert (*Vita Constantini* 1,32,1f.). Der Kaiser ging, wie er in späteren Schreiben selbst konstatiert, davon aus, mit dem Gott seines Vaters in Verbindung zu stehen. Für ihn war in dem Moment ausschlaggebend, dass diese Gottheit sich als effektiver Schlachtenhelfer erwiesen und ihm zum Sieg verholfen hatte. Auch Laktanz und Eusebius lassen keinen Zweifel, dass dieses Verständnis bei Konstantin prädominierte.

IV.

Die moderne Forschung gibt sich damit jedoch nicht zufrieden, sondern strebt nach weitergehenden Erkenntnissen. Insbesondere möchte sie eruieren, von welchem Zeitpunkt an Konstantin als Christ zu begreifen ist. Einige Wissenschaftler nehmen an, der Kaiser habe im Kontext der Schlacht eine christliche Konversion vollzogen, sprechen in dem Zusammenhang gar von einer ‚Konstantinischen Wende', andere zeigen sich diesbezüglich skeptisch. Grundlage der Betrachtung sind bei beiden Gruppen von Forschern weniger die Berichte bei Laktanz, Eusebius oder späteren christlichen Autoren, als vielmehr die sogenannten Selbstzeugnisse des Kaisers, also Dokumente, die vom Kaiser in Auftrag gegeben wurden oder auf deren Gestaltung er zumindest maßgeblichen Einfluss hatte. Diese Zeugnisse dienten – nicht zuletzt in ihren religiösen Aussagen – der monarchischen Repräsentation. Auf ihrer Grundlage können wir entsprechend ermitteln, inwieweit der Kaiser seine Herrschaft religiös zu legitimieren suchte; zur Erkundung seiner persönlichen Haltung sind sie allerdings nur begrenzt informativ.

Die ältesten in Frage kommenden Quellen stammen aus dem Jahre 315: Es handelt sich um das sog. Silbermedaillon von Ticinum, das Konstantin infolge seines Sieges hat prägen lassen, sowie um den Konstantinsbogen in Rom, der vom Senat und römischen Volk anlässlich der Dezennalien, des zehnjährigen Thronjubiläums des Herrschers gestiftet und in seiner Ausgestaltung zweifellos mit dem Hof abgestimmt wurde. Das angesprochene Silbermedaillon enthält auf der Vorderseite ein Porträt des Kaisers mit einem Christogramm am Helm, das nach Auffassung einiger Forscher mit der Beschreibung bei Laktanz übereinstimmt, außerdem eine Abbildung, die sich als Kreuzszepter deuten lässt. Auf dem Revers zeigt es hingegen u.a. die pagane Siegesgöttin Victoria, die den Kaiser bekränzt. Der Konstantinsbogen enthält in seinem Bildprogramm zahlreiche pagane Szenen; in der zentralen Dedikationsinschrift, die auf seinen Erfolg an der Milvischen Brücke Bezug nimmt, heißt es, der Kaiser habe „auf Eingebung einer Gottheit" (*instinctu divinitatis*) gesiegt – hier wurde also eine bewusst offene Formulierung gewählt. Beide Dokumente sind in ihrem religiösen Gehalt mehrdeutig; ein Beweis für eine christliche ‚Bekehrung' des Regenten lässt sich auf ihrer Basis nicht erbringen. Gleiches gilt für den Umstand, dass

Konstantin nach dem Sieg über Maxentius bei seinem Einzug in die Stadt Rom nicht den Weg über die *via triumphalis* zum Kapitol genommen hat, um Jupiter Optimus Maximus ein Dankopfer darzubringen und sich als Sieger zu inszenieren. Dieses Verhalten muss nicht religiös gedeutet, sondern kann damit begründet werden, dass es sich bei der Niederschlagung des Maxentius nicht um einen Sieg über einen äußeren Feind, sondern um einen Erfolg in einem Bürgerkrieg handelte, der traditionell nicht mit einem Triumph begangen wurde.

Die Mehrzahl der Forscher geht mittlerweile davon aus, dass Konstantin sich dem Christengott sukzessive angenähert und ihn bis 324/5 noch eng mit *Sol invictus* verknüpft hat – bis in diese Zeit reichen die *Sol*-Darstellungen in Zeugnissen, die vom Kaiser initiiert oder zumindest mitgestaltet wurden. Ein solches Verhalten ist durchaus als zeittypisch einzuschätzen – so kennen wir vielfältige Beispiele für die Verbindung von Sonnen- und Christusverehrung.[8] Auch der Taufaufschub, den der Kaiser praktiziert hat – er hat sich erst auf dem Sterbebett taufen lassen –, war im 4. Jahrhundert ausnehmend verbreitet und bedarf keiner ingeniösen Interpretation. Weder liefert er Indizien, die für oder gegen eine christliche Konversion sprechen, noch gibt er zuverlässige Hinweise auf politische Motivationen – etwa dergestalt, dass Konstantin sich allein aus machtpolitischen Gründen dem Christentum zugewandt und daher die Taufe gescheut habe oder aber dass er zum Zeitpunkt der Taufe längst überzeugter Christ war, aus Rücksicht auf die mehrheitlich pagane Reichsbevölkerung jedoch ein eindeutiges Bekenntnis vermeiden wollte.

Der Begriff der ‚Konstantinischen Wende' reicht noch weiter: Er zielt nicht nur auf die persönliche Konversion Konstantins, sondern auch auf deren mögliche Konsequenzen für Kirche, Staat und Gesellschaft.[9] Unstrittig ist, dass die Privilegierung der christlichen Kirche, die Konstantin eingeleitet hat, eine wesentliche Voraussetzung für die zunehmende Ausbreitung des Christentums darstellte. Welche Intention er dabei verfolgte, ist gleichwohl nicht klar.[10] Auch darf nicht vergessen werden, dass eine forcierte Christianisierung erst gegen Ende des 4. Jahrhunderts infolge der Politik Theodosius I. einsetzte. Konstantin hat zweifellos Einfluss genommen auf die Organisation der Kirche wie auch die Anbindung kirchlicher Institutionen an den Staat. Bei vielen kirchenpolitischen Maßnahmen des

Herrschers lässt sich jedoch zeigen, dass er in der traditionellen Rolle des *pontifex maximus* agierte, der für die Ordnung im Kult zu sorgen hatte; in anderen handelte er in seiner kaiserlichen Funktion als oberster Richter. Etwaige persönliche Affinitäten zum Christentum waren dabei an vielen Stellen nicht relevant. Inwieweit der römische Staat und die römische Gesellschaft eine christliche Transformation erfahren haben, ist eine weitere kontrovers diskutierte Frage, die in diesem Zusammenhang gestellt wird. Hier tut sich ein weites Feld von Problemen auf, die wir in unserem Rahmen nicht diskutieren können. Sicher ist, dass sich all dies nicht als unmittelbare Folge des Geschehens an der Milvischen Brücke deuten lässt.

V.

Die erste bildliche Darstellung der Schlacht findet sich bereits zwei Jahre nach den Ereignissen auf einem Relief des Konstantinbogens als Teil eines Zyklus (Abb. 1). Es zeigt die Schlacht am Ufer des Tiber; deutlich zu sehen ist, dass die Brücke unterbrochen wurde und viele Soldaten in die Fluten gestürzt sind. Schwieriger zu erkennen sind die drei Gottheiten Victoria, Dea Roma sowie ein Flussgott, die den fast völlig zerstörten Kaiser umgeben, der von der Victoria bekränzt wird.[11]

In der Folgezeit gerät das Motiv in der Konstantin-Rezeption ein wenig ins Hintertreffen und wird durch andere Sujets überlagert, die sich noch stärker christlich deuten und im Sinne intentionaler Geschichte verwenden lassen: in der Spätantike besonders die Gründung Konstantinopels, im Mittelalter die vermeintliche Taufe durch Silvester in Rom und die angebliche ‚Konstantinische Schenkung'. Desungeachtet werden einzelne Elemente des Motivs bereits im Mittelalter intensiv rezipiert, dabei aber aus dem Kontext der Schlacht an der Milvischen Brücke herausgelöst: so das Moment der Kreuzeserscheinung, das nun bevorzugt im Zusammenhang der Kreuzesauffindung durch Konstantins Mutter Helena in Jerusalem memoriert wird, oder die Siegesprophezeiung ‚*Hoc signo vinces*', die in der Kreuzzugs-ikonographie eine wichtige Rolle spielt.

Mit dem Aufkommen der Historienmalerei in der Frühen Neuzeit gewinnt das Motiv der Schlacht am Tiber wieder an Bedeutung. Prominent vertreten ist es in der bildenden Kunst des 16. bis 18. Jahrhundert. Die Arbeiten sind mehrheitlich geprägt durch die christliche Deutung des Geschehens, betonen den epochalen Charakter des Ereignisses, inszenieren die Sieghaftigkeit Konstantins und dramatisieren den Fall des Maxentius.[12] Illustre Beispiele sind das Fresko des Raffael-Schülers Giulio Romano in den Raffael-Stanzen im Vatikan (Sala di Costantino, Anfang der 1520er Jahre) oder auch der Gobelin Peter Paul Rubens' im Rahmen seines Konstantin-Zyklus (Beginn der 1620er Jahre; mit Bezug auf den Sieg Ludwigs XIII. in der Schlacht bei Pont-de-Cé [Paris, Mobilier National]).[13] Nicht zu vergessen ist das um 1613 entstandene Ölgemälde des Niederländers Pieter Lastman (‚Die Schlacht zwischen Konstantin und Maxentius'), das sich heute in der Bremer Kunsthalle befindet und die Überquerung des Tiber durch die flüchtenden Truppen des Maxentius mitsamt dem Sturz vieler seiner Soldaten von der abgebrochenen Brücke in einem kreisförmigen Arrangement dramatisch in Szene setzt (Abb. 2).[14]

VI.

Die Schlacht an der Milvischen Brücke ist nicht selten überinterpretiert worden – indem das Geschehen als Auslöser einer christlichen Konversion Konstantins gedeutet wurde, die ihrerseits herangezogen wurde, um die Christianisierung des Römischen Reiches wie auch die ‚Romanisierung' des Christentums ursächlich zu erklären. Wer solches praktiziert, geht zweifelsohne zu weit. Daraus folgt im Umkehrschluss freilich nicht, dass die Schlacht an der Milvischen Brücke – aus Sicht der heutigen Forschung – zu Unrecht als ‚Erinnerungsort' firmiert oder ihre kommemorative Bedeutung sich auf das Feld der intentionalen Geschichte beschränkt, indem sie funktionalisiert wird, um einen ‚Triumph des Christentums' zu propagieren. Wir greifen hier tatsächlich erstmals das Phänomen, dass ein römischer Kaiser einen entscheidenden militärischen Erfolg auf den Christengott zurückführt. Dabei liegt die Eigentümlichkeit nicht etwa darin, dass er einen göttlichen Schlachtenhelfer für sich reklamiert – dieses Moment begegnet im antiken griechischen wie römischen Kulturkreis vielfach –, sondern dass es sich nun um den Gott der Christen handelt, der mit einem Exklusivitätsanspruch, einer umfassenden soteriologischen Botschaft und spezifischen normativen Erwartungen auftritt. Nach weiteren Siegen, die ihm schließlich die Alleinherrschaft über das Reich bescheren und die er wiederum mit dieser Gottheit in Zusammenhang bringt, sieht Konstantin sich schließlich als vom Christengott beauftragter Herrscher. Aus seiner Perspektive handelt es sich auch dabei nicht um eine Besonderheit. Die Spezifika des christlichen Gottesgnadentums, die aus dem Monotheismus resultieren und die nachfolgende europäische Geschichte maßgeblich prägen sollten, haben sich dem Sieger der Schlacht an der Milvischen Brücke offenkundig noch nicht erschlossen. Zu guter Letzt: Ein ‚Sieg des Christentums' lässt sich aus seinem Erfolg am Tiber nachgerade nicht herleiten.

Abbildungsnachweise

Abb. 1: K. Ehling/G. Weber (Hgg.), Konstantin der Große. Zwischen Sol und Christus, Darmstadt/Mainz 2011 (Philipp von Zabern bzw. Lizenzausgabe der Wissenschaftlichen Buchgesellschaft)

Abb. 2: C.T. Seifert, Pieter Lastman. Studien zu Leben und Werk, Petersberg 2011 (Michael Imhof Verlag)

Anmerkungen

[1] Eine detaillierte Präsentation und Auswertung des Materials gibt W. Kuhoff, Ein Mythos in der römischen Geschichte. Der Sieg Konstantins des Großen über Maxentius vor den Toren Roms am 28. Oktober 312 n.Chr., in: Chiron 21 (1991) 127–174.

[2] Vgl. Eusebius, *Vita Constantini* 1,38,2f.; Zosimos, *Historia Nova* 2,15,3f.

[3] So Eusebius, *Historia ecclesiastica* 9,9,5; *Vita Constantini* 1,38,2.

[4] So z.B. Zosimos, *Historia Nova* 2,15,3.

[5] So vermutet etwa A. Demandt, Wenn Kaiser träumen, in: ders./J. Engemann (Hgg.), Konstantin der Große. Geschichte – Archäologie – Rezeption, Trier 2006, 49–59, hier 50.

[6] Zu jener Apollon-Vision G. Weber, Mit göttlicher Hilfe. Träume und Visionen Konstantins vor der Schlacht an der Milvischen Brücke, in: ders./K. Ehling (Hgg.), Konstantin der Große. Zwischen Sol und Christus, Darmstadt/Mainz 2011, 21–26.

[7] Zu den Einzelheiten P. Weiß, Die Visionen Konstantins, in: J. Bleicken (Hg.), Colloquium aus Anlass des 80. Geburtstages von A. Heuß, Kallmünz 1993, 143–169; J. Long, How to Read a Halo: Three (or More) Versions of Constantine's Vision, in: A. Cain/N. Lenski (Hgg.), The Power of Religion in Late Antiquity, Farnham – Burlington, Vt. 2009, 227–235.

[8] Zu den Hintergründen M. Wallraff, *Christus Verus Sol*. Sonnenverehrung und Christentum in der Spätantike, Münster 2001.

[9] Siehe hierzu den Sammelband von H. Mühlenberg (Hg.), Die Konstantinische Wende, Gütersloh 1998.

[10] Vgl. zu dem Komplex etwa K. Bringmann, Die konstantinische Wende. Zum Verhältnis von politischer und religiöser Motivation, in: Historische Zeitschrift 260 (1995) 21-47.

[11] Die ausführlichste Dokumentation und Interpretation des Reliefs findet sich bei H.P. L'Orange/A. v. Gerkan, Der spätantike Bildschmuck des Konstantinsbogens. Bd. 1, Berlin 1939, 65–71; eine rasche Orientierung ermöglicht W. Kuhoff, Die Schlacht an der Milvischen Brücke. Ein Ereignis von weltgeschichtlicher Tragweite, in: K. Ehling/G. Weber (Hgg.), Konstantin der Große. Zwischen Sol und Christus, Darmstadt/Mainz 2011, 10–20.

[12] Genauere Ausführungen bietet R. Quednau, Zum Wandel des Konstantin-Bildes in der Kunst: Raphael und Rubens/Pietro da Cortona, in: A. Demandt/J. Engemann

(Hgg.), Konstantin der Große. Geschichte – Archäologie – Rezeption, Trier 2006, 273–284.

[13] Zur historischen Kontextualisierung des Bildes W. Brassert, Geschichtskonstruktionen im Widerstreit. Der Medici- und der Konstantinzyklus von Peter Paul Rubens, in: U. Fleckner (Hg.), Bilder machen Geschichte. Historische Ereignisse im Gedächtnis der Kunst, Berlin 2014, 141–158.

[14] Zur kunsthistorischen Verortung des Gemäldes C.T. Seifert, Pieter Lastman. Studien zu Leben und Werk, Petersberg 2011, 172–176.

Martin Vogt

Ein Kreuzzug bis zum Saleph (1188–1190)

Der Hoftag in Mainz im März 1188 war eines der bedeutendsten Ereignisse im römisch-deutschen Reich in den Kaiserjahren Friedrichs I., genannt Barbarossa. Er hatte seit seinen Krönungen zum König (1152) und zum römisch-deutschen Kaiser (1154) als seine vornehmste Aufgabe angesehen, das Ansehen und die Kraft des Kaisertums und damit dessen Würde (honor imperii) zu sichern, so dass es als stärkste Macht Europas anerkannt wurde. Als Personifizierung dieser Würde (honor imperatoris) hatte der Kaiser über Jahrzehnte nördlich und südlich der Alpen Kriege geführt, war dabei bis an den Rand der Niederlage geraten und hatte sich behauptet. Dass neben dem Einsatz der Gewalt auch Verhandlungen zum Ziel führen können, hatte er ebenso erfahren, wie er die Notwendigkeit erkannt hatte, Bündnisse durch Verträge – dazu gehörten auch Eheschließungen – zu sichern. So war es ihm schließlich gelungen, nicht nur mit weltlichen Mächten, sondern selbst mit der katholischen Kirche zu Verständigungen zu gelangen. Dieser Kaiser konnte kaum lesen und schreiben, aber er war politisch klug und verstand, seine Frömmigkeit politisch anzuwenden. Er genoss im Jahr 1188 in Europa die Achtung und Würde, die er für das Reich und sich angestrebt hatte. Der Mainzer Hoftag galt als Hoftag Jesu Christi, dem der Kaiser einen Platz an seiner Tafel freigehalten haben soll. Dass dieser Hoftag am Sonntag Laetare mit dem liturgischen Text „Freue Dich Jerusalem", und damit auch an dem Sonntag, an dem Barbarossa vor 46 Jahren als König in Aachen gekrönt worden war, stattfand, ist bezeichnend für das auf seine Erfahrungen gründende Vorgehen, um Jerusalem aus der Hand der „Ungläubigen" zu befreien. Sie hatten die Stadt im Oktober 1187 erobert. Die Könige von Sizilien, von Frankreich und von England hatten bereits erklärt, am Kreuzzug teilzunehmen, da war es für Barbarossas Vorstellung von „honor imperii" und „honor imperatoris" unumgänglich, selbst das Kreuz zu nehmen, um damit als vornehmster Fürst des Abendlandes Schutz und

Verteidigung der „heiligen Stadt" und der Zugänge zu ihr zu übernehmen. Bereit zu einem Kreuzzug war er schon lange.

Das abendländische „deus vult" (Gott will es) zur Begründung der Kreuzzüge und das islamische „Allahu Akbar" (Gott ist groß) als Betonung des eigenen Glaubens bedeuteten nicht, dass Christen und Muslime in jede Gemeinsamkeit ausschließender Feindschaft einander gegenüberstanden. Schon der legendäre Kalif Harun al-Raschid hatte mit einem Elefanten als Geschenk die Verständigung mit Karl dem Großen gesucht (im Jahr 802). Auch die Bemühungen islamischer Fürsten und Feldherren von Nordafrika aus Terrain in Westeuropa zu gewinnen, hatte Verbindungen mit christlichen Herrschern nicht ausgeschlossen. Seit der christlichen Eroberung Jerusalems im ersten Kreuzzug (1099) und der Gründung des Königreichs Jerusalem sowie „lateinischer" Fürstentümer, das heißt der Bildung christlicher Territorien durch westeuropäische Hochadlige, hatte es gegenseitige Bündnisse und Unterstützung zwischen christlichen und muslimischen Fürsten gegeben in der Auseinandersetzung mit familiären und politischen Rivalen oder in den religiösen Streitigkeiten zwischen griechischen und armenischen Orthodoxen oder zwischen Schiiten und Sunniten. Über Jahrzehnte herrschte ein – allerdings prekäres – Gleichgewicht. In der zweiten Hälfte des 12. Jahrhunderts spitzten sich die Verhältnisse zu. Als Barbarossas Vetter und Gegenspieler Heinrich der Löwe im Jahr 1172 eine bewaffnete Pilgerfahrt nach Jerusalem unternahm, musste er von dem von ihm beabsichtigten Angriff auf muslimisches Gebiet absehen, um keinen Gegenangriff zu provozieren. Zurückhaltung wahrte auch das byzantinische Kaiserreich – schon damals „ein kranker Mann am Bosporus".

Um in Ägypten und in islamischen Territorien Kleinasiens Ordnung zu schaffen, hatte der Kalif von Bagdad den Sarazenen Saladin nach Kairo entsandt (1168/69). Saladin ernannte sich selbst zum Sultan und unterwarf sich die von Muslimen beherrschten Gebiete im östlichen Mittelmeerraum, schuf sich eine Oberhoheit vom Euphrat bis zum Nil sowie bis nach Nubien und in den Südjemen und kreiste, nachdem er auch das Königreich Damaskus gewonnen hatte, die „lateinischen" Herrschaftsbereiche in Palästina ein. In der Schlacht bei Hattin (1187) vernichtete er deren Heer und nahm wenige Monate später Jerusalem ein – die für Muslime „heilige" Stadt, da vom Tempelberg Mohammed zu Allah geritten sei. Gegenüber den Einwohnern

Jerusalems, die keinen Widerstand geleistet hatten, zeigte sich Saladin weitaus weniger blutrünstig als die christlichen Eroberer im Jahr 1099. Auf Bitten des byzantinischen Kaisers Isaak II. Angelos erhielten die orthodoxen Christen ihre heiligen Stätten zurück. Zwischen Isaak Angelos und Saladin kam es sogar zu einem Bündnis. „Fränkische", also westeuropäische Pilger, die unbewaffnet waren, erhielten weiterhin Zugang zu Jerusalem. Die wichtige Hafenstadt Tyros vermochte trotz Belagerung durch Saladin, sich ihm gegenüber als christlicher Brückenkopf in Palästina zu behaupten. Allerdings scheint Saladin bis zur Eroberung Jerusalems vorerst alle ihm verfügbaren Kräfte eingesetzt zu haben. Nur war das in Westeuropa nicht bekannt.

Der Bericht über den Verlust der – für die Christen – „heiligen Stadt", Mittelpunkt ihres Weltbildes, erschütterte insbesondere das westliche Europa. Papst Clemens III. und Barbarossa stellten letzte Streitfälle zwischen Kirche und Reich zurück, um einen Kreuzzug vorzubereiten. Barbarossa traf seine Entscheidung zum Kreuzzug nicht leichtfertig. Er war ein naher Begleiter König Konrads III. auf dem „zweiten" Kreuzzug (1147–1149) gewesen und hatte dessen Desaster wegen mangelnder Organisation und ungenügender Berücksichtigung der Verhältnisse im östlichen Mittelmeerraum und in Palästina erlebt. Jetzt hatte Barbarossa Verhandlungen mit den östlichen Nachbarstaaten des Reichs wegen des Durchzuges des Kreuzheeres aufgenommen, aber er hatte auch für die Bewahrung von Ruhe im Reiche gesorgt. Sein alter Rivale und Widersacher Heinrich der Löwe, der aus der Verbannung in England zurückgekehrt war, musste erneut auf drei Jahre dorthin zurück. Der Kaiser hatte sogar den Königen Philipp von Frankreich und Richard von England genügende Versorgung ihrer Heere zugesichert, falls sie auf dem Landweg ins „heilige Land" ziehen würden; sie zogen aber den Seeweg vor.

Der Jubel in Mainz soll überwältigend gewesen sein, als der Kaiser und seine Söhne Heinrich und Friedrich das Kreuz nahmen. Zahlreiche Fürsten und Ritter folgten ihrem Beispiel, doch nicht alle von ihnen gingen tatsächlich auf den Kreuzzug: Die Dauer eines Kreuzzuges war nicht vorherzusehen; die Entfernungen waren gewaltig; die Sicherung des eigenen Besitzes bei langer Abwesenheit erschien trotz aller kirchlichen und weltlichen Erklärungen keinesfalls sicher; die Berichte über die Kampfkraft der

„Ungläubigen" mussten Bedenken wecken. Hinzu kamen die Kosten für Begleitung, Versorgung und Ausrüstung, die selbst aufzubringen waren. Einer aufkommenden Pogromstimmung trat der Kaiser mit einer Schutzerklärung entgegen. Dafür hatten die Juden zusätzlich zu den üblichen finanziellen Leistungen eine hohe Sonderzahlung zur Finanzierung des Kreuzzuges aufzubringen.

Der Kaiser hatte geschworen, den Kreuzzug zu unternehmen; er hielt sich daran. Bis zum Mai 1189 bereitete er in Verhandlungen den Weg über Byzanz ins „heilige Land" vor. Dann brach er auf, trotz seines für die Zeitgenossen hohen Alters von 68 Jahren, mit einem Heer von 15.000 Kreuzrittern sowie deren Knappen, Pferdeknechten, Wagenlenkern und sonstigem Fußvolk. Ein Tross mit Frauen und Kindern wie während des zweiten Kreuzzuges war nicht zugelassen und entsprechende Begleitung unter Strafe gestellt. Barbarossa und nicht der Papst erteilte Vorschriften über Versorgung und Bewaffnung. Vor dem Aufbruch forderte der Kaiser von Saladin unter anderem Räumung Jerusalems und Rückgabe des nach der islamischen Rückeroberung der Stadt verschollenen Kreuzes, an dem angeblich Jesus gestorben war. Barbarossa forderte den Sultan zur Schlacht. Saladin erklärte, bestenfalls „fränkische" Gefangene freizulassen und der katholischen Kirche Abteien zurückzuerstatten. Das wirkte wie Spott. Tatsächlich war Saladin über die Nachrichten erschrocken, die er über die Stärke des Heeres Barbarossas erhielt. Er unterrichtete den Kalifen in Bagdad in der Hoffnung, Unterstützung zu erhalten, aber in Bagdad war die Stimmung gegen Saladin gerichtet, da er mit seinen Eroberungen und seinem gewaltigen Landbesitz die Macht des Kalifen erschüttert hatte; vielleicht auch, weil er allmählich in die Lage zu kommen schien, den Handel mit Indien und Hinterindien zu kontrollieren.

Das Kreuzheer gelangte über Ungarn und Serbien an die Grenze des byzantinischen Reiches. Bisher war der Kaiser, der entsprechende Verhandlungen geführt hatte, im Sinn der „honor imperatoris" geachtet worden. Doch schon in Bulgarien hatten Schwierigkeiten durch massive Angriffe von starken Räuberbanden auf die Nachhut eingesetzt. Schuld wurde dem byzantinischen Kaiser Isaak II. Angelos gegeben, der Verhandlungen ablehnte und die Gesandten Barbarossas in Ketten legte. Das Kreuzheer begann daraufhin, nachdem es byzantinischen Boden erreicht hatte, mit Plünderungen, um sich mit Nahrungsmitteln zu versorgen, und um materielle Beute zu machen. Isaak Angelos bestritt zudem Barbarossa das Recht, den Kaisertitel zu tragen und wollte das Übersetzen des Kreuzheeres über den Hellespont verweigern. Erst die Erkenntnis, dass das Kreuzheer den Byzantinern weit überlegen war und dies in einer mehrmonatigen Erholungspause bei Adrianopel demonstrierte, führte zu einem Einlenken. Hinzugekommen war wohl auch die Drohung, dass normannisch-sizilische Galeeren die Überquerung nach Kleinasien durchführen und sichern würden. Sogar für die Führung des Kaisertitels ließ sich eine Vereinbarung erreichen. Schließlich gestand Isaak Angelos sogar die Lieferung von Lebensmitteln für das Kreuzheer zu. Dafür versicherte der westeuropäische Kaiser, Byzanz nicht seinem Herrschaftsanspruch zu unterwerfen. Über 200 Schiffe wurden benötigt, um während einer Woche das Kreuzheer bei Gallipoli nach Kleinasien überzusetzen. Tatsächlich hielt sich Isaak Angelos an sein Versprechen, Lieferungen zur Versorgung des Kreuzheeres zu leisten.

Barbarossa war davon ausgegangen, dass der Sultan von Konya, Kilic Arslan, ihn unterstützen werde. Doch dessen ältester Sohn hatte sich mit Saladin verbündet. Damit war die weitere Versorgung der Kreuzritter erschwert und der Weg nach Jerusalem musste freigekämpft werden. Zwar wurden die Seldschuken im März 1190 einmal besiegt, aber die Kreuzritter erlitten erhebliche Verluste. Und Barbarossa wusste aus der eigenen Erfahrung des zweiten Kreuzzugs, dass nun Eile erforderlich war, um nicht in die große Hitze des Sommers zu geraten, in der die schweren Rüstungen der Ritter nur hinderlich waren. Die nächste Schlacht fand bei Ikonium im Mai statt. Zwar siegte das Heer des Kaisers noch einmal, aber entging nur knapp einer schweren Niederlage. Barbarossas Leben war im höchsten Grade gefährdet gewesen. Die Zahl der Kreuzritter nahm ab, auch wenn ihre Heeresstärke weiter gefürchtet wurde. Erschöpfung machte sich breit. Dann wandte sich der Kaiser nach Kilikien, um nach Seleukia (heute Silifke), der Hauptstadt des verbündeten Königreichs Kleinarmenien, zu gelangen. Ein Jahr war seit dem Aufbruch in Regensburg vergangen. Das Kreuzheer hatte sich Jerusalem genähert, die Stadt aber noch lange nicht erreicht. Einige Kilometer vor der Stadt löste sich der Kaiser vom Heer und ritt ihm voraus zum Fluss Saleph (heute Gökzu). Wahrscheinlich wollte er sich nach anstrengendem Marsch frisch machen, um als Kaiser des Abendlandes respektabel zu wirken. Als das Heer dort anlangte, war Barbarossa bereits tot.

Der Tod des Kaisers im Fluss Saleph
Steinzeuggefäß ‚19.Jh., Westerwald

Es ist unklar, was geschehen war: Hatte der Kaiser im Wasser des Flusses einen Herzschlag erlitten; war er wegen starker Strömung beim Schwimmen ertrunken; war sein Pferd im Wasser gestürzt und hatte ihn unter Wasser gedrückt; war sein Herz den Anstrengungen nicht mehr gewachsen gewesen? Eine verbindliche Antwort fehlt. Der Leichnam wurde in Essig gelegt, aber der Verfall war nicht aufzuhalten; deshalb wurde das Knochengerüst herausgelöst und Teile in der Kathedrale von Tyros beigesetzt, andere vom Heer mitgeführt. Aber wo genau ein Grab sein könnte, ist unbekannt. Mit dem Tod des Kaisers war der Kreuzzug für die meisten überlebenden deutschen Ritter beendet. Auf dem Landweg und über das Mittelmeer suchten sie den Weg nach Europa; aber nicht vielen gelang die Rückkehr. Für Saladin dauerte der Kampf mit Kreuzfahrern aus Frankreich und England an. Richard Löwenherz wurde sein eigentlicher Gegner, aber Jerusalem ist nicht „befreit" worden. Es ist zu bezweifeln, dass Barbarossa, selbst wenn er bis Jerusalem gekommen und die Stadt erobert hätte, gelungen wäre, auf die Dauer Saladin oder dessen Nachfolger abzuwehren. Sie hätten immer wieder Unterstützung und Verstärkung aus nahen islamischen Staaten erfahren. Die „Franken" hätten stets über das Mittelmeer oder durch das unzuverlässige Byzanz und danach auf dem Weg durch Kleinasien die Hilfstruppen heranführen lassen müssen. Von der katholischen Kirche wurden Verhandlungen zur Wiedergewinnung Jerusalems, wie sie Barbarossas Enkel Friedrich II. erfolgreich geführt hat, nicht anerkannt, obwohl er im Jahr 1229 wirklich nach Jerusalem gelangte. Eine Wiedergewinnung Jerusalems galt nur, wenn „Ungläubige" dabei getötet wurden.

Die Ruhe, die Barbarossa geschaffen hatte, endete, als im Reich sein Tod bekannt wurde. Dass er eine kurze Zeit inneren Friedens geschaffen hatte, ließ ihn in der Erinnerung immer großartiger werden. Dass es kein bekanntes Grab gab, ermöglichte, ihn zur Sagengestalt werden zu lassen, die im Kyffhäuser sitze und auf deutsche Einheit warte. Vor allem im 19. Jahrhundert rankten sich politische Träume und Erwartungen um Barbarossa im Kyffhäuser. Im Jahr 1898 kam Kaiser Wilhelm II. zu einer Kircheneinweihung nach Jerusalem und spielte sich als Schutzmacht des Osmanischen Reiches auf, dessen Fortdauer bereits zweifelhaft war. Dieser deutsche Kaiser empfand sich mit seiner Palästinareise wie ein Nachfahre Barbarossas. Dass die Kennzeichnung Barbarossa im 2. Weltkrieg auf deutscher Seite als Deckname für den Angriff auf die Sowjetunion benutzt wurde, ist im Rückblick eine Ironie der Geschichte: Barbarossa starb im oder am Saleph, der Barbarossa-Plan endete spätestens an der Wolga. Wirklich überschritten wurden beide Flüsse von den Angreifern nicht.

Literatur:

Paul M. Cobb, Der Kampf ums Paradies. Eine islamische Geschichte der Kreuzzüge, Darmstadt 2015.

Knut Görich, Friedrich Barbarossa. Eine Biographie. München 2011.

Alfred Haverkamp, 12. Jahrhundert 1125–1198, Stuttgart 2003 (= Gebhardt, Handbuch der deutschen Geschichte Bd. 5).

Steven Runciman, Geschichte der Kreuzzüge. München 1968.

Hans-Wolf Jäger

RHODANUS
Historische und literarische Blicke auf einen Fluss

I. Avignon.

Viele Brücken gehen über die Rhône. Allein zwischen Orange, wo sich vom Norden kommend der Weg nach links in Richtung Marseille und südliche Provence, nach rechts ins Languedoc-Roussillon gabelt, und Lyon, wo die Saône in die Rhône mündet, führt die Autobahn viermal über den Strom. Die Eisenbahnübergänge, die Straßen- und Fußgängerbrücken, die auf dieser genannten Strecke von einer Stromseite auf die andere verlaufen, dazu all jene Brücken und Stege auf dem Weg des Flusses aus seinem Schweizer Quellgebiet nach Lyon und die späteren bis zu seiner Mündung in der Camargue sind schwer zu zählen. Viele viele Brücken sind es. Doch keine Rhône-Brücke ist so berühmt geworden wie die in der alten Universitäts-, Bischofs- und Papststadt Avignon. Ausgerechnet dieser „Pont d'Avignon" aber überbrückt die Rhône nicht. Niemand läuft über ihn ans andere Ufer, auf ihm wird getanzt:

> Sur le pont d'Avignon,
> L'on y danse, l'on y danse,
> Sur le pont d'Avignon
> L'on y danse tous en rond.

Das war nicht immer so. Ende des 12. Jahrhunderts stand hier eine Holzbrücke, die das eine Rhône-Ufer mit dem anderen verband. Über sie ging, ritt oder fuhr man. Der französische König Louis VIII ließ diese Brücke 1226 abreißen. Mitte des 14. Jahrhunderts führte ein Hugues II aus dem Hause de Sade sie in Stein wieder auf – in diese Familie de Sade hat die von Petrarca besungene Laura eingeheiratet. Mit zirka 900 Metern Länge erstreckte sich das Werk damals vom avignonesischen Ufer aus, Stützen nehmend inmitten der Rhône auf der Île de la Barthelasse, hinüber nach Villeneuve. Es war die längste Brücke Europas. Die Kriegsläufte des späten Mittelalters brachten auch der neuen Brücke Schäden. Schlimmeres tat ihr die Natur; mehrere große Hochwasser, welche die Uferlinien der Rhône und die Umrisse ihrer Inseln verwarfen, setzten dem Bauwerk schwer zu, so dass am Ende nur noch vier seiner ursprünglich 22 Joche erhalten waren und es nach der Mitte des 17. Jahrhunderts als Rhône-Übergang ganz aufgegeben wurde. Übrig blieb auf dem dritten Brückenpfeiler eine spätromanische Kapelle mit zwei wunderlich übereinander gemauerten Absiden, sie war dem heiligen Bénézet geweiht, hielt aber auch Raum zur Verehrung des heiligen Nikolaus von Myra bereit. Die Kapelle ist bis heute bestimmend für das Profil des Pont Saint-Bénézet, der seit 1840 den Titel „Monument historique de France" trägt.

Boote in Avignon um 1840. Stich von E. Brandard
nach einer Zeichnung von T. Allom

Die ihrer ursprünglichen Aufgabe ledig gewordene Brücke steht heute über dem halben Wasser des Stroms wie eine Anlaufstrecke zum Sprung hinauf zum zyklopischen Palast der Päpste. Denn dort oben saß von 1309 bis 1378 das aus Rom exilierte Papsttum – man sprach von dieser avignoneser Epoche als der „babylonischen Gefangenschaft der Kirche". Im Ganzen amteten hier sieben von der ganzen westlichen Christenheit anerkannte Heilige Väter; und danach residierten, bis das Konstanzer Konzil 1417 sein Machtwort gesprochen, noch einige Gegenpäpste von königlich französischen Gnaden über der Rhône.

Niemand also schleicht, schlendert, radelt oder hastet zielstrebig über diese Brückenruine zum anderen Ufer des Stroms. Wer sie betreten hat, der verharrt. Oder es sind hier nun andere als im räumlichen Sinn zielgerichtete lineare Bewegungen zu beobachten, es geht kreisend zu. Graziös den Hut ziehend verneigen sich die Burschen – „les beaux messieurs font comme ça…"; leicht knixend und mit einem Lächeln antworten die Mädchen – „les belles dames font comme ça…". Und dann tanzen sie gemeinsam: „tous en rond". So läuft es wohl seit dem 16. Jahrhundert, als das Lied „Sur le pont d'Avignon" entstand. Naja, man muss schon sehr leicht- und liedgläubig sein, wenn man das als bare Münze nimmt und glaubt, so spiele sich üblicherweise das Leben hier ab. Denn was seit Aufgabe der gesamten Brücke auf ihrem Rest vorgefallen: es war nicht nur Graziöses und Erfreuliches, auch äußerst Gewalttätiges trug sich hier zu.

In seinem „Tagebuch einer Reise durch Languedoc und Provence" erzählt Moritz Hartmann von einem Mord, den der „weiße Mob" – gemeint sind die fanatisierten royalistisch und klerikal gesonnenen Gegner Napoleons – im August 1815 in Avignon beging. Hartmann war als Deputierter der Frankfurter Paulskirche im Oktober 1848 zusammen mit Robert Blum nach Wien gereist und im darauf folgenden Monat, anders als der unglückliche Blum, dort knapp der standrechtlichen Erschießung durch Windischgrätz' Truppen entkommen. Er fand später Asyl in Latour de Farges, dem Schloss seines französischen Freundes François Sabatier, gelegen zwischen Nîmes und Montpellier bei Lunel. Hier machte sich Hartmann die Umgebung durchstreifend intensiv mit der Geographie, mit älterer wie neuerer Geschichte, mit der Geistesart und dem sozialen Leben der Landschaft bekannt. Literarische Frucht ist das lehrreich und spannend verfasste „Tagebuch einer Reise", das 1853 zweibändig erschien.

Besonders reizten, neben Montpellier und Nîmes, den Autor die an der Rhône gelegenen Städte Beaucaire, Tarascon, Arles, Villeneuve – und eben auch Avignon. Anschaulich beschwört er des letzteren Gassen und das Leben darin, die Physiognomie und Mentalität der Einwohner, lässt das Leben zur Zeit der Päpste wieder erwachen, doch beeindruckt am stärksten – und erschüttert zugleich – die Schilderung jenes erwähnten Mordes. Diesem zum Opfer fällt der napoleonische General Guillaume-Marie-Anne Brune, Eroberer der Schweiz, Oberbefehlshaber der französischen Armee in Italien, Maréchal d'Empire und, während der „Hundert Tage" nach Bonapartes Rückkehr von Elba, Verteidiger Toulons gegen die englische Flotte; daneben Horaz-Übersetzer. Mit Pass und Geleitbrief durch die neue Regierung von Louis XVIII ausgestattet, macht sich Brune nach Napoleons endgültigem Scheitern bei Waterloo vom Süden aus auf den Weg nach Paris, um dort über sein künftiges Schicksal zu verhandeln. In Avignon hält ihn eine durch verleumderische Anschuldigungen aufgehetzte Masse auf und begehrt, ihn in der Rhône zu ersäufen. Kurz darauf wird er im Hotel Palais-National, wo er Logis bezogen hat, von zwei unter dem Johlen der Menge eingedrungenen, wie Hartmann sich ausdrückt, „Mordgesellen" erschossen. Nach kurzer Untersuchung durch die örtliche Behörde legt man Brunes Leiche zur Überführung in eine Kaserne in einen grob gezimmerten Sarg, doch kaum haben die Sargträger das Hotel verlassen, als – und jetzt erhält Moritz Hartmann das Wort –

schon die königlichen Freiwilligen über sie herfallen, den Sarg erbrechen, die Leiche herausreißen, sie des Leichentuches entkleiden, zerhacken, verstümmeln und über das Pflaster hinaus auf die Brücke schleifen, von welcher aus sie sie dann unter Hohngelächter und Schimpf in die Rhône werfen. Einige Schüsse werden ihr als Ehrensalve höhnend nachgeschickt.

Sur le Pont d'Avignon…

* * *

II. Eroberung und Religionskrieg
Le Rhône, männlichen Geschlechts wie im antiken Namen Rhodanus, ist Frankreichs schnellster und wasserreichster Flusslauf. Auf seinem Weg musste der Strom bereits lange vor der Französischen Revolution und der

auf sie folgenden nachnapoleonischen Restauration Kriegshandlungen und Grausamkeiten erleben. Ihr Lauf zwischen dem Lacus lemanus (Genfer See) und Vienna (Vienne) bildete im ersten vorchristlichen Jahrhundert die Nordgrenze der römischen Provinz Gallia transalpina. Im Jahr 58 v. Chr. versuchte der Stamm der Helvetier diese Grenze zu überschreiten, was – nach Julius Caesars eigener Darstellung im „Bellum Gallicum" – seine erste militärische Aktion als Proconsul in Gallien auslöste. Die Helvetier, bedrängt durch den suebisch-germanischen Häuptling Ariovist, zugleich auch durch eigene Kraft und frühere kriegerische Erfolge (*gloria belli atque fortitudinis* – Bellum Gallicum I,2) verwöhnt, versuchen ihren Rhodanus-Übergang unweit Genava (Genf) zu bewerkstelligen, um danach – so Caesars Darstellung für den Senat in Rom – sich in westlicher Richtung bewegend große Teile Galliens zu gewinnen und sich darin zum Herrscher aufzuschwingen. Natürlich läuft ein solches Bestreben römischen Interessen und römischem Machtanspruch zuwider, und Caesar sorgt dafür, dass diese Anmaßung gedämpft wird. Bereits den ersten Versuch der Helvetier, auf zusammengebundenen Booten und Flößen an seichteren Rhônestellen – manchmal tags, meistens aber bei Nacht – über den Fluss zu setzen und in das nachbarliche Gebiet einzudringen, vereitelt er mithilfe der eigenen Uferbefestigungen, durch seine Soldaten und deren Geschosse.

> Helvetii ea spe deiecti navibus iunctis ratibusque compluribus factis, alii vadis Rhodani, qua minima altitudo fluminis erat, non numquam interdiu, saepius noctu si perrumpere possent conati, operis munitione et militum concursu et telis repulsi, hoc conatu destiterunt. (Bellum Gallicum I, 8)

Gestatten wir uns einen Sprung über anderthalb tausend Jahre, so landen wir im Zweiten Hugenottenkrieg von 1567/68. In dieser Zeit geht es an der Rhône, besonders auf ihrer Strecke von Orange über Avignon nach Arles, blutig zu. Noch 1633, ein dreiviertel Jahrhundert später, hält der deutsche Barockdichter Martin Opitz in seinen weit ausgreifenden heroischen „Trost Gedichte[n] in Widerwertigkeit deß Krieges" die Erinnerung an die damaligen Massaker des religiösen Fanatismus fest. Wir lesen:

> Kein Hugenottenhauß, kein Winckel ward vergessen,
> Der armen Leute Fleisch von Hunden auffgefressen,

Theils auch der faisten Schmeer von Aertzten auffgekaufft,
Der Rhodan selber stund, der sonst so strenge laufft.
Der Leichen grosse Zahl ist häuffig fürgeschossen,
Und hat ihn zugestopfft, so, daß er nicht geflossen,
Biß endlich noch das Blut, das auß den Cörpern trat,
Das Wasser auffgeschwelt und fortgeführet hat
[...]
       Zu Arles tranck man nicht,
Dieweil an diesen Fluß sonst Wasser dar gebricht.
O Schande dieser Zeit! Wer hat vor Zeit und Jahren
Auch in der Heydenschafft dergleichen doch erfahren? (III. Buch)

*   *   *

III. Der Dichter Mistral

Der Rhône-Strom hat im ganzen wohl weniger Poesie auf sich versammelt als der deutsche Rhein, wahrscheinlich auch weniger steinerne und bronzene Symbolik erzeugt. Es mag daran liegen, dass „Rhodanus" – so nennt ihn Friedrich Hölderlin in seiner Rhein-Hymne neben dem Tessin als einen Bruder des „freigeborenen Rheins" – nach Beendigung seines Oberlaufs im schweizerischen Wallis und dem Austritt aus dem Lac Léman seit dem Mittelalter zum französischen Territorium gehört hat, also politisch wenig umstritten war. Dies anders als sein Bruder, der deutsche Rhein, dessen linkes Ufer von der Nachbarnation öfter als französisches Gebiet beansprucht wurde; Rheinromantik und (vor allem rechte) Vormärzlyrik gewannen daraus zahlreiche Motive. Gleichwohl: Auch Dichter besangen den französischen Strom.

Am ausführlichsten tat es Frédéric Mistral, Nobelpreisträger 1904, in seinem provenzalischen Versepos „Lou Pouèmo dóu Rose" (Gedicht über die Rhône) vom Jahr 1897. Es ist ein Werk, welches lohnt, sich länger bei ihm aufzuhalten; so stellen wir es, auch als wichtigstes poetisches Dokument und als dasjenige Zeugnis, welches uns zeitlich am nächsten ist, in die Mitte unseres Divertimentos. Danach wollen wir erneut in ältere Geschichtsepochen zurücktauchen.

Mistral wurde in Maillane (Vallée du Rhône) nahe Arles geboren. Die Gymnasialzeit verbrachte er in Avignon und kehrte nach längerem Pariser

Aufenthalt später in seine Heimatgemeinde zurück. Sein Fluss-Epos, wahrscheinlich angeregt durch das tatsächliche Ereignis einer Schiffskatastrophe auf der Rhône, verknüpft in zwölf Gesängen neuzeitliches Leben mit Geschichte und Legende. Es spielt zu Anfang der dreißiger Jahre des 19. Jahrhunderts, besingt Größe, Eigenart und Ende der hergebrachten Flussschiffahrt, der „batellerie du Rhône". Dabei begleitet es den Weg eines Lastkahnes namens „Caburle", Hauptschiff eines Geleitzuges unter dem Schiffsführer „Patroun Apian", von Lyon bis zum Handelsplatz Beaucaire. Seit 1464 findet im Juli hier in Beaucaire eine große Messe statt, zu der die zumeist mit Planen bedeckten Rhônekähne Holz, Baumaterial, Getreide, Wein und Öl bringen. Das Gedicht folgt danach der Rückreise der Schiffe von Beaucaire stromauf, durch Treidler, zumeist auf Pferden, gezogen. Mistrals Epos – der Dichter hat sich selbst schon in frühen Jahren einen „bescheidenen Schüler des großen Homer" („umble escoulan dóu grand Oumèro") genannt – ist prall von literarischen Anspielungen. Die Zahl der „Gesänge" (Cant I bis XII) schließt an Vergils „Aeneis"; das Versmaß, ein Zehnsilbler mit weiblicher Kadenz, erinnert (allerdings reim- und strophenfrei) an Tassos „Gerusalemme liberata"; das Motiv der epischen Reise zu Wasser lässt an die „Odyssee" denken, doch auch an die „Argonautika" des Apollonius von Rhodos – beim Leitkahn „Caburle" spielt Mistral in Einzelheiten auf die dort von Jason geführte „Argo" an. Ebenso ruft das Epos Assoziationen an „Os Lusíadas" des Portugiesen Luís de Camões hervor – alles dies mit genauer Absicht des Dichters, der gleichzeitig mit seinem Rhône-Epos eine Ode auf Vasco da Gama veröffentlicht hat. So, durch Gattungs- und Formwahl, durch Fingerzeige auf große Vorbilder, steigert Mistral die Rhône zum Helden des Gedichts, hebt er ihre Landschaften, die Städte mit ihrer Geschichte, ihren Menschen und deren Gewerk in höheren Bezug. Für den Dichter war seit seiner Kindheit der Strom eine gewaltige Manifestation der Natur, und diejenigen, die sich als „bateliers" in seine Strömung wagten, deren eigenen Lauf mit Segeln beschleunigend, die gegen Untiefen, Riffe und Wirbel kämpften, kamen ihm wie Riesen oder Titanen vor. Dazu trieb unter geheimnisvoll wechselnden Figurationen – mal menschlich, mal tierisch – der Stromdämon Drac sein Wesen. Und auch mit einem machtvollen Stier wurde das große Wasser verglichen, auf provenzalisch einem „rouan", was lautlich an „Rhodanus" und "Rhône" anklingt.

In seinem Cant I beruft das Epos die alte Zeit, jene frohe, einfache, wo auf der Rhône das Leben noch wirbelte und „wir" (die Kinder) herbei kamen, um auf dem langen Strom die stolzen, zumeist aus der Stadt Condrieu südlich Lyon stammenden Schiffsführer, ihre Hände am Steuerrad, vorbeifahren zu sehen; sie machten die Rhône zu einer großen wimmelnden Welt, voll von Geräuschen und Arbeit:

> O tèms di vièi, tèms gai, tèms de simplesso,
> Qu'èro lou Rose un revoulon de vido
> Ounte venian, enfant, sus l'aigo longo
> Vèire passa, fièr, li man à l'empento,
> Li Coundriéulen! Lou Rose, gràci à-n-éli,
> èro un grand brusc plen de vounvoun e d'obro.

Rückkehr die Rhône aufwärts

Solche von schöner Erinnerung satten Verse im Eingangsgesang könnten indes auf ein *Ende* dieser lebhaft stolzen Epoche voraus deuten; und sie kündigen, da sie in einem Werk der heroisch hohen Gattung laut werden, in der Tat wohl schon ein Ende mit Schrecken an. Tatsächlich ist der zwölfte und letzte Gesang „Katastrophe" überschrieben („La Mau-Parado"). Nicht nur die Flussreise mit ihren Stationen, mit den historisch-literarischen Blicken, etwa auf den Bourg-Saint-Andéol, wo die Inschrift DEO SOLI IN-VICTO MITRAE vom antiken Sonnenkult zeugt, auf das Schicksal von Aigues-Mortes, auf den Albigenser-Vernichter Simon de Montfort oder (für das Geschehen in diesem Epos selbst wieder vorausdeutend) auf das mittelalterliche Liebespaar Aucassin und Nicolette; Blick auch auf die Bräuche, christliche wie vorchristliche Anschauungen der Schiffsleute – nicht nur dieses hält die Erzählung zusammen. Hinzu kommt eine rührende Liebesgeschichte. Sie spielt zwischen dem holländischen Prinzen Wilhelm („Guihèn") aus dem Hause Oranien und einem aufs Schiff gestiegenen Mädchen namens Anglore („Angloro", was im Provenzalischen zugleich „Eidechse" heißt), einer zart hexenhaften Goldwäscherin, die tagsüber Rhônesand siebt und in den warmen Sommernächten im Strome badet.

Unzuträglich war es im Norden für jenen „vorgeblich ältesten Sohn des Königs von Holland" („lou maje fiéu, se dis, dóu rèi d'Oulando") geworden, dort, wo in seinem „schattigen und sumpfigen Reich der Rhein im Nebel ertrinkt" –

... soun reiaume ubagous e palustre
Ounte lou Ren dins li brumo se nègo.

So haben seine Ärzte ihm eine Reise an die Rhône verordnet, damit er dort die erquickende Sonne trinke und auch den belebenden Hauch des starken Mistrals in sich aufnehme:

E l'an manda, li mège, vers lou Rose,
Béure lou bon soulèu que reviscoulo
E l'alen viéu dóu rufe Manja-fango.

Gern folgte der in Phantasien schwärmende Edelmann diesem Rat, erwartete auf seiner Reise das Wiedererblühen der antiken Najaden zu erleben, der Wasserrosen auf den Wellen, worunter sich nackt die Nymphe versteckt ... jene verführerische wollüstige Nymphe, die im Wasser rund um den Schwimmer ihr Haar breitet und eins wird mit der Welle:

Farfantello de prince pantaiare;
S'es mes en tèsto d'atrouva pèr orto

L'espelimen de la Naiado antico
E la flour d'aigo espandido sus l'oundo,
Ounte la Ninfo es amagado e nuso
.....
La Ninfo atrivarello e vouluptouso
Qu', à l'entour dóu nadaire, au briéu de l'aigo
Bandis floutanto sa cabeladuro
E se counfound e found emé la riso. (Cant II)

Indessen bewegt den vom Norden kommenden Prinzen auch der Gedanke an ruhmreiche Ahnen aus Frankreichs Süden, wie Guilhem d'Orange, den Enkel Karl Martells und Gefolgsmann Charlemagnes im Krieg gegen die Muselmanen („au tèms feran di guerro sarrasino"); Wolfram von Eschenbachs Fragment gebliebenes „Willehalm"-Epos ist ihm gewidmet. Später ist dieser Oranier ja fromm geworden und wird heute verehrt in St. Guilhem-le-Désert am Hérault. Aber die Liebesgeschichte überwiegt das heroische Familieninteresse des aktuellen Prinzen aus dem Haus Oranien, der, kaum ist er aufs Schiff gestiegen, mit seinem königlichen Wuchs („cors d'un rèi") und Blondbart („barbo roussinello") die Schiffsleute in seinen Bann zieht – „li barcatié soun ravi" heißt es bei Mistral.

Nicht Station für Station folgen wir nun den Schuten auf ihrer Route nach Süden, halten aber an der berühmten Brücke von Avignon, denn dort, nach dem Brauch seiner Heimatgemeinde, zieht der Schiffsführer Apian den Hut und schwenkt ihn, dem Patron der Schiffer seinen Respekt erweisend, hinauf zum großen heiligen Nikolaus, dessen Kapelle anmutigleicht auf dem Pont d'Avignon reitet:

Mèste Apian, eu, fidèu à la coustumo
Di Coundriéulen, tiro uno capelado
Au grand sant Micoulau — que sa capello
Cavauco sus lou pont, linjo e poulido.

Danach schwindet im morgendlichen Sonnenlicht langsam Avignons schönes Weichbild, der große Palast mit den gigantischen Mauern, den mit Schießscharten versehenen Wällen, seinen Türmen und Türmchen:

E d'Avignoun la visto espetaclouso,
Soun castelas à paret gigantesco,
Si barri merleta, tourre e tourriho,
Dins lou matin blanc e bléuge s'aliuenchon. (Cant IX)

Allerdings: auch etwas Verstörendes ist bei Avignon geschehen. Unmittelbar vor der Brücke Saint Bénézet, im großen Schatten ihrer abgebrochenen Bögen – „davans lou Pont Sant-Benezet que mostro / l'oumbrun gigant de sis arcado routo" (Chant VIII) – zeigt Meister Apian, wie hochwichtig er sich und sein Tun nimmt. Barsch fordert der Regent der „Caburle" die hier mit ihren Angeln und Netzen arbeitenden Flussfischer auf, sie sollen für seine Flottille Platz machen, drängt sie hochmütig und voller Verachtung beiseite; sie fingen ja doch nichts als eine armselige Handvoll minderwertiger Neunaugen. In diesem Verhalten spiegelt sich etwas wider von der Hybris antiker Gestalten, und man fürchtet und ahnt, solche Selbstüberhebung könnte einen bitteren Lohn finden. Indessen gestaltet sich die weitere Fahrt bis Beaucaire gut. Löschen der Ladung. Besuch des Marktes. Einkauf nützlicher und schöner Dinge. Danach – die beiden Liebenden nicht zu vergessen, Prinz und Goldwäscherin, die sich näher gekommen sind – geht der Weg der Kähne wieder nach Norden, aufwärts gegen den Strom, vom Uferpfad aus gezogen, mit Pferden getreidelt. Station wird in Avignon gemacht, Apians Mannschaft verlässt die „Caburle" und die ihr angehängten Kähne, schlendert in die Stadt, genießt in einem Gasthaus das Essen und mehr noch das Trinken. Und hier nun bricht Streit aus zwischen Einheimischen und den Leuten vom Schiff. Es wird zunehmend ernster, böse Blicke und dann wüste Beschimpfungen herüber hinüber. „Lederärsche! Schaffresser!" rufen die Einen, und die Anderen halten dagegen: „Mörder von Marschall Brune, die ihn in die Rhône geschmissen haben!" Dann hagelt es Hiebe, bis Kapitän Apian brüllt: „Schluss jetzt, Leute! Dem Ersten, der jetzt noch rumkeilt, zertrümmere ich mit diesem Krug den Schädel…!"

De part e d'autro lis iue s' enferounon,
Lis injùri mourtalo s'entre-croson :
— - quiêu-de-pèu ! manjaire de cabriho!
— Assassinaire dôu marescau Bruno

> Que dins lou Rose pièi lou trinassèron! —
> Ai! ai! ai! li foutrau à mort van pleure,
> Quand Mèste Apian : — Estas siau, crido, bogo!
> Lou proumiè que boulego, lescabasse
> D'un cop de poutarras... (Cant XI)

Bemerkenswert, wie das an Napoleons Marschall Brune verübte Verbrechen, seine Ermordung und der Sturz seiner Leiche von der Avignoneser Brücke nach anderthalb Jahrzehnten noch die Gemüter erregt – so, wenn wir auf die Handlungszeit des Epos sehen. Und wenn der Dichter nach mehr als 80 Jahren nach der bösen Tat die Erinnerung an sie wachhält, greift er gewiss zurück auf Erinnerungen aus seiner Gymnasiastenzeit in Avignon, denkt an Stimmung und öffentliche Gespräche damals.

Wir eilen zum 12. und letzten Gesang. Hier finden wir die „kleine Angloro" im zärtlichen Gespräch mit ihrem Prinzen Wilhelm. Sie freut sich, dass sie den Ihren hübsche Sachen nach Hause mitbringen darf vom Markt in Beaucaire. Auch über ihre Liebe sprechen die Beiden, darüber, wie sie beieinander bleiben können. Guihèn belehrt das Mädchen: Herrscher, Königliche wie er, von Natur aus Souveräne, die könnten sich nicht einfach so verheiraten wie alle Andern –

> … amourous divin, rèi de la terro
> E soubeiran verai de la naturo,
> Nous poudèn pas marida coume tôuti...

Und so naiv wie verschmitzt fragt „pichoto Angloro" nach: „na, wie also werden *wir* uns verheiraten?" („e nous maridaren … / Coume?"). (Cant XII)

Gesprochen ist das nahe dem mächtigen Pont-Saint-Esprit mit seinen 22 Bögen, dort, wo die Ardèche ihr Gebirgswasser der Rhôneflut beimischt. Alsbald wird nach dem Passieren dieser Brücke und danach durch ihre harten steinernen Pfeiler selbst die Antwort auf Angloros Frage erfolgen. Denn: Mit einem Mal wird das Wasser unruhig, das Schiff „Caburle" bebt auf und beginnt zu schwanken. Nördlich voraus verdunkeln finstere Rauchschwaden den Himmel. Und es erscheint plötzlich, bisher durch die Uferbäume verdeckt, nun aber den Flusslauf in seiner Breite spaltend, ein riesiger Dampfer. Beim Anblick des Monstrums lassen Apians Matrosen die Arme sinken. Er selbst erbleicht, sieht stumm auf das Schreckensschiff, dessen Räder wie Klauen und Krallen ins Wasser greifen und riesige Wellen gegen seine kleine Flotille werfen. „Verschwinde da vorn!", brüllt der Kapitän des Dampfschiffs; wild gestikuliert seine Besatzung: sie sollten sich aus dem Weg scheren! Doch Apian, an seinem Ruder standhaft wie eine Eiche, schreit zurück, niemals würde die „Caburle" weichen, und: „tausend Teufel! die Rhône gehört uns!" Doch bevor er noch den Mund wieder zu hat, hat das wie der Blitz heran schießende „Krokodil" (so der Name des Dampfers) mit einem seiner Schaufellräder schon in das Schiff hinein gehauen („lou Croucoudile ... arrapo / Emun de sis alibre la pinello").

Mit ganzer Wucht und wie ein Bullenbeißer, der seine Beute schüttelt, fährt der dampfende Koloss zwischen die Teile des Konvois, schlenkert sie durcheinander, verwickelt sich wie rasend in ihre Verbindungstaue und zieht die gesamte Flottille in seinen Sog. Unglückliche! Die Treidelpferde werden durch ihre Seile in die Rhône gerissen, die schreienden Pferdeführer vor den rasenden Wellen abgeworfen –

> L'entiro dins soun vanc e, coume un dogue
> De ço que tèn se bat li brego, à bôudre
> Qangasso lou trahin, emé si gumo
> S' entrepacho rabious dintre li barco
> Ounte se fat draiàu, en tirassiero
> Kebalant après eu touto la rigo.
> O malurous! li chivalas recuelon,
> Empourta pèr la maio, dins lou Rose,
> Emé li carretiè que s'esbramasson,
> Despoutenta pèr iaigo furiboundo.

Dem Ungetüm, welches schmutzig-rußige Wolken zum Himmel hinauf fauchend das Wasser durchpflügt, schleudert Apian Verwünschungen entgegen: „Menschenfresser! Monster, vom bösen Geist zu unserer Zerstörung auf die Erde erbrochen" („manjo-paure! moustre sus terro / Que lou diable a raca pèr nous destruire"). Und dann stößt er einen dreifachen Fluch aus gegen das Ungeheuer und wünscht denen, welche ihm dienen, sie mögen im Feuer vergehn:

Fugues maudi! maudi! maudi! Que moron,
Aquéli que te servon, dins la braso!

Ein solches Außersichsein in Fluch und Verwünschung, wie es Mistral seinem Protagonisten in den Mund legt, lässt an rasende Gestalten des Mythos und der Tragödie denken. Es scheint, dass nunmehr den Meister Apian selber die Strafe für seine Hybris ereilt. Apians Zorn speit Prophezeiungen gegen das schreckliche Neue, dieses „Drecksding aus Rauch". Wo seit tausend Jahren doch er und seine Mitschiffer diesen Fluss beherrschen, da plötzlich taucht es auf, und jetzt will alles zerfallen. Aber schon – sagt der Patron drohend voraus – sitzt auf der Spur dieses Schmutzviehs ein anderes Schicksals- und Zauberwesen, ihm den Leib zu zerreißen:

Crapo defum! nous-hutri, la ribiero,
Va de milo an que la tenian dessouto...
Mai tu, d'abord que vuei tout se desbrando,
Rapello-te, souiras, que déjà drogo
Lou chivau-frus que dèu creba toun ventre.

Was ist unterdessen mit unserem Liebespaar? Wir erfahren: Angloro, stumm, die Augen geschlossen, fühlt sich in diesen gefährlichen Minuten gänzlich der Welt enthoben. Eng hat sie sich in die Arme des Prinzen geschmiegt, der vom Vorderschiff aus die Katastrophe betrachtet. Traulich und süß ist ihr zu Mut, als flöge sie auf zum Himmel.

    Angloro mudo,
Lis iue cluca, i'es plus d'aqueste mounde :
Estrechamen rambado i bras dóu prince
Que tèn d'à ment sus pro la mau-parado,
E fisançouso en plen de soun dous crèire,
Au paradis ié sèmblo que s'envolo.

Als mit ungeheurem Krachen das Schiff dann die Brückenpfeiler rammt und an ihnen zerschellt, wird Wilhelm in die Wogen geschleudert, er hat Angloro fest in seinen Armen und schwimmt. Von zerbrechenden Planken und Balken getroffen, hält er seine Freundin wie eine Seerose fest – ganz so, als sei (wie einige Ausleger es sehen möchten) der Prinz jetzt selber zum Dämon des Stroms, zu jenem rätselhaften Drac, geworden. Die Wellen ziehen die Liebenden in einen Strudel, sie versinken. Vergeblich springt noch ein tapferer Matrose ins Wasser, taucht nach dem Prinzen und sucht nach Angloro. Doch beide hat sie der Strom, wer weiß wohin, für immer davon getragen:

… E vague de nada, cercant lou prince,
E vague de souta, cercant Angloro.
Mai de-bado! Lou flume, quau saup mounte
Lis aviè tôuti dous mena pèr sèmpre.

Ein Liebestod am Ende, passend zur hohen epischen Gattung. Aber das größere tragische Moment ist ein anderes, ein doppeltes. Zunächst erleben wir das individuelle Schicksal des Mèste Apian. In ergreifenden Worten beklagt er die Zerstörung seiner siebenschiffigen Flotte, den Verlust seiner prächtigen Treidelpferde und damit seiner ganzen Existenz. Gestorben ist aber zugleich das tradierte Gewerk der Handelsfahrten auf dem Strome, für immer. „Adieu, schönes Leben!" ruft er aus. Und er meint, für alle Flussschiffer sei mit dem Unheil am heutigen Tag bei der Brücke von Saint-Esprit die große Rhône selber gestorben.

Ai! mi sèt barco/ Ai! mi chivau de viage !
Dire que tout acò s'envai au foudre!
Es la fin dóu mestié (...) Adieu la bello vido!
A creba, vuei, pèr tôuti, lou grand Rose. —

* * *

IV. Petrarca

Begeben wir uns aus der neueren Epoche zurück in die Antike. Und nutzen dazu als Zwischenstation eine kurze Episode aus jener Zeit, als am Beginn von Renaissance und Humanismus das Altertum wiedererweckt wurde.

In Avignon, wo sein aus der Heimatstadt Florenz verbannter Vater für den päpstlichen Hof arbeitet, ist Francesco Petrarca aufgewachsen. Er kennt von Kind auf den vorbeifließenden Strom und sicherlich auch Reste der alten Brücke oder Vorbereitungen zum Bau jener neuen aus Stein. Zu Ostern des Jahres 1327 – Francesco selbst legt aus poetischem Grund das Datum auf den Karfreitag – begegnet der 23-Jährige in der Avignoner Kirche Ste. Claire der jugendlichen Laura de Sade, wahrscheinlich ist es die junge Gattin des Brückenbauers Hughes de Sade. Wir wissen, dass aus dieser Begegnung der mit 366 Gedichten umfangreichste und für die lyrische Poesie folgenreichste Gedichtzyklus der Nachantike, vielleicht überhaupt der Literaturgeschichte, erwächst, der „Canzoniere"; bis in sein hohes Alter hat Petrarca daran gearbeitet. Wir kennen von diesem Vater des Humanismus auch jenen berühmten Brief, worin er im Jahr 1336 einem Freund in Paris berichtet, wie er gerade „den höchsten Berg jener Gegend" bestiegen habe; dieser heiße „nicht unverdientermaßen Ventosus, der Windige". Seit früher Jugend sei ihm der Berg, von Avignon aus erblickt, vor Augen gestanden und habe seine Neugier („cupiditas videndi") gereizt. Nun war Petrarca oben, hat weit umher gesehen, konnte den „Golf von Marseille" ausmachen, ebenso jenes andere Wasser, „das gegen Aigues-Mortes brandet". Vor allem aber – heißt es in jenem brieflichen Bericht – „lag mir die Rhône geradezu vor Augen" („Rhodanus ipse sub oculis nostris erat"). Im selben Brief bezeugt der junge Bergbesteiger, wie ihm bei seinem wunderbaren Panoramablick rührende Gedanken an sein Heimatland Italien überfallen, an dessen einstige römische Größe, und auch an jenen „wilden Feind des Römernamens", der die Alpen übersteigend einst dieses italische Rom zu vernichten drohte. Wenn wir diesen Gedanken nun aufnehmen, führt er uns wie von selbst zu einem historischen Unternehmen von dramatischer Kühnheit, eng gebunden an den Namen der Rhône. Es ist Hannibals Querung des Stroms – Ende September 218. v. Chr.

* * *

V. Hannibal

Am ausführlichsten haben uns über dieses Ereignis der hellenistische Historiker Polybios und der Römer Titus Livius unterrichtet. Polybios (um 200 v. Chr. – um 120 v. Chr.) tat es in seinen Historíai; Livius (59 v. Chr. – um 17 n. Chr.) in seinem Werk „Ab urbe condita". Zeitlich ist Polybios dem Geschehen näher, er bezog außerdem Informationen von einem gewissen Silenos, der an Hannibals Zug teilnahm, stand als Politiker wie als Militärberater den Scipionen nahe und suchte selbst die Schauplätze der Punischen Kriege auf. So erscheint er etwas verlässlicher als der später ausmalend und bisweilen (in romfreundlicher Tendenz) übertreibend, schreibende Livius. Es war Polybios im übrigen, der als Erster den Ursprung der Rhône in den nördlichen Alpen zutreffend und ihren weiteren Verlauf einigermaßen richtig aufgezeichnet hat. Halten wir uns gleichwohl an beide Autoren. Von Cartagena (Karthago Nova) im Südosten Spaniens aufgebrochen, überschreitet Hannibals Heer im Sommer 218 den Ebro und steuert die Pyrenäen an. Sein Übergang findet am Col du Perthus statt, heute Grenzposten zwischen Spanien und Frankreich, wo man einander gegenüber die imposante französische Feste von Vauban aus dem 17. Jahrhundert und eine vor wenigen Jahren phantasiereich aufgebaute karthagische Pyramide sieht.

Rund 50.000 Fußsoldaten und 9.000 Reiter umfasst das Heer des Puniers; hinzu kommen 37 Elefanten afrikanischer Herkunft – bis auf den namentlich bezeichneten „Surus", der wahrscheinlich aus Indien stammte, wie ähnlich auch die im damaligen Mittelmeerraum „indi" genannten Ausbilder und Führer von Elefanten. Zeitraubend gestaltet sich der Marsch nordwärts durch die wasserreiche und sumpfige, vor allem für Hannibals nordafrikanische Truppenteile ungewohnte Gegend der Rhône unweit ihrer Mündung. Festere Kontur gewinnt der Strom weiter nördlich, so dass Hannibal, der die voraus und die um ihn liegende Gegend wie immer sorgfältig auskundschaften lässt, wohl zwischen den späteren Städten Avignon und Orange (Theodor Mommsen verengt: „Avignon gegenüber") das mehrere hundert Meter breite Gewässer mit seiner Masse von Menschen und Tieren zu überschreiten beschließt. Polybios wie Livius berichten vom emsigen Höhlen von Einbäumen, vom Zusammenzimmern einfacher Boote, der Herstellung großer Flöße aus aneinander gebundenen Baumstämmen. Vor allem aber sei von den hier ansässigen Galliern wassertaugliches Gerät erworben worden. Polybios:

> Nachdem Hannibal die Anwohner zu gewinnen gesucht hatte, kaufte er ihnen alle ihre Kähne aus einem Stamme sowie die größeren Fahrzeuge ab, die in ansehnlicher Menge vorhanden waren, da viele Anwohner des Rhodanus Seehandel treiben. Auch taugliches Holz für die Anfertigung von einstämmigen Kähnen empfing er von ihnen; und mittels desselben wurde binnen zwei Tagen eine zahllose Menge von Fahrzeugen hergestellt, da jeder bestrebt war, keines anderen zu bedürfen, sondern selbst sich die Überfahrt zu sichern.

Inzwischen hat sich am jenseitigen Rhôneufer allerdings eine stattliche Streitmacht romfreundlicher keltischer Gallier vom Stamm der Volcae mit Reiterei und Fußvolk gesammelt, die ein Übersetzen der Karthager verhindern wollen. Hannibal schickt darum den Offizier „Hanno, einen Sohn Bomilkars" (Livius) mit einem ausgesuchten Truppenteil rund 37 Kilometer („200 Stadien" sagt Polybios) stromaufwärts; dort – so belehren ihn seine „gallischen Wegweiser" (Livius) – würden eine Flussinsel und seichtere Stellen den Strom leichter überwinden lassen. Hanno soll sich danach mit seinen Leuten wieder südwärts in den Rücken der Volcae schleichen. In der Tat gelingt Hanno der Übergang mit Hilfe kleinerer Flöße und aufgeblasener Tierhäute. Als Hannibal nach fünf Tagen seinen Mannschaftsführer in der geplanten Position angekommen glaubt, macht er alles zur Überfahrt fertig und lässt sein Heer am westlichen Ufer eine große Geschäftigkeit entfalten. So lenkt er die Aufmerksamkeit der Gallier gänzlich in seine eigene Richtung. Rauch- und Feuerzeichen auf der östlichen Flussseite aber, hinter den Galliern aufsteigend, lösen den Befehl zum Übersetzen aus. Livius:

> Schon hatte das Fußvolk seine Kähne bereit und gerüstet; die Reiterei mußte im allgemeinen, weil die Pferde nebenher schwammen, auf Schiffen mit breiterem Hinterdeck befördert werden. Der Zug der Schiffe setzte, um die Wucht des heranströmenden Flusses abzufangen, weiter oben über und verschaffte den unterhalb überquerenden Kähnen ruhiges Wasser. Die Pferde wurden größtenteils schwimmend von den Hinterteilen der Schiffe an Riemen nachgezogen, bis auf die, welche man gesattelt und gezäumt *auf* die Schiffe genommen hatte, damit sich der Reiter, so wie er an Land stiege, ihrer sogleich bedienen könne.

Die Gallier, fährt Livius fort, kamen den Karthagern „nach ihrer Sitte unter mancherlei Geheul und Gesang am Ufer entgegen, schüttelten über ihrem Kopf ihre Schilde und schwangen in ihrer Rechten ihre Wurfgeschosse". Doch sie geraten in völlige Verwirrung, als ganz unerwartet Truppen in ihrem Rücken auftauchen, natürlich ebenfalls mit Kriegsgeschrei, und als sie zugleich wahrnehmen müssen, dass ihr Lager bereits in Brand gesetzt worden ist. In Panik laufen sie „nach allen Seiten in ihre Dörfer davon" (Livius), während Hannibal jetzt nach und nach sein gesamtes Heer über den Strom setzen und am Ostufer einen Brückenkopf errichten kann.

Hannibal überquert die Rhone
(Fotogravure nach Henri Paul Motte, 1878)

Ein Problem bieten dabei die 37 Kriegselefanten, die ein so stark strömendes Gewässer nicht gewohnt sind. Aber alle gelangen hinüber – wie wahrscheinlicher Weise, im Unterschied zu Pferden und Fußmannschaften, auch kein einziges der Riesentiere beim späteren Übersteigen der Alpen verloren geht. Hannibal befiehlt, so Livius – nachdem er sich unter mehreren älteren Berichten den für ihn plausibelsten ausgesucht hat und eng auf Polybios fußt – ausführlich,

> ein 200 Fuß langes, 50 Fuß breites Floß vom Lande in den Strom ragen [zu lassen]. Nachdem sie dieses höher am Ufer mit mehreren starken Seilen festgebunden hatten, damit es nicht vom Strom mitgeführt würde, bedeckten sie es gleich einer Brücke mit darauf geschütteter Erde, so daß die Tiere ohne Scheu wie über festen Boden einhergehen konnten. Ein zweites Floß, eben so breit, aber nur 100 Fuß lang und zur Fahrt über den Fluß hergerichtet, wurde mit jenem verbunden. Sobald drei Elefanten, die auf dem festen Floße wie auf einer Straße den voraufgehenden Weibchen nachgetrieben waren, auf das kleinere, angebundene Floß hinübergegangen waren, wurden die Seile, womit es an jenem nur leicht befestigt war, sogleich gelöst und das Floß von einigen Ruderbooten zum anderen Ufer hinübergezogen. Wenn man so die ersten gelandet hatte, holte man wieder andere und setzte auch diese über.

Trotz solch sorgfältiger Vorbereitungen sprangen einige Elefanten in der Strommitte vom Floß, wobei ihre Reiter abgeworfen wurden und zumeist ertranken. Die Tiere selbst, ihre Rüssel hoch über das Wasser empor gereckt, erreichten schwimmend das andere Ufer. Vier Tage, belehrt uns Polybios, zog Hannibal nun am Ostufer die Rhône aufwärts, um danach wahrscheinlich den Nebenfluss Aygues als Leitweg in Richtung Alpen zu nutzen. Vorher aber war – bei geringerem Risiko am Ebro (Hiberus) geübt und später an Tessin (Ticinius) und Po (Padus) wiederholt – die Herausforderung, einen Strom zu überwinden, bestanden. Auch hatte Hannibal bei der ersten Schlacht außerhalb des punischen Machtbereichs erstmals sein militärtaktisches Genie bewiesen. Und zugleich trat damit im Jahr 218 v. Chr. Rhodanus in die Geschichte.

* * *

Literatur

- Polybios zitiert nach: Ernle Bradford: Hannibal. Deutsche Ausgabe: Universitas Verlag. München 1983
- Titus Livius: Der Punische Krieg. Übersetzt und herausgegeben von Hans Armin Gärtner. Alfred Kröner Verlag, Stuttgart 1968 u.ö. (22. Buch, Kap. 28/29)
- C. Julius Caesar: Bellum Gallicum. Lat.-deutsch. Hg. von Georg Dorminger. 6. Aufl. München 1962
- Theodor Mommsen: Römische Geschichte. 7. Aufl. Berlin 1881 (Drittes Buch. Kapitel IV)
- Martin Opitz: Trost Gedichte in Widerwertigkeit deß Krieges. Breslau/Leipzig 1633
- Petrarca zitiert nach: Petrarca. Dichtungen, Briefe, Schriften. Auswahl u. Einleitung von Hanns W.Eppelsheimer. insel taschenbuch (1980)
- Moritz Hartmann zitiert nach: M.H.: Tagebuch einer Reise durch Languedoc und Provence. Societäts-Verlag (Lizenzausgabe Rütten & Loening. Berlin-O) 1980
- Mistral zitiert nach: Lou Pouèmo dóu Ros/Le Poème du Rhône. Editions Aralia. Paris 1997. (Der Dichter hat sein provenzalisches Epos selbst ins Französische übertragen, wobei er die Dekasillaben in vers libres verwandelte.)

Corinna Hauswedell

Vom Boyne zur Somme? Der Wandel der Erinnerungskultur in Nordirland*

Next exit: Battle of the Boyne – die Autobahnausfahrt bei Drogheda an der M1 zwischen Dublin und Belfast weist auf ein Ereignis hin, das 325 Jahre zurückliegt. Die Schlacht am Fluss Boyne, mittels welcher 1690 die britische Thronfolge auf irischem Boden ausgetragen und zugunsten des protestantischen Niederländers Wilhelm III. von Oranien entschieden wurde, hat tiefe historische Wunden hinterlassen. Die vernichtende Niederlage, die Wilhelm seinem Schwiegervater, dem 1688 abgesetzten katholischen König Jakob II. aus dem Hause der Stuarts, beibrachte, wird bis heute jedes Jahr im Juli in Belfast von dem radikalen protestantischen Oranier-Orden zum Anlass genommen, um eine inzwischen vergangene, ethnisch-religiöse Überlegenheit der vorwiegend britisch orientierten Protestanten über die irisch verwurzelten Katholiken zu zelebrieren.

Nordirland, das während der sogenannten *Troubles* zwischen 1968 und 1998 in einem Bürgerkrieg mit mehr als dreitausend Toten erschüttert wurde und nach Meinung vieler Beobachter seit dem Belfaster Abkommen (1998) eine Periode des „Kalten Friedens" durchlebt, bietet einen geeigneten Referenzrahmen für das Thema dieser Publikation: Die Konflikthaftigkeit religiöser und politischer Identitätsbildung und eine damit verbundene Erinnerungskultur spannen einen langen Bogen vom 17. Jahrhundert bis in die Gegenwart. Der Blick in die Geschichte kann zeigen, wie sich ein bis heute an der Oberfläche als religiös konnotierter Konflikt aus der frühen europäischen Neuzeit von Beginn an aus dem Spannungsverhältnis von politischer Herrschaftsausübung und ethnisch-religiösen Zugehörigkeiten

---
* Der vorliegende Text ist eine leicht überarbeitete Version des Aufsatzes der Autorin „Von der Battle of the Boyne (1690) zu einer ‚nordirischen Identität'? Die lange Tradition politisch-religiöser Konfliktgeschichte in Irland", in: Jahrbuch des Bundesinstituts für Kultur und Geschichte der Deutschen im östlichen Europa. Religion und Erinnerung. Band 23, 2015, 73–90.

speiste. Es existier(t)en mehr als zwei Erzählungen aus den unterschiedlichen Perspektiven der am Konflikt um die „Irish Question" Beteiligten. Langlebige Narrative von Macht und Ohnmacht ließen sich immer wieder neu instrumentalisieren. Zugehörigkeitsgefühle und Identitäten waren und sind dabei zwar einem steten Wandel unterworfen, dies geschieht aber nicht gradlinig entlang realer politischer Veränderungen. So sind der Verlust von Hegemonie und eine friedensgerichtete Streitbeilegung noch kein Garant für die Anerkennung einer neuen Pluralität oder gar gedeihlicher Koexistenz. Im Gegenteil, die Sieger von gestern fühlen sich in Nordirland heute zum Teil als Betrogene, während die ehemals Ausgegrenzten mit der Erfahrung politischer Teilhabe an Selbstbewusstsein gewonnen haben.

Der Aufsatz nähert sich dem Thema in folgenden Schritten: Am Beginn steht eine Einordnung der Schlacht am Boyne in die frühneuzeitliche, britische und irische Herrschafts- und Gesellschaftslandschaft zwischen dem 17. und dem 19. Jahrhundert; die Rekonstruktion der (nord)irischen gewalthaltigen Erinnerungskultur und ihrer Narrative im 20. und 21. Jahrhundert bieten sodann einen analytischen Hintergrund dafür an, warum sich die nordirischen Konfliktparteien während der Zeit der *Troubles* erneut radikalisierten; schließlich wird ein vorsichtiger Ausblick auf möglicherweise identitätsrelevante Wandlungsprozesse im Kontext des nordirischen Friedensprozesses und des Belfaster Abkommens gewagt. Die Forschungsperspektive der Autorin ist vorwiegend zeitgeschichtlich und eher durch konflikttheoretische als durch religionswissenschaftliche Parameter geprägt.

Ein Fluss macht Geschichte

Die Schlacht auf beiden Seiten des Flusses Boyne in der Nähe der Stadt Drogheda am 1. Juli 1690 (bzw. am 11. Juli nach dem gregorianischen Kalender) war mit insgesamt etwa 60.000 beteiligten Soldaten (36.000 auf Wilhelms Seite, 25.000 bei Jakob) nicht nur der größte Waffengang auf irischem Boden, Irland geriet auch für einen Moment der Geschichte in den Fokus strategischer Kämpfe in Europa.[1] Wie schon bei Oliver Cromwells Siegeszug gegen die aufständischen Iren 1649/50 wurde Irland im „Krieg der zwei Könige" (auf irisch: *Cogadh an Dá Rí*) erneut zum Austragungsort für die englischen Machtkämpfe um die Krone bzw. zwischen König und Parlament. Der protestantisch-niederländische Wilhelm III. von Oranien, verheiratet mit seiner Cousine Maria II. aus dem Hause Stuart, war im Zuge der *Glorious Revolution* 1688 auf den Thron gekommen, nachdem das englische Parlament seinen amtierenden König Jakob II. (im Englischen: James II.), den Vater von Maria II., wegen seiner Bemühungen um eine Rekatholisierung Englands abgesetzt hatte. Jakob andererseits hatte den Kampf zur Rückeroberung der Krone nur wagen können, weil er sich der Loyalität von Richard Talbot, Lord von Tyrconnell, des ersten katholisch-irischen Statthalters (Viceroy) seit der Reformation, sicher sein konnte, der ein von Protestanten weitgehend gesäubertes irisches Heer befehligte.[2] Zusätzlich unterstützt wurde Jakob von etwa 7000 französischen Söldnern, von deren Entsendung sich Ludwig XIV. abseits des kontinentalen Schlachtfeldes der Großen Allianz einen erfolgreichen Schlag gegen den verhassten Niederländer Wilhelm versprach.[3] Wilhelm dagegen – Ironie der Geschichte – erhielt, neben einem Kontingent französischer Hugenotten, unter anderem auch wertvolle materielle und ideelle Verstärkung ausgerechnet aus dem Vatikan:

> Eigentlich galt Innozenz (XI) als glorreicher Drahtzieher der Befreiung Europas im Kampf gegen die muslimischen Türken. Jetzt muss er sich postum gefallen lassen, dass man ihm auf die Finger sieht – und feststellt, dass er nicht nur den materiellen Gewinn seiner Familie in den Vordergrund seines Handelns stellte, sondern auch noch die protestantischen Kriege des Holländers Wilhelm III. von Oranien finanziert hat und damit indirekt zum Sturz des Katholiken Jakob II. von England beitrug.[4]

Die Hoffnungen Jakobs (und Ludwigs) gingen nicht auf; mit einer militärischen Übermacht von fast 3 :1 besiegte Wilhelm seinen Schwiegervater in nur einem Tag. Während jedoch in der Schlacht selbst militärische Stärke und kluge Taktik auf Seiten des Oraniers zu obwalten schienen, nahm die Geschichte danach ein politisch unkluges Ende. Mit der Unterwerfungsdeklaration von Finglas erreichte Wilhelm keine „Befriedung" der jakobitischen Truppenführer, wie es ein Teile-und-herrsche-Konzept vielleicht ermöglicht hätte, sondern er provozierte eine Fortsetzung der Kämpfe, die erst im sogenannten Frieden von Limerick 1691 ihren Abschluss fanden;[5] dessen Ergebnisse wurden zwar von beiden Konfliktparteien aus unterschiedlichen Gründen kritisiert, de facto aber leitete Limerick die Unterordnung der irischen Katholiken unter anglikanisch-britisches Recht ein.[6]

In England besiegelte die Niederlage Jakobs am Boyne das Ende der katholischen Thronfolge und befestigte den Status der Anglikanischen Kirche als Staatskirche. Mit dem eindeutigen anglikanischen Bekenntnis versicherte sich die britische Krone fortan der Loyalität ihrer Adelsfamilien; Religionsfreiheit wurde als Gefahr für die staatliche Einheit gesehen. Die enge Koppelung von religiösem Bekenntnis und politischer Ordnung war für die Staatenwelt des 17. Jahrhunderts prägend. Das besondere irische Problem habe allerdings darin bestanden, wie T. Noetzel pointiert ausführt, „dass sich gegenüber dem Katholizismus und dem Presbyterianismus Ulsters eine anglikanische Minderheit als Herrschaftsinstanz durchsetzen konnte, während in anderen Staaten, wie Frankreich oder Spanien, die Bevölkerungsmehrheit die religiösen Minderheiten gleichzuschalten oder gar zu vernichten suchte".[7]

Der Westfälische Frieden von 1648, der vor allem im Zentrum Europas Geltung als normatives Vertragswerk zwischen den Nationen – einschließlich einer Anerkennung konfessioneller Gleichberechtigung – beansprucht, bedeutete nicht das Ende der kriegerisch ausgetragenen Machtkämpfe innerhalb und zwischen den europäischen Nationalstaaten. Auf irischem Boden wurden in der zweiten Hälfte des 17. Jahrhunderts die Voraussetzungen für einen auch künftig höchst gewalthaltigen Konflikt gelegt, in dem koloniale Herrschaft, ethnisch-kulturelle Ausgrenzung und religiöses Dominanzstreben eine explosive Mischung eingingen. Das „Mutterland der modernen Demokratie" zog auf diese Weise in Irland schon früh die Grenzen einer möglichen Pluralisierung. Der Hobbes'sche Leviathan lieferte die Legitimationsfigur, um in Irland im 18. Jahrhundert eine frühbürgerliche Herrschaftsausübung zu etablieren, die vor allem die katholischen Keltiren, die sogenannten Altengländer aber auch Teile der sogenannten *Dissenter*, der schottisch-presbyterianischen Siedler, von politischer und ökonomischer Partizipation ausschloss.

Die zu diesem Zwecke erlassenen bzw. zu Beginn des 18. Jahrhunderts verschärften *Penal Laws* verboten in erster Linie die katholische Religionsausübung und den Kirchenbau, interkonfessionelle Eheschließungen, Waffenbesitz für Katholiken, Zugang zur Universität und zu juristischen Berufen und öffentlichen Ämtern; sie erschwerten Landbesitz, -pacht und -vererbung und dienten insofern auch der Ausgrenzung der Presbyterianer.[8] Auch wenn

Reichweite und Wirkungsgrad dieser Zwangsgesetzgebung für Irland als Ganzes schwierig zu ermitteln und zu bewerten waren und die katholische Kirche als Institution in Irland nicht gefährdet wurde, gilt heute als unbestritten, dass mit den *Penal Laws* im Namen der Religion für nahezu ein Jahrhundert die bürgerrechtliche, politische und ökonomische Teilhabe, die das Londoner Parlament seinen Untertanen selbstverständlich garantierte, für eine große Mehrheit der damals etwa drei Millionen Iren unterbunden wurde.

Die nachjakobitische Ordnung

Die Etablierung der englischen Suprematie als Ausdruck der nachjakobitischen Ordnung provozierte unterschiedliche Akteure dazu, ihre Interessen an größerer Autonomie und der Herausbildung einer irischen Identität zu artikulieren; die anglo-irischen Verhältnisse sollten aus sehr verschiedenen, widerstreitenden Perspektiven einer Revision unterzogen werden. Mit dem Aufstieg der *Protestant Ascendancy* schickte sich zunächst eine kleine aus Klerikalen und Landbesitzern bestehende Oberschicht an, die Herrschaftsgeschicke in Dublin unter Ausschluss der katholischen Mehrheitsbevölkerung, aber in Abgrenzung zur Londoner Machtzentrale in die Hände zu nehmen.[9] Zu den Wegbereitern einer solchen partiellen, stark von wirtschaftlichen Interessen geprägten Selbstverwaltungsidee, deren ideologische Grundlegung J.G. Simms als „kolonialen Nationalismus"[10] bezeichnete, kann der Sekretär der Dublin Philosophical Society und Abgeordnete des Dubliner Unterhauses William Molyneux gerechnet werden. In seiner Übertragung von Kerngedanken der *Two Treatises of Government* von John Locke, mit dem Molyneux befreundet war, auf Irland wurde ein bemerkenswertes legitimatorisches Paradox angelegt: Die irische Nation wurde zunächst als protestantische Nation gedacht; die „Englishmen of Ireland" kreierten mit den Reformbestrebungen des Dubliner Parlaments, die eng mit dem Namen Henry Grattan und seiner Partei der *Patriots* verbunden waren,[11] eine anglikanisch fundierte, nationale Identität auf irischem Boden, die zunächst andere ethnisch-religiöse Gruppen der Mehrheitsbevölkerung ausschloss.

Radikaler und konfrontativer in ihren Unabhängigkeitsbestrebungen traten seit den 1770er Jahren außerparlamentarische Bewegungen unterschiedlicher Herkunft in Gestalt der sogenannten *Volunteers* auf: Mit den zunächst vorwiegend protestantischen Freiwilligenverbänden, die um 1780 geschätzt bereits über 100 000 bewaffnete Mitglieder zählten,[12] etablierte sich ein für die irische Gesellschaft typisches, aus ihren widerstreitenden Identitäten und der Fragilität des staatlichen Gewaltmonopol erklärbares Handlungsmuster, politischen Dissens bevorzugt auch mit (para)militärischen Mitteln auszutragen.[13] Dass mit Theobald Wolfe Tone[14] ein protestantischer Anwalt aus Dublin an die Spitze der 1791 gegründeten *Belfast Society of United Irishmen,* treten konnte, um mit radikalen Katholiken und Ulster-Presbyterianern gemeinsam ein Programm der republikanischen Emanzipation zu formulieren, zeigt zugleich, wie unter dem Einfluss des amerikanischen Unabhängigkeitskrieges und mehr noch der Französischen Revolution die „Vision eines irischen Nationalismus jenseits religiöser Separierungen"[15] Gestalt gewinnen konnte. Mit dem Scheitern der Rebellion der *United Irishmen* von 1798 – die erhoffte Unterstützung durch Napoleon blieb aus und Wolfe Tone nahm sich im Gefängnis das Leben – entstand ein transkonfessionelles Narrativ vom Helden und Märtyrer Wolfe Tone, das dem Protestanten bis heute einen Ehrenplatz im Ranking des (katholisch-)republikanischen Erinnerungskultes garantiert.[16]

Fast zur gleichen Zeit wie die *United Irishmen* und in klarer Entgegensetzung formierte sich 1795 im Norden Irlands der *Orange Order*, präziser die *Loyal Orange Institution*.[17] Gewalttätige Zusammenstöße zwischen katholischen und protestantischen Pächtern um den Zugang zu Land- und Marktflächen, wobei es immer auch um die Handhabung der *Penal Laws* ging, waren in der bevölkerungsreichsten Grafschaft Armagh mit einer fast gleichgroßen Population beider Konfessionen seit Jahren an der Tagesordnung und wurden von den *Volunteers* verschiedener Richtungen militant ausgetragen. Der als geheime Bruderschaft in Logen organisierte *Orange Order* bekannte sich zur sieghaften Tradition von König Wilhelm III., schwor seine Mitglieder auf ein Bekenntnis zu den protestantischen Werten und zur Vorherrschaft in Irland ein und zelebrierte dies auf alljährlichen Triumphzügen, den sogenannten *Parades*, die – bis heute – immer Anfang

Juli durch katholische Wohnviertel Belfasts und anderer Orte geführt werden. Politisch verstanden sich die *Orangemen* als konservative unionistische Organisation mit einer entschiedenen Gegnerschaft gegen jede Form irischer nationaler Unabhängigkeit. Ihre Loyalität zur englischen Krone entsprang allerdings weniger einem nationalen Verbundenheitsgefühl, als dem Eigeninteresse, das in der Erwartung lag, London habe die protestantische Vorherrschaft in Irland zu unterstützen.[18]

Union verhindert *Nationbuilding* in Irland

Die *Acts of the Union* (1800/01),[19] mit denen England, Schottland und Irland zum „United Kingdom of Great Britain and Ireland" erklärt, das Dubliner Parlament aufgehoben und die legislative Vertretung der Iren nach Westminster transferiert wurde, stellten eine Antwort auf die Rebellion der *United Irishmen* dar. Vom *Orange Order*, aber auch von anderen gemäßigten Protestanten, wurde diese Maßnahme der englischen Herrschaftssicherung aber nicht willkommen geheißen, da man mit dem Ende der Teilautonomie auch die eigenen Verfassungsvorstellungen für Irland bedroht sah.[20] Die Union besiegelte ein Jahrhundert politischer Hegemonie und wirtschaftlicher Ausbeutung der irischen Insel durch die Engländer und vereinnahmte die irischen Angelegenheiten nunmehr vollständig unter die hoheitliche Administration Londons. Für die radikalen Republikaner in der Nachfolge Wolfe Tones bestätigte und verstärkte diese Entwicklung ihre tiefsitzenden antibritischen Ressentiments und den Wunsch nach vollständiger Unabhängigkeit; lokale Proteste z.B. gegen das Abführen des Zehnt (*Tithe*) an die anglikanische Kirche wurden erneut zum Ausgangspunkt zahlreicher Unruhen, die auch von republikanischen Freiwilligencorps wie den *Whiteboys* oder den *Ribbonmen* angeheizt wurden.[21]

Ein größerer, gemäßigter Teil der katholischen Bevölkerung, der sich in einer wachsenden städtischen Mittelschicht artikulierte, sah in der Union und in dem Rahmen, den der britische Parlamentarismus bereitstellte, zunächst aber auch eine Chance, um ihrem Ziel nach Emanzipation, d.h. einer religiösen, politischen und ökonomischen Gleichstellung als Bürger, endlich näher zu kommen. Dafür trat mit dem ersten in Dublin zugelassenen katholischen Anwalt Daniel O'Connell – bis heute die Ikone des gemäßigten irischen Nationalismus[22] – ein höchst geeigneter Akteur auf den Plan. Mit

Unterstützung des Klerus gelang es O'Connell nach der Gründung der *Catholic Association* 1823, eine mächtige Volksbewegung für die Bürgerrechte der Katholiken in Gang zu setzen, die 1829 im *Roman Catholic Relief Act* wichtige Teilerfolge, wie das Recht öffentliche Ämter zu bekleiden und ins Parlament gewählt zu werden, verbuchen konnte; der in Westminster obligatorische Eid gegen die katholische Kirche wurde abgeschafft. Die – nun von katholischer Seite – betriebene Konfessionalisierung des irischen Nationalismus und seine Politisierung gingen Hand in Hand: O'Connell begann das Projekt einer irisch-nationalistischen Parteigründung und arbeitete dabei eng mit den britischen Liberalen (*Whigs*) zusammen; in den Massenversammlungen der *Catholic Association* für die Aufhebung des *Act of the Union (Repeal campaign)*, die 1843 ihren Höhepunkt erreichten, wurden – einmalig im Europa des 19. Jahrhunderts – Hunderttausende mobilisiert.[23]

Man muss Noetzel in seiner Einschätzung nicht vollständig folgen, der „die Engführung von katholischer Emanzipation und Staatsbildung als verhängnisvoll" bezeichnet,[24] aber das Dilemma des gemäßigten irischen Nationalismus wurde offensichtlich: Parallel zur Beteiligung an britischer Reformpolitik wuchs auch das Interesse an weiterreichender Unabhängigkeit von England; die konfrontative Politik der konservativen britischen Regierung in den 1840er Jahren, in deren Folge O'Connell wegen angeblich konspirativer Tätigkeit verhaftet wurde, verstärkte diesen Trend.[25] Die Geister, die O'Connell gerufen hatte, fanden eine neue Heimat bei der überkonfessionellen Vereinigung *Young Ireland* um die katholischen und protestantischen Trinity-College-Absolventen Thomas Davis, Charles Gavan Duffy und John Blake Dillon, die die Zeitung *The Nation*[26] herausgaben. Sie verbanden ihre Teilnahme an der *Repeal*-Kampagne mit radikaleren Vorstellungen einer irischen (Kultur)Revolution. Der Streit mit O'Connell über den Einsatz militanter Mittel führte 1846 zur Abspaltung der *Young Irelanders* von der Kampagne. O'Connell starb 1847 an Herzversagen. *Young Ireland* plante, inspiriert durch die Pariser Februar-Revolution 1848 einen Aufstand für den Herbst des gleichen Jahres; wie schon fünfzig Jahre zuvor bei den *United Irishmen* blieb aber die erhoffte französische Waffenhilfe aus, britische Regierungsspitzel bekamen Wind von der Sache und die Rebellion ging als gescheiterte, tragik-komische „miniature" in die Literatur ein.[27]

Inzwischen hatte das Desaster der Großen Hungersnot (*Great Famine*, 1845-49),[28] die durch eine mehrjährige Kartoffelfäule ausgelöst wurde und in deren Folge die irische Bevölkerung von inzwischen ca. 8,5 Millionen um ca. 2 Millionen dezimiert wurde – etwa eine Million Menschen kamen ums Leben, eine weitere Million wanderten aus – als nahezu genozidales Trauma in der irischen Gesellschaft Platz gegriffen.[29] Verzweiflung und Hass auf England erreichten angesichts des Versagens der Londoner Regierung, diese tiefe Versorgungskrise zu meistern, eine neue Dimension.

Home Rule und Gaelic Revival

Das Ziel einer Selbstbestimmung über das irische Territorium bzw. „Land" erhielt nun für immer mehr Menschen Priorität und zwar im Sinne einer doppelten, politischen und ökonomischen Konnotation. Paradigmatisch kam dies in den beiden großen Reformbewegungen zum Ausdruck, die sich seit der Mitte des 19. Jahrhunderts etablierten: dem Kampf um politische Unabhängigkeit von Großbritannien, zunächst als Bewegung für eine parlamentarische Teilautonomie (*Home Rule*), sowie der Bewegung für eine Verbesserung der ökonomischen und sozialen Lage der ländlichen Bevölkerung, die schließlich im *Land War* (1879-82), dem „Krieg auf dem Land um das Land"[30] eskalierte. Beide Bewegungen entwickelten im Laufe der 1870er und 1880er Jahre gemeinsame politische Plattformen und Strukturen; gleichzeitig verschwammen zusehends die Grenzen zwischen gemäßigten Politikkonzepten und militanten Formen des Protestes.[31] Während die soziale Spaltung der nach wie vor agrarisch geprägten irischen Gesellschaft weiterhin vorwiegend entlang konfessioneller Trennlinien verlief – hier protestantische Grundherren, dort katholische Kleinpächter – gab es im politischen Raum (wie bereits im ausgehenden 18. Jahrhundert) einzelne kulturelle Grenzüberschreitungen, die vor allem das Führungspersonal der neuen irischen Parteienlandschaft betrafen: Sowohl Isaac Butt, Begründer der *Home Rule League* (1870), als auch Charles Stewart Parnell, Gründer der *Irish National Land League* (1879) und ein Jahr später auch Vorsitzender der jetzt *Irish Parliamentary Party* genannten *Home-Rule*-Partei, hatten beide einen protestantischen Hintergrund, mit im Falle Butts frühen Sympathien für die kulturrevolutionären Ideen der *Young Irelanders* bzw. mit einer für die *Protestant Ascendancy* nicht untypischen, langen antibritischen Familientradition im Falle Parnells.[32] Als Verbündete für Parnell boten sich die Führer des in der irisch-amerikanischen Diaspora gegründeten *Fenian Movement*[33] an, das durch die Emigrationswelle der *Famine*-Opfer stark angewachsen war: 1858 wurde gleichzeitig in Dublin und New York die *Irish Republican Brotherhood* (IRB)[34] aus der Taufe gehoben; die Gründer der IRB, die später in der Vorbereitung des Osteraufstandes 1916 eine zentrale Rolle spielen sollte, stammten fast alle aus dem Umfeld des fehlgeschlagenen Aufstandes von 1848. Ihr Hauptcredo, dass England sich die irische Unabhängigkeit nur mit militärischer Gewalt abtrotzen lassen werde, musste jedoch zunächst nach einer weiteren gescheiterten Revolte 1867 einen Dämpfer hinnehmen.[35]

Nichtsdestoweniger wurde die Radikalisierung der Politik, die auch in den zeitweiligen Allianzen der Fenier mit Parnell und der neuen *Home-Rule*-Partei zum Ausdruck kam, von der britischen Regierung mit Sorge um den Fortbestand des Vereinigten Königreichs beobachtet. Um den konfessionellen Kern der irischen Frage zu entschärfen, hatte William Gladstone, 1868 an der Spitze eines liberalen Kabinetts zum Premierminister gewählt, zunächst zwei große Reformvorhaben, die Aufhebung der Staatskirchenfunktion der anglikanischen *Church of Ireland* und die de facto Gleichstellung der Konfessionen (1869) sowie das Landgesetz von 1870, das die Beziehungen zwischen Grundherren und Pächtern neu ordnen sollte, durchgesetzt – nicht ohne Widerstand in den eigenen Reihen der *Whigs*.[36] Das zunehmend explosive Klima der 1880er Jahre provozierte weitere Verschärfungen der Sicherheitsgesetze, veranlasste Gladstone aber auch, endlich eine Gesetzgebung für *Home Rule* in Angriff zu nehmen: Sein erster Entwurf scheiterte jedoch 1886 mit 341 gegen 311 Stimmen im Unterhaus.[37] Die Gegner des Gesetzes, einige in Gladstones eigener Partei, vor allem aber die Tories und die Unionisten, sammelten ihre Kräfte; sieben Jahre später sollte auch der zweite Entwurf, diesmal im *House of Lords* scheitern.[38] Bereits 1891 war Parnell, der Held der *Home-Rule*-Bewegung, gestorben und hatte ein unvollendetes Erbe und eine führungslose Bewegung hinterlassen.

Unter dem Motto eines *Celtic Revival* oder *Gaelic Revival* bemühten sich in den 1890er Jahren zahlreiche Initiativen, Zirkel und Organisationen, die irische Kultur, Sprache, Literatur und Sport, mit neuem Leben zu erfüllen und so das aus Enttäuschung über die erfolglose Politik entstandene Vakuum zu füllen: Eine Mischung aus Mythos und Moderne sollte der irischen Identität neue Stärke verleihen.[39] Die *Gaelic Athletic Association* (GAA) baute in bewusster Entgegensetzung zu den typisch englischen Sportarten Kricket, Hockey und Tennis, ein landesweites Netz von *Gaelic Football* und *Hurling* Teams und entsprechende Meisterschaften auf. Die bedeutsamste dieser Organisationen, die *Gaelic League* mit einem strikt unpolitischen und überkonfessionellen Selbstverständnis, machte sich unter ihrem Präsidenten Douglas Hyde das in mancher Hinsicht unrealistische Projekt einer Renaissance der irischen Sprache und Verdrängung des Englischen zum Programm. Berühmte Autoren wie William Butler Yeats, Lady Augusta Gregory, John Millington Synge und später auch James Joyce veröffentlichten zwar nur wenig in irischer Sprache. Sie bildeten aber in der *Gaelic League* einen intellektuellen Kern für viele Debatten, aus denen eine Art politisch-kulturelle Schule für eine neue Generation des irischen Republikanismus hervorging: Arthur Griffith beispielsweise, der 1905 die Partei *Sinn Féin* (irisch für „Wir selbst") gründete, oder auch Patrick Pearse, einer der Anführer des Osteraufstandes von 1916, kamen aus dieser Schule.

Auch im langen 19. Jahrhundert hatte das britische Herrschaftssystem durch die Konstruktion der Union kein irisches *Nationbuilding* zugelassen. Als die *Home-Rule*-Bewegung, die ja lediglich eine Teilautonomie anstrebte, nach mehr als vierzig Jahren 1912 kurz vor dem Erfolg durch die Verabschiedung einer dritten Gesetzesvorlage im Londoner Unterhaus stand,[40] gründete sich zur Abwehr der parlamentarischen Entscheidung die *Ulster Volunteer Force* (UVF), geführt von Sir Edward Carson, dem profiliertesten unionistischen Politiker der Zeit.[41] Die Protestanten im Norden Irlands, die in den Jahrzehnten der wachsenden Konfrontation zwischen irischen Nationalisten und Londoner Regierung in deren Windschatten gesegelt waren, trauten sich nun aus der Deckung. Die UVF wurde, unter anderem ausgestattet mit einer erfolgreichen Waffenlieferung aus Deutschland (*Larne gun-running*), zu einer machtvollen loyalistischen Privatarmee ausgebaut. Die Republikaner ihrerseits antworteten mit der Gründung der *Irish Volunteer Force (IVF)*,[42] die einen weniger erfolgreichen Versuch unternahm, sich aus den gleichen Quellen am Vorabend des Ersten Weltkrieges zu bewaffnen (*Howth gun-running*). Der in beiden politisch-religiösen Kulturen verankerte irische Vigilantismus bzw. die Tendenz zur Privatisierung militärischer Gewalt erreichte einen neuen institutionellen Höhepunkt. 1914 existierten in Irland fünf Armeen: die regulären britischen Streitkräfte, auf republikanischer Seite die IVF, die IRB und die von James Connolly gegründete kleinere, sozialistisch orientierte *Citizen Army*, sowie auf unionistischer Seite die UVF. Vertrauliche Pläne der UFV für eine Entwaffnung der irischen Polizei *Royal Irish Constabulary* machten die Runde.[43] Auf Grund des zugänglichen Quellenmaterials gibt es in der britischen und irischen Geschichtsschreibung wenig Zweifel, dass es im Falle der Verabschiedung des *Home-Rule*-Gesetzes spätestens 1914 zum offenen Bürgerkrieg gekommen wäre.[44]

Easter Rising und Teilung der Insel

Home Rule wurde jedoch erneut vertagt. Der Beginn des Ersten Weltkrieges militarisierte das internationale Klima, nicht ohne Rückwirkungen auch auf Irland. Die Nationalisten spalteten sich an der Frage der Konskription, der Kriegsteilnahme irischer Soldaten auf Seiten der britischen Armee: Einige gemäßigte Katholiken reihten sich wie große Teile der loyalistischen Protestanten in die legendäre *36th (Ulster) Division* ein, die am 1. Juli 1916 in der Schlacht an der Somme die verlustreichste Niederlage der britischen Militärgeschichte erlitt und bei den nordirischen Protestanten ein nachhaltiges Opfer-Narrativ generierte. Die radikalen Republikaner lehnten die Kriegsteilnahme ab und sahen die Stunde für die Gründung der Republik gekommen. Der Osteraufstand 1916 in Dublin unter Führung der IRB, der nach wenigen Tagen heroischer Kampfszenen von der britischen Armee niedergeschlagen wurde, stellte den entscheidenden Wendepunkt für die republikanische Bewegung dar:[45] Eine martialische Hinrichtung der fünfzehn Anführer des *Easter Rising* und die folgenden Repressionen gegen die Rebellen seitens der englischen Regierung beförderten starke Sympathiebekundungen und eine bisher nicht erreichte Unterstützung in der irischen Bevölkerung. *Sinn Féin* löste die alte *Home-Rule*-Partei ab und wurde bei den Unterhaus-Wahlen 1918 stärkste irische Partei (73 der 106 irischen Sitze). Im Januar 1919 traten die irischen Abgeordneten in Dublin zu einem Nationalparlament (*Dáil Éireann*) zusammen und richteten eine Regierung unter

Führung von Eamon de Valera ein, die aber von Großbritannien nicht anerkannt wurde. Zwischen 1919 und 1921 kam es daraufhin zum irischen Unabhängigkeitskrieg (*Anglo-Irish War*), ausgetragen zwischen der *Irish Republican Army* (IRA), die aus IRB und IVF hervorgegangen war, und der britischen Armee. Am Ende besiegelte der Anglo-Irische Vertrag die politische Teilung der Insel: Im Süden entstand 1922 der „Irische Freistaat" (als Teil des Commonwealth), der erst 1949 als „Republik Irland" vollständige Unabhängigkeit von Großbritannien erhielt. Den sechs mehrheitlich protestantischen Grafschaften im Norden Irlands (Ulster) wurde – Ironie der Geschichte – *Home Rule* zugestanden; Ulster verblieb im Vereinigten Königreich und erhielt 1972, als den Unionisten in Folge der *Troubles,* wie die 1968 beginnenden bürgerkriegsähnlichen Unruhen euphemistisch genannt wurden, die Regierungs- und Polizeigewalt in der Provinz zu entgleiten drohte, wieder *Direct Rule* aus London.

Nordirland – „A Protestant State"?

In Nordirland wurde 1921 das Erbe der irischen Konfliktgeschichte angetreten. Mit seinem Credo, einem „Protestant Parliament" bzw. einem „Protestant State" vorzustehen,[46] outete sich der erste Premierminister der nordirischen Provinz Sir James Craig als überzeugter Anti-Katholik. Er war bekennender Anhänger des Oranier-Ordens und hatte gemeinsam mit Edward Carson den illegalen Aufbau der *Ulster Volunteers* gegen Home Rule betrieben. Seine Regierung errichtete in Nordirland in relativ kurzer Zeit ein effektives Regime der politischen und sozialen Diskriminierung der katholischen Minderheit (ca. 32-35% Katholiken in Ulster) in allen relevanten Lebensbereichen: Den *Penal Laws* des 18. Jahrhunderts nicht ganz unähnlich sicherte die protestantisch-unionistische Elite ihrer Klientel mittels gesetzlich garantierter Disparitäten und Wahlrechtsmanipulationen (*Gerrymandering*) und gestützt auf einen fast ausschließlich protestantisch rekrutierten Sicherheits- und Polizeiapparat einen priviligierten Zugang zum Arbeits- und Wohnungsmarkt sowie zu den Bildungseinrichtungen und installierte so den für Nordirland paradigmatischen *Sectarianism,* eine auf Konfrontation und Ausgrenzung basierende institutionelle Spaltung der Gesellschaft, die wesentlich entlang ethnisch-religiöser Grenzen verlief.[47]

Thomas Noetzel ist im Grundsatz zuzustimmen, „dass die Nationenbildung in Irland bis ins 20. Jahrhundert hinein als Dominanzprojekt angelegt worden ist und – von Strömungen des durch die Französische Revolution inspirierten Republikanismus der United Irishmen abgesehen – nie als Integrationsprojekt der Kulturen."[48] Präzisierungen sind jedoch angebracht hinsichtlich der Frage, wer dieses Dominanzprojekt zu welchem Zeitpunkt und mit welchen Narrativen betrieben hat. Noetzels Schluss, die Definitionsmacht für die (jeweilige) nationale Leitkultur habe sich schließlich im 20. Jahrhundert vollständig auf die „Konstruktion eines ausschließlich gälisch-katholischen Irischseins"[49] verschoben, greift für den politischen Republikanismus zu kurz und lässt auch die Entwicklung in Nordirland außen vor. Ein (konflikt)treibender Akteur blieb bis in die 2. Hälfte des 20. Jahrhunderts der britische Staat. Er definierte Umfang und Qualität irischer (Nicht)Staatlichkeit in doppelten Sinne mit, hinsichtlich der erst späten vollständigen Zulassung einer Republik im Süden (1949), und noch elementarer bei der Rücknahme der unionistischen *Home Rule* im Norden im Januar 1972. Deshalb konnte sich dort, manifest im Gewaltaustrag der *Troubles* zwischen 1968 und 1998 mit seinen mehr als 3000 Toten, ein höchst komplexes Konfliktdreieck[50] zwischen irisch orientierten Republikanern, loyalistischen Unionisten und britischer Administration etablieren, das wesentlich stärker und im Verlauf der *Troubles* zunehmend mehr von (sicherheits)politischen als von religiösen oder gar kulturell-integrativen Konnotationen bzw. Bildern geprägt wurde.[51]

Die britische Dominanz stellte einen relevanten Bezugspunkt für die Narrative der beiden lokalen Konfliktparteien dar, wenn auch in entgegengesetzter, konfliktiver Weise. Während die Unionisten, die politisch Gemäßigteren ebenso wie die radikaleren Loyalisten, einen identitätsstiftenden Marker durchaus in der religiösen Zugehörigkeit zum Protestantismus suchten und dies mit den Erinnerungszeremonien des *Orange Order* für „King Billy"[52] (Wilhelm von Oranien) und seine Schlacht am Boyne auch historisch-politisch verstärken konnten, findet sich weder bei den gemäßigten Nationalisten noch bei den radikaleren Republikanern ein vergleichbar proklamatorisches Verhältnis zum Katholizismus; er fungierte eher als soziales Reservoir etwa im Kampf um Gerechtigkeit – als eine Art weltanschaulicher Grundlegung mit auch aufklärerischen Wurzeln wie bei den

United Irishmen oder wie es auch die Befassung mit dem Marxismus war, die vor dem Ausbruch der *Troubles* 1967–68 in der Bürgerrechtsbewegung[53] *en vogue* war. Während auf unionistischer Seite die Radikalisierung in den *Troubles* einen evangelikalen Fundamentalisten wie den presbyterianischen Reverend Ian Paisley, zugleich Parteiführer der Democratic Unionist Pary (DUP), hervorbringen konnte, der zunächst religiöser Eiferer und größter Scharfmacher im Konflikt und am Ende überraschender Friedensermöglicher wurde,[54] steht auf republikanischer Seite der junge IRA-Aktivist Bobby Sands, Anführer des legendären Hungerstreiks von 1980/81 gegen die britische Internierungspolitik Margret Thatchers, dessen politische Märtyrer-Ikonographie allerdings auch religiös gelesen werden konnte.

Im europäischen Vergleich gilt Nordirland bis heute als weniger nachhaltig säkularisiert und modernisiert. Jüngere Studien zeigen, warum Religion für Teile der nordirischen Gesellschaft nach wie vor mehr ist als ein ethnischer Marker und immer noch politisch-kulturelle Identitäten, Zugehörigkeit und ein abgrenzendes Konfliktpotential definiert.[55] Insgesamt scheint es allerdings, als habe die Dynamik der *Troubles* eher die politischen als die religiösen Dimensionen der Gegensätze an die Oberfläche gebracht. Der Bürgerkrieg trat als Beschleuniger der Geschichte auf und betrieb – teilweise auch hinter dem Rücken der Akteure – die Säkularisierung in Nordirland mit. Am Ende der *Troubles* und während des zähen Friedensprozesses, der 1994 mit einem Waffenstillstand der IRA und dann der loyalistischen Paramilitärs einsetzte, begannen aus den ethno-politischen und religiösen Gräben immer deutlicher die sozialen und klassenmäßigen Dimensionen aufzuscheinen, die den Konflikt eben auch immer schon mit konstituiert haben.[56]

Es gibt ebenfalls gewichtige Unterschiede dabei, wie katholische Republikaner und protestantische Unionisten die Veränderungen wahrnehmen, die sich im Verlauf der *Troubles* und erst Recht im Kontext des Belfaster Friedensabkommens (1998) für ihre Identitätsgeschichten abzeichneten: Während erstere den Friedensprozess – trotz der höchst schwierigen Entwaffnungsfrage für die IRA – wesentlich als Erfolgsstory sehen (und es politischen Führern der Sinn Féin wie Gerry Adams auch weitgehend gelang, die IRA-Gefolgsleute auf diesem Weg mitzunehmen), zeichnete sich vor allem bei den loyalistischen Gruppierungen eine Enttäuschung und ein Gefühl des Verlustes an Identität ab, das sich im Zuge der industriellen Krise der Belfaster Werften in den 1970/80er Jahren im Sinne einer sozialen Depravierung schon angekündigt hatte.[57]

Paradox des Friedens: Sieger werden Verlierer

Es gehört zu den Paradoxien des international gefeierten Belfaster Friedensabkommens von 1998,[58] dass eine Übereinkunft zur konstitutionellen Kernfrage des Konflikts, ob der Norden künftig zu Irland oder zu Großbritannien gehören sollte, relativ leicht erzielt werden konnte. Man einigte sich auf ein konsensuales Verfahren (*principle of consent*), das festlegte, diese Frage in der Zukunft einem Meinungsbildungsprozess in der nordirischen Bevölkerung selbst (Referendum) zu übertragen. Zunächst aber wurde allen nordirischen Bürgern ein bi-nationales Identitätsangebot, die Möglichkeit einer parallelen, irischen oder britischen bzw. einer doppelten Staatsangehörigkeit gemacht. Dieser politische Kompromiss, der den Republikanern einiges abverlangte (Dublin hatte inzwischen den Alleinvertretungsanspruch aus der Verfassung gestrichen), hätte als Bestätigung der verfassungsmäßigen Position der Unionisten gelesen werden können, geeignet, auch das radikale loyalistische Lager zufrieden zu stellen. Ian Paisleys DUP jedoch lehnte als einzige Partei das Abkommen ab. Der notorische Nein-Sager leitete mit dieser psychologischen Volte, die das radikale Milieu der paramilitärischen loyalistischen Gruppen (UVF und UDA) mental zu Verlierern des Prozesses machte, eine weitere krisenhafte Dekade eines „Kalten Friedens" in Nordirland ein, in der sich die Ratio des Abkommens nur mühsam Bahn brechen konnte; erst im Mai 2007, zwei Jahre nach der offiziell verifizierten Abrüstung der IRA – UVF und UDA haben bis heute kein vollständiges Äquivalent erbracht – konnte der zweite Kerngedanke des Friedensabkommens, das *Power-Sharing*-Modell zwischen den beiden radikalen Konfliktparteien, in Gestalt einer gemeinsamen Regionalregierung, geführt von Martin McGuinness (Sinn Féin) und Ian Paisley (DUP), die *Direct Rule* aus London ablösen.[59]

Diese in aller Ambivalenz bemerkenswerte Konstruktion (nach dem Tod Paisley's 2014 mit neuer Besetzung auf protestantischer Seite) bleibt bis heute fragil. In der Umsetzung des Abkommens sind – neben der zentralen Polizeireform, die nun eine 50/50 Rekrutierung mit katholischen und protestantischen Offizieren implementiert – zahlreiche weitere Vorkehrungen getroffen worden, um die konflikthaltige Erinnerungskultur, insbesondere die jährlichen Märsche der *Orangemen* durch die katholischen Viertel, durch z.B. eine *Parade Commission* zu zähmen.

Eine lebhafte sozialwissenschaftliche Forschung versucht darüber hinaus, durch innovative Analysen der sich verändernden Realität die zahlreichen zivilgesellschaftlichen Initiativen in der katholischen und protestantischen Bevölkerung Nordirlands für eine Versöhnung an der Basis zu unterstützen. So erscheint seit nunmehr drei Jahren ein *Peace Monitoring Report* (PMR),[60] der 2013 pointierte Beobachtungen zum demografischen Wandel vornahm: Nordirland sei jetzt eine Gesellschaft, die „nur noch aus Minderheiten bestehe" (Nolan 2013, S.5 und S. 34/35). Interessanterweise sind die Selbstzuordnungen zwischen religiöser Zugehörigkeit und nationaler Identität, die der Zensus 2011 erstmals erlaubte, bei weitem nicht mehr so eindeutig, wie dies in den Jahrzehnten zwischen 1970 und 2000 der Fall war. Trotz eines Gesamtanteils von 48% Protestanten bezeichnen sich nur weniger als 40% heute als britisch; bei einem Katholikenanteil von 45% beanspruchen sogar nur 25% eine irische Identität, und weniger als 20% favorisieren ein vereinigtes Irland. Erstmals taucht eine neue Kategorie auf: 21% der Bevölkerung bezeichnen sich als »Northern Irish« (Nolan 2013) und befürworten eine umfassendere nordirische Selbstverwaltung bzw. Autonomie. Auch wenn diese Zahlen nicht stabil sind, werden hier Trends veränderter Selbstbilder erkennbar, die auch vorsichtige Hoffnungen auf eine künftige Pluralisierung der nordirischen Gesellschaft jenseits des verwurzelten *sectarianism* erlauben. Dass dessen Gräben andererseits immer noch tief sind, davon zeugten nicht nur die Zusammenstöße bei den Oranier-Märschen der letzten Jahre, sondern z.B. auch der sogenannte „Flaggenprotest" im Dezember 2013, bei dem wochenlang loyalistische Gruppierungen gewaltsam gegen die von den Parteien beschlossene Einschränkung der Beflaggung mit dem *Union Jack* auf dem Belfaster Rathaus zu Felde zogen. Die nordirischen Protestanten konfrontieren sich selbst, so Paul Nolan, mit einer Art kulturellem „Zwei-Fronten-Krieg" (Nolan 2014, S.160): Einerseits wollen sie die zunehmenden Anteile irischer Kultur im öffentlichen Leben (Sprache, Straßenschilder, Kunst- und Musikszene etc.), die ja im Sinne des Gleichheitsgebots des Friedensabkommens vorgesehen sind, eindämmen. Andererseits grenzen sie sich mindestens ebenso heftig von einem modernen britischen Gesellschaftsentwurf ab, der Anti-Diskriminierung und Minderheitenschutz heute in vielen Lebensbereichen der britischen Insel proklamiert und praktiziert. Daran reibt sich das loyal-konservative Verständnis der Unionisten von „Britishness" so sehr, dass von einem doppelten Identitätsverlust gesprochen werden kann: Man fühlt sich weder im englischen Mainland noch in der eigenen Provinz länger zuhause – eine „self-fulfilling prophecy".

In eine ähnliche Richtung weisen die Beobachtungen von Dominic Bryan. Er beschreibt das Verschwinden von „Billy the King"-*Murals* zugunsten von Darstellungen der Schlacht an der Somme, z.B. in den protestantischen Wohngebieten der Belfaster Shankill Road, beginnend in den späten 1990er Jahren und erklärt den seit den Friedensgesprächen sichtbaren Wechsel in der Ikonisierung von der Schlacht am Boyne zur Schlacht an der Somme vor allem so: Die neue *Ulster Volunteer Force* (UVF)[61] erhoffe sich mit der Heldenverehrung der Somme-Teilnehmer, einem zentralen positiven Narativ für britische Identität, eine leichtere Akzeptanz ihrer paramilitärischen Existenz, und könne sich so (auch gegenüber der Konkurrenz von der Ulster Defense Association, UDA) besser platzieren als mit dem relativ eng an der *Orange-Order*-Tradition orientierten *Battle-of-the-Boyne*-Narrativ.[62] Mindestens ebenso relevant als Erklärungshintergrund erscheint jedoch, dass die Zeit, in dem dieser Übergang stattfand, wie oben gezeigt, insgesamt durch eine Verabschiedung des protestantisch-unionistischen Siegermythos und der Dominanz des „Protestant State" und das Eintauchen in eine loyalistische Opferhaltung gekennzeichnet war und ist, die sich als Verlierer des Friedensprozesses sieht.

Battle of the Boyne – ausverkauft?

Es gehört zu den Ironien des Wandels historischer Erzählungen, dass Symbole – manchmal in kurzer Zeit – ihre Bedeutung (und ihre Besitzer) wechseln oder verlieren. So erging es auch dem *Flintlock Carbine* Gewehr aus dem 17. Jahrhundert, das 1690 von einem katholischen Offizier in der besiegten Armee Jakobs II. geführt worden war, später, im Mai 2007 bei einer Versöhnungszeremonie von dem amtierenden Ersten Minister Nordirlands Ian Paisley dem amtierenden Premierminister (*Taoiseach*) Irlands Bertie Ahern übergeben wurde als Ausstellungsstück für das neu eröffnete Museum der Battle of the Boyne. Von wo es wegen seiner großen Seltenheit und seines Wertes in diesem Sommer entfernt und auf einer Auktion in Belfast für 20,000 Britische Pfund verkauft wurde. Im Museum liegt jetzt eine Replica.[63]

Zu hoffen bleibt, dass die Ratio, die 1999 bei der Planung des Battle of the Boyne Museums und dem Rückwerb des Landes durch die irische Regierung zugrunde lag, nämlich „...in Konsultation mit den Cross Border Institutionen, den Vertretern der unionistischen Tradition, einschließlich der Grand Orange Lodge, ...im Geiste gegenseitigen Respekts und der Versöhnung ...ein gemeinsames Erbe der Menschen auf der Insel sichtbar zu machen...",[64] dass diese Frucht des Belfaster Friedensabkommens nachhaltiger sein möge als das Geschenk eines einzelnen Gewehrs mit fraglos hohem, offenbar nicht nur symbolischen Wert.

Anmerkungen

1 Die Darstellung der Schlacht in dem (in Folge des nordirischen Friedensprozesses) 2008 eröffneten Besucherzentrum am Originalschauplatz auf dem Landsitz Oldbridge House nahe der Stadt Drogheda betont, dass es sich auch um die truppenstärkste Militäraktion auf englischen Boden gehandelt habe: „Es ging um den britischen Thron, die französische Vorherrschaft in Europa und die religiöse Macht in Irland...": (http://www.heritageireland.ie/en/de/midlandseastcoast/Besucherzen trumschlachtAmBoyneOldbridge/)

2 Zur Bedeutung des königlichen Statthalters Lord Tyrconnell für die Konfliktkonstellation der Boyne-Schlacht vgl. u.a. Michael McNally: The Battle of the Boyne 1690. The Irish campaign for the English crown. Osprey Publishing Ltd. 2005, S. 9f.

3 Die Mächtedichotomie zwischen Ludwig XIV. und Wilhelm III. und die zugrundeliegenden konkurrierenden Modelle frühneuzeitlicher Herrschaft in Europa untersuchen Christoph Kampmann, Katharina Krause, Eva-Bettina Krems, Anuschka Tischer (Hg.): Bourbon, Habsburg, Oranien. Konkurrierende Modelle im dynastischen Euopa um 1700, Köln, Weimar, Wien 2008

4 Hamburger Abendblatt, 29.11.2003, in einer Buchbesprechung über den historischen Roman „Imprimatur", der einen Skandal auslöste, als die Autoren anhand von seriösen neuen Quellen die dubiose Rolle von Papst Innozenz XI. in den postwestfälischen Kriegen gegen Ludwig XIV. aufdeckten.

5 Vergl. John Childs: The Williamite Wars in Ireland, Bloomsbury Publishing, London 2007.

6 McNally (Anm. 2), S. 92; zum ambivalenten Inhalt des Friedens von Limerick vgl. auch T. W. Moody, F. X. Martin, F. J. Byrne (Hrsg.): Early Modern Ireland 1534–1691, Oxford 1976, S.478–508.

7 Thomas Noetzel: Geschichte Irlands, Darmstadt 2003, S.25.

8 Eine sparsam kommentierte, aber recht vollständige Übersicht über die Quellen der *Penal Laws* hat zusammengestellt M. Patricia Schaffer: Laws in Ireland for the Suppression of Popery Commonly Known as the Penal Laws, University of Minnesota, Law School, 2000 (http://library.law.umn.edu/irishlaw/index.html , abgerufen am 6.10.2015); vgl. auch Joachim Bürgschwentner: Die Penal Laws in Irland, 1691–1778. Gesetzestexte, Auswirkungen, Debatten, (ungedruckte Magisterarbeit) Innsbruck 2006. Eine partielle Aufhebung der Penal Laws erfolgte in den Catholic Relief Acts von 1778 und 1793.

9 Vgl. Jürgen Elvert: Geschichte Irlands, 3. akt. Auflage, München 1999, S. 259-269.

10 Vgl. John Gerald Simms: The Establishment of the Protestant Ascendancy, 1691–1714. In: T.W. Moody, W.E. Vaughan (Hg.): A New History of Ireland, Bd.4 Eighteenth-Century Ireland 1691–1800, Oxford 1986, S.5.

11 Elvert (Anm. 9), S. 282ff; Noetzel (Anm. 7), S.29.

12 Elvert (Anm. 9), S. 285.

13 Diese Tendenz eines allgegenwärtigen Vigilantismus verstärkt sich im 19. Jahrhundert und bereitet den Boden für die Militanz des (nord) irischen Bürgerkrieges im 20. Jahrhundert. Vgl. Corinna Hauswedell: Geheimgesellschaften gegen *law and order* – Radikalisierung und Militarisierung nationaler, sozialer und konfessioneller Gegensätze in Irland im 19. Jahrhundert. In: Christian Jansen (Hg.): Der Bürger als Soldat. Die Militarisierung europäischer Gesellschaften im langen 19. Jahrhundert. Ein internationaler Vergleich, Essen 2004, S. 214–29.

14 Vgl. Thomas Bartlett (Hg.): Life of Theobald Wolfe Tone, Dublin 1998.

15 Noetzel (Anm. 7), S. 37.

16 So ehren die republikanischen Gedenksteine und -zeremonien der Sinn Fein und der IRA. z.B. auf dem Milltown Cemetery in Belfast, Wolfe Tone in vorderster Reihe. Es gibt in Irland mehrere Wolf Tone Statuen, u.a. in Dublin und Bantry, Co. Cork. Eine irische Band „The Wolfe Tones" im Genre der sog. Irish Rebel Music gründete sich in den 1960er Jahren und tourte bis 2007.

17 Vgl. Eric Kaufmann: The Orange Order. A Contemporary Northern Irish History, Oxford 2007

18 Vgl. Noetzel (Anm. 7), S. 37. Dort Hinweise auf diese Bewertung bei R.F. Foster: Modern Ireland 1600–1972, London 1989

19 Die Gesetzestexte im Wortlaut: http://www.rahbarnes.demon.co.uk/Union/Union1800.htm (abgerufen am 16.10.2015)

20 Vgl. James Bardon: A History of Ulster, New Updated Edition (2 ed.), Belfast 2005.

21 Vgl. Noetzel (Anm. 7), S. 47.

22 Nach dem auch als „Liberator" Gefeierten ist seit 1924 die Hauptstraße im Zentrum Dublins benannt, deren Südende auch eine monumentale Statue O'Connells ziert.

23 Vgl. Elvert (Anm. 9), S. 323-340; T.W. Moody/F.X. Martin (Hg.): The Course of Irish History, Dublin 1994

24 Noetzel (Anm. 3), S. 47.

25 Hauswedell (2004) (Anm. 13), S. 217.

26 Das vollständige Archiv der Wochenzeitung *The Nation* ist heute elektronisch verfügbar: https://www.irishnewsarchive.com/

27 Charles Townshend: Political Violence in Ireland, Oxford 1983, S. 24.

28 Vgl. E.R.R. Green: The Great Famine. In: Moody/Martin (Anm. 23), S. 263-274.

29 Vgl. Oonagh Walsh: Ireland's Independence, 1880-1923, London 2002, S. 5 ff. Neuste Forschungsergebnisse präsentiert das beeindruckende Werk von John Crowley, William J. Smith and Mike Murphy (Hg.): Atlas of the Great Irish Famine 1845-52, Cork 2012.

30 Elvert (Anm. 9), S. 366.

31 Ausführlicher vgl. Hauswedell (2004) (Anm. 13), S. 218ff.

32 Eine gute Einführung in Parnell's Haltungen und Wirken findet sich bei Paul Bew: C.S. Parnell, Dublin 1980.

33 Vgl. Theodore W. Moody (Hg.): The Fenian Movement, Cork 1968. Der Name *Fenian* stammt aus der irischen und schottischen Mythologie (*Fian*) und beschreibt Gruppen sehr kleiner, landloser Kämpfer, die in mittelalterlichen Wäldern zuhause sind.

34 Zur Geschichte der Bruderschaft, deren geheimer Schwur lautete, "Irish Republic now virtually established", vgl. Leon O'Broin: Revolutionary Underground. The Story of the Irish Republican Brotherhood, 1858-1924, Dublin 1976.

35 Die Fenier machten vor allem durch ihre militaristische, aggressiv-antibritische Rhetorik von sich reden, von denen zahlreiche Beispiele in den zeitgenössischen Polizeiberichten dokumentiert sind; zitiert u.a. bei Townshend (Anm. 27), S.28f. Es fällt auch auf, dass, anders als bei den protestantischen Geheimbünden wie dem Orange Order, die republikanische Rhetorik des IRB fast ausschließlich politisch gefasst war und kaum Bezüge zu einer religiösen Semantik enthielt.

36 Vgl. David George Boyce: The Irish Question and British Politics, 1868-1996, Basingstoke/London 1996, S. 19f.

37 Boyce (Anm. 36), S. 30ff.

38 Boyce (Anm. 36), S. 40f.

39 Walsh (Anm. 29), S. 18ff.

40 Vgl. Moody/Martin (Anm. 23), S. 305f.

41 Edward Carson, zugleich angesehener protestantischer Anwalt und Parlamentarier in London, kommentierte den Vorgang der Gründung seiner gegen die Regierungspolitik gerichteten Privatarmee: "I am told it will be illegal. Of course it will. Drilling is illegal…the Volunteers are illegal and the government know they are illegal, and the government dare not interfere with them… Don't be afraid of illegalities." (zitiert nach Moody/Martin, Anm. 23, S.305). Man geht davon aus, dass die UVF 1914 über ca. 100 000 Mann, unter ihnen zahlreiche ehemalige britische Offiziere, verfügte.

42 Moody/Martin (Anm. 23), S. 304ff.

43 Townshend (Anm. 27), S. 251ff.

44 Vgl. Alvin Jackson: British Ireland. What if Home Rule had been enacted in 1912? In: Niall Ferguson (Hg.):   Virtual History, New York 1997, S. 218ff.

45 Eine neuere, abgewogene Darstellung und Analyse des Osteraufstandes und seiner Folgen findet sich bei Charles Townshend: Easter 1916. The Irish Rebellion, Chicago 2006

46 Zitiert nach Jonathan Bardon: A History of Ulster, 2. Aufl., Belfast 1992, S. 538.

47 Zur Etablierung des nordirischen Herrschaft vor den *Troubles* vgl. u.a. John Darby (Hg.): Northern Ireland. The Background to the Conflict, Belfast 1983; zum System des *Sectarianism*, der für Nordirland typischen, konfessionell begründeten gesellschaftlichen Spaltung einschließlich der damit verbundenen feindseligen politischen Haltungen zwischen den beiden Gemeinschaften, vergl. u.a. Joseph Liechty/Cecilia Clegg (Hg.): Moving Beyond Sectarianism. Religion, Conflict and Reconciliation in Northern Ireland, Dublin 2001.

48 Noetzel (Anm. 7), S. 30.

49 Ebda.

50 Die Dynamik innerhalb des Konfliktdreiecks wird näher illustriert bei Corinna Hauswedell: Das protestantisch-loyalistische Milieu in Nordirland. Reaktionäre Radikalisierung und ethno-sozialer Identitätsverlust. In: Stefan Malthaner/Peter Waldmann (Hg.): Radikale Milieus. Das soziale Umfeld terroristischer Gruppen, Frankfurt/New York 2012, S. 321.

51 Es können hier nicht Genese und Verlauf der Konfliktkonstellation der *Troubles* nachgezeichnet, sondern lediglich einige für den hier interessierenden Kontext relevante Eckpunkte und Ergebnisse reflektiert werden.

52 Jahrzehntelang zierten zahlreiche Wandgemälde (*Murals*) mit „King Billy" auf seiner Schimmelstute die Häuser der protestantischen Shankill Road in Belfast – eine symbolisch überhöhte Ehre, die dem englischen protestantischen König im Heimatland nirgendwo vergleichbar zuteil wurde.

53 Die Bewegung wurde organisiert von der Northern Ireland Civil Rights Association (NICRA), der zunächst auch einige Protestanten angehörten; die Ereignisse auf dem Londonderry Marsch der NICRA von 5.10.1968 gelten als Auslöser der *Troubles*.

54 Vgl. Corinna Hauswedell: Reverend Ian Paisley in Nordirland. Vom Konflikttreiber zum Friedensermöglicher. In: Bernd Oberdorfer/Peter Waldmann (Hg.): Machtfaktor Religion. Formen religiöser Einflussnahme auf Politik und Gesellschaft, Köln/Weimar/Wien 2012, S. 201-220. Die jüngere Forschung über den Evangelikalismus in Nordirland betont, dass zahlreiche andere Strömungen und Organisationen, die neben Paisley's Kirche existierten und sich, z.B. im Rahmen der ökumenischen Bewegung, engagierten, eher eine konstruktive Rolle während der *Troubles* und im Friedensprozess spielten. Vgl. Gladys Ganiel: Evangelicalism and Conflict in Northern Ireland, New York/Basingstoke 2008.

55 Vgl. z.B. Claire Mitchell: Religion, Identity and Politics In Northern Ireland. Boundaries of Belonging and Belief, Farnham/Burlinton 2006. Mitchell verweist auch auf Unterschiede: Für die Katholiken konstituiere Religion eher ein sozialinstitutionelles Gefüge und scheint insgesamt weniger gewichtig zu sein, für viele Protestanten dagegen liege die insgesamt größere Bedeutung der Religion eher in ihren theologisch-moralischen Dimensionen.

56 Hauswedell: Paisley (2012) (Anm. 53), S. 213.

57 Hauswedell: Milieu (2012) (Anm. 50), S. 334f.

58 Das Abkommen im Wortlaut: http://peacemaker.un.org/uk-ireland-good-friday98 (abgerufen am 17.10.2015)

59 Hauswedell: Paisley (2012) (Anm. 53), S. 213ff. Zu den Problemen der nordirischen Konkordanzdemokratie, die häufig eher die Partikularinteressen der Konfliktparteien als integrative plurale Lösungen beförderte vgl. aktuell Bernhard Moltmann: Ein verquerer Frieden. Nordirland fünfzehn Jahre nach dem Belfast-Abkommen von 1998, HSFK Report 5/2013, Frankfurt 2013.

60 Paul Nolan: Northern Ireland Peace Monitoring Report, Number One, Two, Three. Community Relations Council, Belfast 2012, 2013, 2014 (http://www.community-relations.org.uk/programmes/peace-monitoring; abgerufen 19.10.2015).

61 Die alte UVF war zu Beginn des Ersten Weltkrieges maßgebliches Rekrutierungspotenzial für die British 36th (Ulster) Division gewesen, die 1916 bei der Schlacht an der Somme nahezu aufgerieben wurde; die jährlichen Erinnerungsfeiern, die seit 2002 übrigens als Versöhnungsgeste von den Republikanern mitgetragen werden, verkörpern bis heute im kollektiven loyalistischen Gedächtnis den Platz, an dem militärische und paramilitärische Traditionen in eins fallen.

62 Dominic Bryan: Forget 1690, Remember the Somme. Ulster Loyalist Battles in the Twenty-first Century, in: Oona Frowley (Hg.): The Famine and the Troubles, Syracuse University Press 2014, S. 293-309.

63 Die ganze Geschichte stand in der Zeitung: Michael Parsons: „On the hunt for Ireland's rare guns", in: The Irish Times, 5. September 2015.

64 Zitiert nach McNally (2005), S. 93.

Roger Chickering

George Washington überquert den Rhein. Zum großen Gemälde Emanuel Leutzes

In seinem südlichen Teil bildete der Delaware die Grenze zwischen den britischen Kolonien Pennsylvanien und New Jersey. Neben elf anderen nordamerikanischen Kolonien erklärten beide am 4. Juli 1776 ihre Unabhängigkeit von England und schlossen sich den neugegründeten Vereinigten Staaten von Amerika an. Mehrere Monate später wurde der Fluss im Lauf des darauf folgenden Krieges strategisch bedeutsam. Nach schweren Niederlagen in New York musste der Kern der revolutionären Streitkräfte, die von George Washington geleitete amerikanische Kontinentale Armee, einen Rückzug durch New Jersey antreten, der am 7. Dezember 1776 in Pennsylvanien am westlichen Ufer des Delawares endete, während New Jersey von einer feindlichen, aus britischen Berufssoldaten und hessischen Söldnern zusammengesetzten Armee besetzt wurde.

Die amerikanische Sache war nun offenbar in eine Krise geraten. Hätten die Briten Washington und seine Armee umgehend über den Fluss verfolgt und Philadelphia, die Hauptstadt des Aufstands, anschließend besetzt, wäre die Revolution wohl schon 1777 gescheitert.

Die nächste Flussüberquerung erfolgte jedoch erst drei Wochen später und wurde dann nicht von den Briten und ihren Verbündeten, sondern von Washingtons Armee unternommen. An Weihnachten, mitten in der Nacht zum 26. Dezember, wurden 2.400 amerikanische Soldaten samt Artillerie, Munitionswagen und Pferden auf eine Flottille von Flussschiffen und Fähren bei McConkey's Ferry am Westufer des Delawares geladen. Die nächtliche Dunkelheit, ein heftiger Sturm und Eisschollen auf dem Fluss erschwerten das Unternehmen, das, wenn auch verspätet, mit der Landung der Amerikaner in New Jersey am Ostufer des Flusses endete. Das Lager der Hessen lag nun fünfzehn Kilometer nach Süden in Trenton. Nach vier Stunden erreichten die amerikanischen Truppen in zwei Marschkolonnen kurz nach Sonnenaufgang das feindliche Lager, wo sie zwei hessische Regimenter überfielen und mehr als die Hälfte, nämlich neunhundert Soldaten, der feindlichen Armee gefangen nehmen konnten.

Das Unternehmen war ein Zeichen für Washingtons Verzweiflung wie für seine strategische Kühnheit. Wenn auch auf kleiner Skala, war die Schlacht bei Trenton ein eindeutiger Sieg der Amerikaner, der nach einer Reihe deprimierender Niederlagen alle Anhänger der Revolution ermutigen musste. Die wichtigste Wirkung des Sieges war aber, dass sich viele Soldaten der Kontinentalen Armee, deren Dienstverpflichtung bis Jahresende 1776 ablaufen sollte, weiterverpflichteten und auch weitere Freiwillige sich zum Dienst meldeten. Die sofort die Runde machende Behauptung, dass diese Schlacht ein Wendepunkt im Revolutionskrieg darstellte, war also wohl keine Übertreibung, wenngleich man allerdings hinzufügen muss, dass es viele weitere Wendepunkte erforderte, bis die Revolution siegreich enden konnte. Dass die Überquerung des Delawares den Verlauf der Geschichte änderte, wie manchmal noch behauptet wird, ist eine gewagte These, die in vieler Hinsicht die Wirkung späterer Vorgänge in Deutschland widerspiegelte.

Emanuel Gottlieb Leutze wurde 1816 in Schwäbisch Gmünd geboren. 1825 wanderte er mit seiner Familie, wohl aus Gründen der politischen Verfolgung des Vaters, aus Württemberg nach Philadelphia aus. Hier zeigte er früh seine künstlerische Begabung und konnte sich als Porträtmaler bekannt machen, nachdem seine Werke regelmäßig im örtlichen Kunstverein ausgestellt wurden. 1840 zog er zurück nach Deutschland, wo er dank der finanziellen Unterstützung seiner amerikanischen Gönner ein Studium an der berühmten Düsseldorfer Akademie aufnehmen konnte. Im Laufe der 1840er Jahre reiften seine künstlerischen Fertigkeiten unter dem Einfluss der historischen Romantik nicht nur in formaler und technischer Hinsicht, sondern auch als Medium einer politisch-philosophischen Weltanschauung, die tief in der amerikanischen Revolution verwurzelt war. Seine politischen Vorstellungen wurden durch seine Jugend in den USA sowie durch seine Erfahrungen in den fortschrittlichen politischen Vereinen des späten Düsseldorfer Vormärzes geprägt. Hier las er die Schriften Hegels und überzeugte sich davon, dass die amerikanische Revolution eine entscheidende Stufe in der historischen Selbstverwirklichung des Geistes der menschlichen Freiheit bildete. Entsprechend fasste er die eigene schöpferische Rolle als Künstler nun so auf, dass er diesen historischen Prozess nach Kräften fördern und die großen Ereignisse – die „fruchtbaren Augenblicke" der Weltgeschichte – auf Leinwand darstellen wollte. Dass er sich dann 1848/49 auf der Seite der Revolutionäre in Deutschland engagierte, war jedenfalls eine logische Folge seiner künstlerischen wie seiner politischen und philosophischen Überzeugungen. Das Gleiche gilt für seine Entscheidung nach der Niederlage der Revolution in Düsseldorf, dem Geist der unüberwindlichen menschlichen Freiheit ein Monument zu setzen.

Dass die militärische Karriere George Washingtons den Gegenstand dieses Projektes bilden sollte, war folgerichtig, wurde doch der Name Washingtons häufig von den deutschen Revolutionären beschworen. Leutze verstand sich außerdem immer noch als Amerikaner und ging davon aus, dass er in die USA zurückkehren würde, wo seine schöpferische Tätigkeit ihr eigentliches Publikum finden sollte. Mit der historischen Literatur über Washington und die amerikanische Revolution war er ebenso vertraut wie mit deren Ikonografie, namentlich kannte er die Werke von John Trumbull, Gilbert Stuart, Rembrandt Peale, Jean Antoine Houdon und Thomas Sully, der Washington schon 1819 im „Passage of the Delaware" malerisch dargestellt hatte. Immerhin war Leutze noch in Deutschland, als er 1849 die Arbeit an der eigenen malerischen Darstellung derselben historischen Episode aufnahm, und er musste sich mit seiner eigenen Fantasie und mit dem begnügen, was er in Düsseldorf vorfand. Er besaß eine Kopie von Houdons berühmter Büste Washingtons, die als Muster für Washingtons Gesicht dienen konnte. Andere Insassen des Bootes, in dem Washington die Fahrt über den Fluss machte, wurden nach amerikanischen Freunden des Malers in Düsseldorf nachgebildet. Und als Modell für den Delaware selbst nahm der Maler mit dem Rhein den ihm nächstliegenden deutschen Fluss, obwohl dieser etwa zweimal so breit wie der Delaware war.

Bis November 1850 war die Arbeit fast fertig, doch zerstörte ein Brand in Leutzes Atelier das Gemälde teilweise. Nun wird die Geschichte dieser Schöpfung recht kompliziert, da Varianten des Bildes entstanden. Im Auftrag der Gesellschaft, bei der Leutze eine Versicherung über das Bild abgeschlossen hatte, konnte der Maler das Original reparieren und vollenden. Nachdem die Versicherungsgesellschaft als Eigentümer das fertige Gemälde verloste, wurde es unter anderem in Köln und Berlin ausgestellt, ehe es 1863 in die Bremer Kunsthalle wanderte. Hier blieb es, bis seine nochmalige, diesmal vollständige Zerstörung im Mai 1942 während eines britischen Bombenangriffs auf die Hansestadt erfolgte. Das sei, witzelte man, die letzte Rache der Briten für die verlorengegangenen nordamerikanischen Kolonien.

Während der von der Versicherung ermöglichten Reparaturarbeiten am Original hatte Leutze aber das Bild auch als Muster für die Herstellung mehrerer Kopien benutzen können, von denen mindestens eine kleinere den Weg durch nordamerikanische Museen, Sammlungen und auch das Weiße Haus in Washington DC fand, bis sie 2015 das Minnesota Marine Art Museum in Winona, Minnesota, erreichte. Die andere Kopie, die im Sommer 1851 fertig gestellt wurde, konnte man in keinem Sinne als klein charakterisieren. Größer noch als das Original, war sie schon in ihren Dimensionen von 378 x 648 Zentimetern monumental ausgeführt. Diese Version, die schon vor der Fertigstellung ein Pariser Händler gekauft hatte, war dem amerikanischen Publikum zugedacht und konnte diese Rolle im Oktober desselben Jahres auch erfüllen, nachdem eine allein für das Werk veranstaltete Ausstellung in New York ihre Türen geöffnet hatte und danach binnen vier Monaten mehr als 50.000 Besucher anzog. Der Siegeszug des Gemäldes setzte sich dann im April 1852 bei einer Ausstellung in der Rotunde des Kapitols in Washington DC fort.

Die anfängliche Begeisterung für Leutzes Werk spiegelte die weit verbreitete Hoffnung wider, dass das im großen Gemälde verherrlichte Symbol George Washington das Gefühl der nationalen Einheit in einer Ära neu beleben könne, in der die um das Thema Sklaverei kreisenden regionalen Spannungen immer mehr in Richtung einer kriegerischen Lösung eskalierten. Gleichzeitig gab es aber auch kritische Stimmen, die das ganze Genre der monumentalen historischen Malerei, wie diese gerade in Leutzes Werk einen charakteristischen Ausdruck gefunden hatte, zunehmend als altmodisch, melodramatisch und künstlich sowie als eher unkünstlerisch abtaten.

In Leutzes Fall zielte die Kritik auch auf das von Leutze gestaltete Image George Washingtons als Landesvater ab, für das als geeignetes Vorbild auf den bescheidenen Soldat-Staatsmann Cincinnatus zurückgegriffen wurde. In diesem Licht mache Leutzes Washington, so die Kritik, einen allzu „napoleonischen", das heißt tyrannischen und antirepublikanischen Eindruck. Die

Detailkritik, die am Gemälde ebenfalls geübt wurde, untermauerte die prinzipiellen Einwände gegen die Gattung: Washingtons Boot sei vom falschen Typ, die Fahne am Boot sei anachronistisch, ein stehender Washington wäre gleich ins Wasser gestürzt, der Fluss sei deutsch, wie eben auch der Maler, u. s. w.

Der Ausbruch des amerikanischen Bürgerkriegs brachte in den USA das endgültige ablehnende Urteil über den historischen Monumentalismus in der Malerei mit sich, und das Genre musste nun einer Art des patriotischen Biedermeiers weichen. Die historische Malerei wurde domestiziert und demokratisiert – ein Trend, der seinerseits ganz zu dem Image Washingtons als Cincinnatus-Figur passte. Das Bild Washingtons wurde nun wie historische Themen im Allgemeinen in kleinem Format hergestellt oder zum häuslichen Gebrauch als Druck für die Wand, als Figurine, auf Tellern und Teetassen, durch Stickereien und auf Plakaten abgebildet. Auf diese Weise wurde auch das große Werk Leutzes nun in kleineren Formen in Umlauf gebracht, so dass es – abgesehen von Stuarts Porträt – bald als das wohl vertrauteste Bild des ersten Präsidenten überhaupt gelten konnte. Die Überquerung des Delawares wurde auf diese Art und Weise zum ikonischen Moment der amerikanischen Revolution. Dennoch verstummten die verächtlichen Urteile der Kritiker über Leutzes Leistung nicht. Nachdem das Gemälde 1852 in eine Privatsammlung in New York verkauft worden war, kam es im restlichen Verlauf des 19. Jahrhunderts nur einmal, im Jahre 1864, zur Ausstellung. 1897 wurde es in New York noch einmal verkauft (nebenbei bemerkt: der Ort der Versteigerung war Chickering Hall). Anschließend stiftete der neue Besitzer das Bild dem dortigen Metropolitan Museum, wo es eine ganze Wand des „Morgan Wing" einnahm.

Von diesem Zeitpunkt an führte das Gemälde ein zwiespältiges Dasein, das manchmal an ein verlassenes Waisenkind erinnerte. Es wurde einerseits rasch zur größten populären Attraktion der Museumssammlung, ein beliebtes Ziel tausender Schulkinder, Lehrer, Familien, Boy- und Girlscouts und Mitglieder verschiedener patriotischer Organisationen wie den „Daughters of the American Revolution". Andererseits war die Abneigung gegen das in Kritikerkreisen kurzerhand als Kitsch bezeichnete Gemälde ebenfalls beharrlich, zumal dieses Urteil nunmehr auch im Stab der Museumskuratoren stark vertreten war.

Die Kritik verstärkte sich 1917 mit dem Eintritt der USA in den Krieg gegen Deutschland – nun war das Gemälde der in den USA überhand nehmenden Germanophobie ausgesetzt. Nach dem Krieg verstärkte sich die Kritik. Im Zusammenhang mit der Diskussion über eine angesichts der stets wachsenden Museumssammlung nötige Erweiterung der Ausstellungsräume wurde die Frage gestellt, ob sich das Museum in räumlicher – geschweige denn in politischer oder ästhetischer – Hinsicht ein solches Bild leisten könne.

1929 wurde das Bild eingelagert, drei Jahre später jedoch aus Anlass der 200. Jahresfeier von Washingtons Geburt im neuen „American Wing" des Museums wieder aufgehängt. Hier besichtigten im Laufe der nächsten sechs Monate 125.000 Besucher – ein Sechstel aller Museumsbesucher dieses Zeitraums – das Werk.

Das Bild war derart populär, dass es noch achtzehn Jahre dauerte, bis die Bemühungen der Kuratoren von Erfolg gekrönt waren, das riesige Stück mittels Ausleihen, die sich, so die Hoffnung, bis in eine unbestimmte Zukunft, wenn nicht bis in die Ewigkeit verlängern ließen, endlich loszuwerden. So wanderte George Washingtons Überquerung 1950 nach Dallas in Texas und, zwei Jahre später, gleichsam nach Hause an den Washington Crossing Park bei McConkey's Ferry am Westufer des Delawares, dem historischen Anfangspunkt der Überquerung. Hier stellte man das Gemälde zunächst in einer Kirche, dann in einem speziell für diesen Zweck gebauten Museum aus. Nach Abschluss der Bauarbeiten an diesem Schrein und angesichts der damit verbundenen Investitionen war die Schlussfolgerung aber naheliegend, dass der Park nun einen Anspruch auf den Besitz des Werkes erhob. Als erkenne er nun endlich die historische Bedeutung des Bildes, lehnte der Vorstand des Metropolitan Museums dieses Anliegen jedoch ab. Es folgte ein öffentlicher und fürs Museum peinlicher Streit, in dem die Parkverwaltung nicht davor zurückscheute, eine laute, mit allerlei patriotischen Bezugnahmen begleitete Petitionskampagne zugunsten des Verbleibs in Pennsylvanien zu organisieren. Schließlich musste der Park aber nachgeben, da seine rechtliche Position nur schwach war. Als Gegenleistung gab das Metropolitan Museum seine Zustimmung zu einer von der Parkverwaltung in Auftrag gegebenen neugemalten Kopie des Bildes in Originalgröße, die man bis heute am Ufer des Delawares besichtigen kann.

Leutzes Gemälde kehrte also 1970 ins Metropolitan Museum in New York zurück. Hier wurde es ständig, seit 1980 im renovierten „American Wing" des Museums, ausgestellt.

Bis in die Gegenwart blieb das Bild als patriotische Ikone ungemein populär, die Kontroversen über seinen ästhetischen Wert sind in der Zwischenzeit abgeklungen. Das Werk erfreut sich heute einer Ehrwürdigkeit, die der seit Jahrzehnten einsetzenden Erkenntnis entspricht, dass man das Werk nicht nur politisch als Ausdruck patriotischen Pathos oder ästhetisch als Beispiel einer theatralischen historischen Malerei, sondern vor allem als historisches Artefakt und ein Stück Erinnerungskultur verstehen solle – als ein großes Gemälde mit einer eigenen Geschichte.

Literatur:

Barratt, Carrie Rebora: „Washington Crossing the Delaware" and the Metropolitan Museum, in: The Metropolitan Museum of Art Bulletin, Bd. 69 (Herbst 2011), S. 4-19.

Fischer, David Hackett: Washingtons Crossing, Oxford und New York, 2004.

Groseclose, Barbara S.: Emanuel Leutze, 1816-1868. Freedom Is the Only King, Washington, DC 1975.

Hotton, Anne Hawkes: Portrait of Patriotism. „Washington Crossing the Delaware", Philadelphia und New York 1959.

The Hudson and the Rhine. Die amerikanische Malerkolonie in Düsseldorf im 19. Jahrhundert, Düsseldorf 1976.

Sayen, William Guthrie: George Washington's „Unmannerly" Behavior. The Clash between Civility and Honor, in: The Virginia Magazine of History and Biography, Bd. 107 (1999): S. 2-36.

Wierich, Jochen: Grand Themes. Emanuel Lotze, *Washington's Crossing the Delaware*, and American History Painting, University Park, PA 2012.

Wierich, Jochen: Struggling through History. Emanuel Leutze, Hegel, and Empire, in: American Art, Bd. 15 (Summer 2001), S. 52-71.

Martin Vogt

Blüchers Rheinüberquerung am 1. Januar 1814

Der antinapoleonischen Koalition war bis zum Ende des Jahres 1813 gelungen, den französischen Kaiser über den Rhein zurückzudrängen. Doch der Krieg war damit nicht beendet. Am 31. Dezember 1813 begab sich der preußische König von Frankfurt am Main in Richtung Mannheim zum Korps des russischen Generals von der Osten-Sacken. Um vier Uhr nachmittags am selben Tag erreichte von Frankfurt aus der preußische Feldmarschall vom Blücher heimlich Kaub und nahm im Gasthaus „Zur Stadt Mannheim" Quartier. Friedrich Wilhelm III. schätzte mehrere preußische Offiziere der Schlesischen Armee, deren Korps Yorck von Wartenburg bei Kaub lag, ganz und gar nicht, auch wenn er ihnen Orden und Titel verliehen hatte. Blücher, Befehlshaber der Schlesischen Armee, und vor allem sein Stabschef von Gneisenau zählten zu den entschiedenen Reformern des preußischen Heeres, die in der Art ihrer Tätigkeit und besonders durch den Aufbau der Landwehr dem König zu weit gegangen waren. Sie, die von den Konservativen als „Jakobiner" bezeichnet wurden, hatten nach den preußischen Niederlagen bei Auerstedt und bei Jena (1806) ein Volksheer geschaffen, das sich mit den Truppen Napoleons messen konnte. Der hochkonservative Yorck von Wartenburg hatte ohne Einwilligung des Königs am 30. Dezember 1812 die Konvention von Tauroggen unterzeichnet und Friedrich Wilhelm III. in den Aufstand und Krieg gegen Napoleon gedrängt. Yorcks Korps hatte sich im Lauf des Jahres 1813 mehrfach bewährt. Blücher wie Gneisenau hatten zudem mit Unterstützung des Zaren Alexander I. durchgesetzt, dass Napoleon über den Rhein verfolgt werde, während ihr König wie eine Reihe russischer Offiziere am Rhein hatten innehalten wollen.

Für Friedrich Wilhelm waren die deutschsprachigen Departements links des Rheins Ausland, und er fürchtete, seine Truppen könnten dort das gleiche Schicksal wie die Grande Armée in Russland erleiden. Wie der österreichische Kaiser Franz I. hatte er Napoleon zuleiten lassen, der Fluss könne im Fall einer Beendigung der Kämpfe wie seit dem Frieden von Lunéville (1801) französische Grenze bleiben. Preußische Offiziere erklärten dagegen wie Ernst Moritz Arndt, der Rhein sei „Deutschlands Strom, aber nicht Deutschlands Grenze". Das war nicht nur „Befreiung", sondern die Militärs betrachteten die linksrheinischen Territorien auch als Aufmarschraum im Fall eines künftigen Konfliktes mit Frankreich. Wenn der König sich nun vom Yorckschen Korps fernhielt, so gehörten immerhin sein jüngster Bruder Wilhelm als Kommandeur einer Brigade und sein Halbbruder Graf Friedrich Wilhelm von Brandenburg als Adjutant Yorcks dem Korps an. Wie die gleichfalls zur Schlesischen Armee zählenden russischen Korps von der Osten-Sacken, St. Priest und Langeron, hatte das Yorcksche Korps den Befehl erhalten den Rhein in der Neujahrsnacht 1813/1814 zu überqueren.

Kurze Vorstöße über den Niederrhein hatte es im Bereich der Nordarmee am Niederrhein und durch die Hauptarmee am Oberrhein bereits seit dem November 1813 gegeben. Die Hauptarmee war sogar im Raum Basel/Breisach am 21. Dezember 1813 ohne französische Gegenwehr über den Oberrhein gegangen. Seit dem 26. Dezember 1813 wusste Yorck, dass sein Korps bei Kaub den Rhein überqueren solle. Die Schlesische Armee war seit Mitte November rechtsrheinisch an den Fluss herangerückt. Ende Dezember stand sie im Bereich von Vallendar (Korps St. Priest) über Kaub (Korps Yorck von Wartenburg) bis Mannheim (Korps von der Osten-Sacken). Eine Kompanie des Ostpreußischen Jägerbataillons lag in Kaub, und eine kleine Einheit befand sich auf der vorgelagerten Insel Falkenaue mit ihrer verfallenen Zollburg Pfalzgrafenstein und beobachtete von dort aus die französischen Truppen, die in nur geringer Zahl das linksrheinische Flussufer überwachten.

Das Yorcksche Korps hatte im Herbstfeldzug 1813 schwere Kämpfe mitgemacht. Von über 38.000 Mann im August waren Anfang November noch 6000 einsatzfähig. Die Mannschaft wurde bis zum Dezember auf 22.000 ergänzt. Aber die Versorgung der Truppe mit Nahrungsmitteln, Kleidung, Waffen und Munition sowie Futter für die Pferde war unzureichend. Die Uniformen waren zerschlissen, und um die Füße hatten die Soldaten Lappen gewickelt als Stiefelersatz. Rein äußerlich gab es kaum einen Unterschied zur geschlagenen Armee Napoleons. In Quartieren untergebracht, in denen vorher französische Soldaten gelegen hatten, infizierten sich die preußischen mit Fleckfieber und Ruhr.

Der Rhein führte im Dezember 1813 nach einem regenreichen Jahr viel Wasser. Es war eisig, aber bei starker Strömung hatte sich kein Treibeis gebildet, und vor allem nachts lag Nebel über dem Fluss. Für die Franzosen – links des Rheins – war schwierig zu erkennen, was jenseits des Rheins in Kaub und dem Hinterland vor sich ging, während durch Berichte propreußischer Spione Blücher und Gneisenau über französische Truppenbewegungen bis tief in den Hunsrück unterrichtet waren. Eine Flussüberquerung bei Kaub war nicht ungewöhnlich, schon Goethe hatte sie 1792 unternommen. Kleist hatte ohne Namensnennung auf Kaub verwiesen, als er 1809 in seiner Ode „Germania an ihre Kinder" aufrief, die Knochen der Franzosen, die er mit einem Wolf verglich, im Rhein zu versenken: : „[…]/lasst, getäuft von ihrem Bein, / schäumend um die Pfalz ihn weichen, / und ihn dann die Grenze sein! / Eine Lustjagd, wie wenn Schützen / auf der Spur dem Wolfe sitzen! / Schlagt ihn tot das Weltgericht / fragt euch nach den Gründen nicht." Die Insel mit der „Pfalz" und einer flussabwärts nahe gelegenen Sandbank erleichterten einen Brückenschlag mit Pontons für Artillerie und Kavallerie. Infanterie konnte zusätzlich mit Rheinnachen transportiert werden.

Das Korps Yorck von Wartenburg und Teile des russischen Korps Langeron sammelten sich im Taunus im Bereich oberhalb von Goarshausen und Weisel: etwa 50.000 Mann mit 15.000 Pferden und über 180 Kanonen. Noch vor ihnen erschienen im Wald bei Weisel zum Schrecken der Einwohner Kosaken. Sie trugen eine spitze Kopfbedeckung, Felle, die verteert waren, und hohe Juchtenstiefel. Im Gürtel, der das Fell zusammenhielt, steckten Pistolen Messer und Beile. Die Kosaken fällten Bäume und bereiteten deren Zusammenfügen zu Flößen vor. Sie zimmerten Gestelle, die sie mit mehrfach geteertem und gefaltetem Segeltuch überzogen und die sich als brauchbare Pontons erwiesen. Anfänglich wehrten die Kosaken Zuschauer ab, doch das änderte sich, als ein gutes Verhältnis zu den Einwohnern Weisels entstand. Am Nachmittag des 31. Dezembers 1813 trafen nach und nach preußische Truppen in Kaub ein und nahmen in den engen Straßen Aufstellung. Ein striktes Ruhegebot hatte Blücher erlassen, um die

Franzosen auf der gegenüberliegenden Flussseite nicht aufmerksam werden zu lassen. Unvermeidbare Geräusche beim Aufladen der Geschütze auf Pontons und beim Betreten der Flusskähne scheinen von den französischen Soldaten dem Lärm von Neujahrsfeiern zugeschrieben worden zu sein. Bei ihnen rührte sich nichts. Bis tief in die Neujahrsnacht fand die Aufstellung zur Rheinüberquerung statt. Um halb drei Uhr morgens setzten die ersten Nachen, gesteuert von erfahrenen Nachenführern, über den Rhein. Nach zwanzig Minuten legten sie am linken Ufer an. Mit dem Grafen von Brandenburg an der Spitze stürmten mit Hurra trotz des Verbots preußische Infanteristen das französische Zollhaus, dessen Besatzung sich nach kurzer Gegenwehr zurückzog. Ein preußischer Soldat und ein Kahnführer wurden bei dieser Operation verwundet; mehr Verluste gab es diesmal nicht im Yorckschen Korps. Der französische Versuch, mit Einheiten, die aus Bacharach herangeführt wurden, die Angreifer zurückzuschlagen, endete mit dem Rückzug der Franzosen, die auch sogleich Bacharach räumten. Als eine der ersten Brigaden hatte die des Prinzen Wilhelm den Rhein überschritten. Blücher ging in der Neujahrsnacht mit den Truppen über den Fluss, um mit mehreren Einheiten auf vereisten Straßen Richtung Kreuznach vorzudringen. Andere preußische Truppen besetzten linksrheinische Gemeinden, wurden aber nicht überall als Befreier angesehen. Der Ortsvorsteher von Oberwesel notierte: „Im Jahr 1814, dem 1. Januar, sind die Preußen wieder auf diese Seite des Rheins gekommen und haben uns so belästigt, daß wir nichts mehr konnten als liefern und Einquartierung halten [...]."

Preußen und Russen setzten bis in den Nachmittag des 1. Januars auf die andere Rheinseite über. Die Pontonbrücke reichte inzwischen, von der Insel unterbrochen, bis fast an das linke Flussufer, als die Strömung die Verankerung mehrerer Pontons herausriss. Obwohl in jedem Ponton ein Kosake saß, der die Pontons zusammenhalten und ihre Verankerung sichern sollte, schlugen einige Pontons um. Zum großen Ärger Blüchers dauerte die Reparatur des Schadens mehrere Stunden und hielt die Überquerung des Flusses auf. Danach setzten die weiteren Einheiten bis zum 5. Januar 1814 über den Rhein.

Dieser Stillstand löste einen Stau von Tausenden Preußen und Kosaken mit Pferden und Artillerie aus. Obwohl Blücher bereits im November strikt alles Requirieren und Furagieren verboten hatte, drangen die Soldaten aus der Bereitstellung in die Häuser in Kaub und der Nachbargemeinden ein. Zu bedenken ist dabei, dass Kaub zum Herzogtum Nassau gehörte, das bis wenige Wochen zuvor als Teil des Rheinbundes Gegner Preußens gewesen war. Die in den langen Märschen und schweren Kämpfen des Jahres ausgehungerten, zerlumpten und jetzt auch durchgefrorenen Männer versorgten sich mit wärmender Kleidung und mit Lebensmitteln, bis alles ausgeplündert war. Sie schlugen Bäume und Weinstöcke nieder, beschafften weiteres brennbares Material – zum Beispiel hölzerne Haustüren – und zündeten Feuer an, um sich aufzuwärmen. Die Stunden des Schreckens gingen vorüber, aber nach ein paar Tagen stellte sich heraus, dass sich zahlreiche Einwohner mit Fleckfieber und auch mit der Ruhr – Krankheiten, die bei den Soldaten grassierten – infiziert hatten. Die Krankheiten breiteten sich gleichfalls am linken Rheinufer aus. Die Zahl der zivilen Opfer scheint hoch gewesen zu sein, auch wenn keine sicheren Zahlen darüber vorliegen. Die Schilderungen von Zeitzeugen lassen kaum Zweifel daran, dass die später gefeierte Rheinüberquerung unter dem Kommando Blüchers bei den Zeitzeugen vor Ort nur begrenzte Begeisterung ausgelöst hat.

Auch die Korps St. Priest und von der Sacken-Osten überschritten den Rhein: Bereits am Nachmittag des 1. Dezembers waren im rechtsrheinischen Neuendorf, einem Koblenzer Vorort, Kosaken erschienen und hatten eine Panik ausgelöst. Am 1. Januar 1814 drang das Korps St. Priest in Koblenz ein. Der neue russische Stadtkommandant versah einen Brunnen, an dem in Erwartung eines französischen Sieges die ungelenke Inschrift angebracht war: „AN MDCCCXII MEMORABLE PAR LA CAMPAGNE CONTRE LES RUSSES SOUS LE PREFECTURA DE Jules Doazan", mit den Worten:„VUE ET APPROUVÉ PAR NOUS COMMANDANT RUSSE DE LA VILLE DE COBLENTZ LE 1er JANVIER 1814." Eine Koblenzer Anekdote charakterisiert die unmittelbare Auswirkung des französischen Rückzugs: Ein napoleonisches Regiment, in dem Angehörige des Dorfes Metternich bei Koblenz dienten, marschierte westwärts auf der Straße, die von Metternich in die Höhe zur Eifel führt. Als die Kompanie der Metternicher oben angelangt war, löste sich die Trommel ihres Tambours und rollte schnell die Straße wieder zurück. Der Tambour lief hinterher, um sie aufzuheben; die Metternicher folgten, um ihm zu helfen. Als alle die Trommel erreicht hatten, war das Regiment weitergezogen. Daraufhin beschlossen sie, die Uniformen auszuziehen und in Metternich zu bleiben. – Friedrich Wilhelm III. beobachtete unterdessen das Bemühen des Korps von der Osten-Sacken, bei Mannheim auf das linke Rheinufer zu gelangen. Gegenüber der Neckarmündung hatten die Franzosen eine Schanze errichtet, die nur mit großer Anstrengung von den russischen Truppen erobert wurde; es kostete sie 400 Tote. Die Franzosen zogen sich weit zurück. Eine zeitgenössische Darstellung zeigt Friedrich Wilhelm III. mit von der Osten-Sacken bei der Besichtigung der eroberten Schanze. Es dauerte noch bis zum Mai 1814 und mehrere Schlachten bis Napoleon zurücktrat. Wieder hatten die Heeresreformer Recht behalten und ihre Rheinüberquerung war weit weniger blutig verlaufen als jene, die der König beobachtet hatte. Seine Abwesenheit spielte in der Neujahrsnacht 1814 in Kaub keine Rolle. Es bedurfte noch mehrerer Schlachten bis zum Mai 1814 bis Napoleon abdankte. Der preußische König bemängelte bei der Siegesparade in Paris, als das Yorcksche Korps an ihm vorbei marschierte, dessen von den Schlachten gezeichnete Uniformen im Vergleich mit seiner glanzvollen Garde.

Nicht alle Zeitgenossen scheinen die Bedeutung der Rheinüberquerung als etwas Besonderes angesehen zu haben. Im „Rheinischen Hausfreund" für das Jahr 1815 hat Johann Peter Hebel das Vorgehen der Hauptarmee als bedeutender angesehen und lediglich und etwas ungenau bemerkt: „Am 31. (Dezember) ging General Vorwärts, der geneigte Leser versteht's schon, General Blücher mit der Schlesischen Armee über den Niederrhein." Doch in den Jahren der Reaktion, einer Phase politischen Rückschritts in Preußen, ließen 1853 zwei Einwohner Bacharachs an einem Stein der Ufermauer als Mahnung und Warnung – oder nur wegen der Rivalität der Rheinprovinz mit dem Herzogtum Nassau? – den Text anbringen: „Im Jahre des Heils 1813 am 31. Dezember 1813 zog siegreich an dieser Stelle Fürst Blücher von Wahlstatt genannt Vorwärts mit seinen Tapferen über den Rhein zur Wiedergeburt Preußens und des deutschen Vaterlands." – In den Darstellungen der Blücherschen Rheinüberquerung durch die Historienmaler Schümann (1826) und Camphausen (um 1840) wirkt das Geschehen weitaus glanzvoller, als die Realität zuließ. Die Spannungen zwischen König und Heeresreformern klingen nicht an außer in dem Fehlen des preußischen Königs auf den Bildern. Die Strapazen der Soldaten, bis sie nach Kaub gelangten und danach, wird nicht berührt. Für Touristen wird heutzutage im Sommer die Rheinüberquerung nachgestellt. Das Leid der Zivilbevölkerung tritt dahinter zurück. Allerdings am 31. Dezember 2013 wurde in einem Gottesdienst in Kaub ausdrücklich der Opfer in der Bevölkerung gedacht und gleichzeitig mit Hunderten von Kerzen auf beiden Rheinufern an sie erinnert.

Holger Böning

Und nicht über und nicht unter/ Andern Völkern wolln wir sein/ Von der See bis zu den Alpen/ Von der Oder bis zum Rhein. –
Ein deutscher Fluss im politischen Lied –
nicht Brücke, sondern Grenze.

I. *Ein garstig Lied*

Nicht die intelligenteste Figur stellt jener Brander in Faust I dar, den Goethe deklamieren lässt, was dem Dichter von Zeitgenossen und bis heute als eigene Überzeugung zugerechnet wird:

> Ein garstig Lied! Pfui! ein politisch Lied
> Ein leidig Lied! Dankt Gott mit jedem Morgen,
> Daß ihr nicht braucht fürs Röm'sche Reich zu sorgen!
> […]

Branders Verse sind die Antwort auf den Gesang des wohl noch weniger intelligenten Studiosus Frosch:

> Die Kehlen sind gestimmt.
> (Singt.) Das liebe Heil'ge Röm'sche Reich,
> Wie hält's nur noch zusammen?

Und Brander bietet seinen Saufkumpanen eine Sanges-Alternative:

> Gebt acht! Ein Lied vom neusten Schnitt!
> Und singt den Rundreim kräftig mit!
> (Er singt.) Es war eine Ratt im Kellernest,

Lebte nur von Fett und Butter,
Hatte sich ein Ränzlein angemäst't,
Als wie der Doktor Luther.
Die Köchin hatt' ihr Gift gestellt;
Da ward's so eng ihr in der Welt,
Als hätte sie Lieb' im Leibe.[1]

Wer oder was, mag man fragen, ist hier ernst zu nehmen? Frosch und Brander scheinen schon mit ihren Namen für jene Geistlosigkeit von Verbindungsstudenten zu stehen, die Goethe verabscheute. Und als Faust I erschien, war das Heilige Römische Reich Deutscher Nation seit zwei Jahren Geschichte, beendet vom Rheinbund unter der Ägide des französischen Kaisers Napoleon I.

Bitter ernst nahm seinen Weimarer Kollegen Jahrzehnte später der Dichter eines jener deutschen Lieder, in denen Flüsse – hier: *Von der Maas bis an die Memel* – eine wichtige Rolle spielen: August Heinrich Hoffmann von Fallersleben. Ratschläge für *alle* Dichter gibt dieser mit seinem *Lied aus meiner Zeit*:

Ein politisch Lied, ein garstig Lied!
So dachten die Dichter mit Göthen
Und glaubten, sie hätten genug gethan,
Wenn sie könnten girren und flöten
Von Nachtigallen, von Lieb und Wein,
Von blauen Bergesfernen,
Von Rosenduft und Lilienschein,
Von Sonne, Mond und Sternen.

Ein politisch Lied, ein garstig Lied! [...]
Doch anders dachte das Vaterland:
Das will von der Dichterinnung
Für den verbrauchten Leiertand
Nur Muth und biedre Gesinnung.

Ich sang nach alter Sitt' und Brauch
Von Mond und Sternen und Sonne,
Von Wein und Nachtigallen auch,
Von Liebeslust und Wonne.
Da rief mir zu das Vaterland:
Du sollst das Alte lassen,
Den alten verbrauchten Leiertand,
Du sollst die Zeit erfassen!

Denn anders geworden ist die Welt,
Es leben andere Leute;
Was gestern noch stand, schon heute fällt,
Was gestern nicht galt, gilt heute.
Und wer nicht die Kunst *in* unserer Zeit
Weiß *gegen* die Zeit zu richten,
Der werde nun endlich bei Zeiten gescheit
Und lasse lieber das Dichten![2]

Wem in diesem Streit beizupflichten ist, soll hier nicht erörtert sein, aber vielleicht ahnte der Dichter jener urdeutschen Tragödie um den Pakt mit dem Teufel, welche Lieder voller „Muth und biedre[r] Gesinnung" eine politisierte Zeit wie der deutsche Vormärz hervorbringen würde, Lieder, von denen es nicht wenige verständlich erscheinen lassen, dass Goethe lieber wohl beim „girren und flöten" geblieben wäre. Unter den Vormärzliedern sollen hier einige derer betrachtet werden, die Flüsse in den Mittelpunkt stellen, insbesondere den deutschesten aller Flüsse, den Rhein. In den bekanntesten von ihnen steht im Mittelpunkt nicht der Gedanke an Völkerverbindung und Völkerfreundschaft – symbolisiert durch Brücken über Flüsse –, sie riefen im Gegenteil auf zur Völkerentzweiung und schürten den Hass auf den Nachbarn Frankreich, vorbereitend künftige Kriege und gesangliche Kriegsbegleitung.[3]

Deutschland
unter unseren 3 Kaisern
in Lied, Dichtung und Bildern

Die Wacht am Rhein
(neuer Text nach alter Melodie)

Sämmtliche Gedichte
von
Robert Unger,
Davenport, Ja.

PREIS 10 CENTS

B.B.& 0181-34

Der Reinertrag wird zum Besten des Krieger-Waisen-Fonds unserer zum großen Weltkampf für's Vaterland hinausgegangenen Krieger der Deutschen Botschaft abgeliefert : : :

„Singen ist das Fundament zur Musik in allen Dingen", so meinten Georg Philipp Telemann und Johann Mattheson, es scheint jedoch auch ein probates Mittel zu sein, um Menschen aufeinander zu hetzen, statt sie einander näher zu bringen. Es ist viel darüber diskutiert worden, ob politische Lieder Wirkungen haben. Betrachtet man die Geschichte der um 1840 entstandenen Rheinlieder, wird man wohl dem Reichskanzler Otto von Bismarck zustimmen müssen, der des „deutschen Liedes Klang" zu schätzen wusste und, wie er am 18. August 1893 in einer Rede vor deutschen Sängern des Gesangvereins *Orpheus* in Barmen kundtat, davon überzeugt war, dass deutsches Lied die Herzen gewonnen habe: „ich zähle es zu den Imponderabilien, die den Erfolg unserer Einheitsbestrebungen vorbereitet und erleichtert haben. Und so möchte ich das deutsche Lied als Kriegsverbündeten für die Zukunft nicht unterschätzt wissen". Oder mit anderen Worten des fürstlichen Kanzlers: „Der Deutsche kann sich der Wirkung des Liedes nicht entziehen; er kommt in die richtige Stimmung, wenn er Musik hört".[4] Von Liedern spricht Bismarck, die mit größter Schnelligkeit von der Bevölkerung aufgegriffen worden seien und eine Wirkung gehabt hätten, „als ob wir ein paar Armeecorps mehr am Rhein stehen hätten".[5] Noch näher liege „uns" der Erfolg der *Wacht am Rhein*: „Wie manchem Soldaten hat das Anstimmen des Liedes auf dem winterlichen Kriegsfelde und bei materiellem Mangel eine wahre Herzstärkung gewährt und das Herz und dessen Stimmung ist ja alles im Gefecht."[6]

Dichterschlacht um den Rhein. Druck von 1840.

II. *Solang die Flossen hebet/ Ein Fisch auf seinem Grund ...*

Den Ursumpf franzosenfeindlicher Rheinlieder wird man im sogenannten Befreiungskrieg entdecken können, in jener blutrünstigen Poesie eines Heinrich von Kleist etwa, die den begleitenden Klang zum Schlachtenlärm bildete. Es ist Germania, die in lautem Chor zu ihren Kindern spricht, aufstachelnd 1812 in Flugschriften weniger zu befreiender als zu blutiger, alle Stände vereinigender Tat:

So verlaßt, voran der Kaiser,
Eure Hütten, eure Häuser,
Schäumt, ein uferloses Meer,
Ueber diese Franken her! [...]
Wer in unzählbaren Wunden
Jener Fremden Hohn empfunden,
Brüder, wer ein deutscher Mann,
Schließe diesem Kampf sich an!

Wo Kraft und Mut fehlen, für staatsbürgerliche Rechte zu fechten, da sollen die Kämpfer der Feder und der Faust sich wenigstens zur Vertreibung des Fremden von den vaterländischen Fluren und Flussufern zusammenfinden:

Der Gewerbsmann, der den Hügeln
Mit der Fracht entgegenzeucht,
Der Gelehrte, der auf Flügeln
Der Gestirne Saum erreicht,
Schweißbedeckt das Volk der Schnitter,
Das die Fluren niedermäht,
Und vom Fels herab der Ritter,
Der, sein Cherub, auf ihm steht –

Es ist blanker Hass gegen die Usurpatoren, der in unerhörten Versen abrückt von jedem humanen Ton und eine neue Form der Kriegsführung ankündigt:

> Alle Triften, alle Stätten
> Färbt mit ihren Knochen weiß;
> Welchen Rab' und Fuchs verschmähten,
> Gebet ihn den Fischen preis;
> Dämmt den Rhein mit ihren Leichen,
> Laßt, gestäuft von ihrem Bein,
> Schäumend um die Pfalz ihn weichen
> Und ihn dann die Grenze sein!

Wo es im Kampf keine Grenze mehr gibt, da soll der mit feindlichen Leichen gedämmte Rhein Landesgrenze eines befreiten Vaterlandes sein. Noch einmal ertönt der Chor in erschreckenden Versen:

> Eine Lustjagd, wie wenn Schützen
> Auf die Spur dem Wolfe sitzen!
> Schlagt ihn tot! das Weltgericht
> Fragt euch nach den Gründen nicht![7]

An diese Töne konnten die vormärzlichen Rheinlieder anknüpfen. Am Anfang stand 1840 die Forderung Frankreichs nach dem Rhein als Ostgrenze – keine antidemokratische Maßnahme eines deutschen Fürsten hätte eine ähnliche Empörung hervorrufen können wie dieser Anspruch auf unseren „deutschen Rhein". Vornean ein junger Mann von 21 Jahren, Nikolaus Becker (1809–1845), mit seinen kraftvollen, sogleich von Robert Schumann vertonten Versen:

> Sie sollen ihn nicht haben
> den freien deutschen Rhein,
> ob sie wie gierige Raben
> sich heiser danach schrein

Einige Verse dieses Liedes, meint Hans-Wolf Jäger in seinen *Vorlesungen zur deutschen Literaturgeschichte*, „gehören zu den idiotischsten in der deutschen Lyrik und hören sich so an":[8]

> […]
> Solang die Flossen hebet
> Ein Fisch auf seinem Grund,
> Solang ein Lied noch lebet
> In seiner Sänger Mund. –
>   Sie sollen ihn nicht haben…

Die unfreiwillige Komik dieser Verse hat begeisterte Reaktionen nicht gehindert. Durchaus der Realität entsprach, was Ernst Moritz Arndt, der Dichter, mit dem das Raunen von „deutschem Mut" so salonfähig wurde wie der Preis von deutscher Treue, deutscher Ehre und deutscher Kraft, in seinem Gedicht *Das Lied vom Rhein an Niklas Becker* schildert:

> Es klang ein Lied vom Rhein
> Ein Lied aus deutschem Munde,
> Und schnell wie Blitzesschein
> Durchflog' s die weite Runde,
> Und heiß wie Blitzesschein
> Durchzuckt' es jede Brust
> Mit alter Wehen Pein,
> Mit junger Freuden Lust.
>
> Sein heller Wiederklang
> Vom Süden fort zum Norden
> Ist gleich wie Wehrgesang
> Des Vaterlands geworden.
> Nun brause fröhlich, Rhein:
> *Nie soll ob meinem Hort*

Ein Welscher Wächter sein!
Das brause fort und fort.

Und stärkrer Wiederklang
Gleich Pauken und Posaunen,
Gleich kühnem Schlachtgesang
Klingt Welschland durch mit Staunen –
Es klinget. *Neue Zeit*
Und neues Volk ist da;
Komm, Hoffart, willst du Streit,
Germania ist da.
Drum klinge, Lied vom Rhein!
Drum klinget, deutsche Herzen!
Neu, jung will alles sein –
Fort! fort die alten Schmerzen!
Der alten Wahne Tand!
Alleinig stehn wir da,
Fürs ganze Vaterland,
Jung steht Germania.[9]

Später pries Heinrich Treitschke, nationalistischer Historiker und akademischer Propagandist des Antisemitismus, Becker als einen Mann aus dem Volke, der in einer guten Stunde zu seinen „schlichten Worten" gefunden habe, in denen die „Empfindung der Nation" ihren „natürlichen Ausdruck" finden konnte. Man solle, so referiert Treitschke Kölner „Patrioten", das Gedicht, „als ein Gegenstück der Marseillaise, die Colognaise" nennen: „Gewaltig war die Wirkung. Mehr als zweihundertmal wurde das Rheinlied in Musik gesetzt."[10] Von französischer Seite reagierte Alphonse de Lamartine mit einer „Marseillaise des Friedens", die 1841 von Ferdinand Freiligrath ins Deutsche übertragen wurde. Hier wird vom „Nationenbecher Rhein" gesprochen:

[…]

Und schwemme mit dir fort den Ehrgeiz und das Hassen
der Völker, die geschart sich deiner Woge freun!

Nie von dem roten Blut des Franken sei dein Rücken,
nie von dem blauen auch des Deutschen mehr befleckt!
Nie biege mehr Geschütz die Joche deiner Brücken,
die, Händen gleich, ein Volk aus nach dem andern streckt!
Nie senke zischend mehr der Schlachten Regenbogen,
die glühnde Bombe, sich auf deine Rebenhöhn!
Nie mög ein zitternd Kind im Schaume deiner Wogen
blutrünst'ge Rosse mehr, von blut'ger Mähn umflogen,
mit deinen Wirbeln ringen sehn!

„Warum uns streiten denn um Hügel und um Flächen?" heißt es hier weiter, um den Gedanken zu entwickeln, ein Fluss habe statt zu trennen Völker zu verbinden:

Roll hin, frei und beglückt! Der Gott, der deine Wellen
hoch im Gebirge schlug aus Gletscher und Gestein,
ließ deinen Tropfen nicht zum mächt'gen Strome schwellen,
daß er entzweie – nein, daß er verbinde, Rhein!
[...]
Nicht wird nach Graden mehr bestimmt der Menschheit Erbe!
Kein Fluß mehr grenzt es ab, kein Meer, kein Himmelsstrich!
Kein Markstein als der Geist! – Wie man die Karten färbe,
im Drang nach Licht erhebt die Welt zur Einheit sich!
Ich fühle mich zu Haus, wo Frankreichs Strahlen brennen,
wo seiner Sprache Schall mir tönt als Heimatspfand!
Das beste Bürgerrecht der Geist und das Erkennen!
Wer denkt – wes Volkes auch! –, ich will ihn Landsmann nennen!
Die Wahrheit ist mein Vaterland![11]

Christian von Mechel-Haas: Darstellung der Aufrichtung des Freiheitsbaumes auf dem Münsterplatz am 22. Januar 1798. Druck Basel 1798.

Lamartine und Freiligrath mit ihrem Lied der Friedenssehnsucht und Hoffnung auf Menschenverbrüderung zeigen, dass es im Kampf der Lieder auch Antworten gegeben hat, die dem chauvinistischen Nationalismus entgegentraten. Zu den intelligentesten gehört jene lustige Rüge, die Heinrich Heine den Rhein selbst an den Rhein-Dichter Becker erteilen lässt:

Zu Biberich hab ich Steine verschluckt,
Wahrhaftig, sie schmeckten nicht lecker!
Doch schwerer liegen im Magen mir
Die Verse von Niklas Becker.

Er hat mich besungen, als ob ich noch
Die reinste Jungfer wäre,
Die sich von niemand rauben läßt
Das Kränzlein ihrer Ehre.

Nationaldenkmal auf dem Niederwalde

Die Wacht am Rhein.

Neuer Text von Robert Unger, Davenport, Ja.

Es braust ein Ruf wie Donnerhall,
Wie Schwertgeklirr und Wogenprall:
Zum Rhein, zum Rhein, zum deutschen Rhein,
Wer will des Stromes Hüter sein?
    Lieb' Vaterland, magst ruhig sein,
    Lieb' Vaterland, magst ruhig sein,
    Fest steht und treu die Wacht am Rhein!
    Fest steht und treu die Wacht am Rhein!

Der alte Erbfeind zieht heran
Zu schnödem Raub mit Roß und Mann,
Mit Ungestüm kommt er herbei,
Mit lautem wüstem Feldgeschrei.
    Lieb' Vaterland, magst ruhig sein,
    Lieb' Vaterland, magst ruhig sein,
    Fest steht und treu die Wacht am Rhein!
    Fest steht und treu die Wacht am Rhein!

So schallt es durch das deutsche Land
Bis hin zum fernen Weichselstrand,
Bis zu der Ostsee Dünendamm
Und zu der Alpen Bergeskamm.
    Lieb' Vaterland, magst ruhig sein,
    Lieb' Vaterland, magst ruhig sein,
    Fest steht und treu die Wacht am Rhein!
    Fest steht und treu die Wacht am Rhein!

Die deutschen Völker rüttelt's auf,
Zu Scharen kommen sie zu Hauf,
Der Hader schweigt, die Schranke fällt,
Die alt' Parteien geschieden hüll.
    Lieb' Vaterland, magst ruhig sein,
    Lieb' Vaterland, magst ruhig sein,
    Fest steht und treu die Wacht am Rhein!
    Fest steht und treu die Wacht am Rhein!

Aus schwiel'ger Faust der Hammer sinkt,
Der harte Meißel nicht mehr klingt,
Die Kaufmannshäuser werden leer,
Die flinke Feder schreibt nicht mehr.
    Lieb' Vaterland, magst ruhig sein,
    Lieb' Vaterland, magst ruhig sein,
    Fest steht und treu die Wacht am Rhein!
    Fest steht und treu die Wacht am Rhein!

Es steht das Schiff, der Handel still,
Das Rad sich nicht mehr drehen will,
Verstummt ist froher Schnitter Sang
Und Sichelton und Sensenklang.
    Lieb' Vaterland, magst ruhig sein,
    Lieb' Vaterland, magst ruhig sein,
    Fest steht und treu die Wacht am Rhein!
    Fest steht und treu die Wacht am Rhein!

Die enge Kammer ist verwaist,
In welcher schuf des Forschers Geist,
Der Hörsaal schaut verödet drein,
Nur noch die Spinnen kehren ein.
    Lieb' Vaterland, magst ruhig sein,
    Lieb' Vaterland, magst ruhig sein,
    Fest steht und treu die Wacht am Rhein!
    Fest steht und treu die Wacht am Rhein!

Ja, alles, alles greift zum Schwert,
Zu schützen den bedrohten Herd,
Zu schirmen vor Gefahr und Schand'
Mit deutsch'er Faust das Vaterland.
    Lieb' Vaterland, magst ruhig sein,
    Lieb' Vaterland, magst ruhig sein,
    Fest steht und treu die Wacht am Rhein!
    Fest steht und treu die Wacht am Rhein!

Drum bange nicht, wir sind bereit,
Du deutscher Strom im Nebenkleid,
Du, unseres Landes Schmuck und Zier,
Für deine Ufer bluten wir.
    Lieb' Vaterland, magst ruhig sein,
    Lieb' Vaterland, magst ruhig sein,
    Fest steht und treu die Wacht am Rhein!
    Fest steht und treu die Wacht am Rhein!

Nicht eher wird ein Ziel gesetzt
Dem heißen Kampfe, der uns jetzt
Auf aus der Friedensarbeit stört,
Und wie ein Sturm das Volk empört.
    Lieb' Vaterland, magst ruhig sein,
    Lieb' Vaterland, magst ruhig sein,
    Fest steht und treu die Wacht am Rhein!
    Fest steht und treu die Wacht am Rhein!

Bis, von der deutschen Macht besiegt,
Der Störenfried am Boden liegt,
Vom rächenden Geschick ereilt,
Von Trotz und Uebermut geheilt.
    Lieb' Vaterland, magst ruhig sein,
    Lieb' Vaterland, magst ruhig sein,
    Fest steht und treu die Wacht am Rhein!
    Fest steht und treu die Wacht am Rhein!

So klingt es her von Berg und Thal
Millionentönig auf einmal,
Nein, bange nicht, du deutscher Rhein,
Wir alle wollen Hüter sein!
    Lieb' Vaterland, magst ruhig sein,
    Lieb' Vaterland, magst ruhig sein,
    Fest steht und treu die Wacht am Rhein!
    Fest steht und treu die Wacht am Rhein!

Wenn ich es höre, das dumme Lied,

Dann möcht ich mir zerraufen

Den weißen Bart, ich möchte fürwahr

Mich in mir selbst ersaufen!

Daß ich keine reine Jungfer bin,
Die Franzosen wissen es besser,
Sie haben mit meinem Wasser so oft
Vermischt ihr Siegergewässer.

Das dumme Lied und der dumme Kerl!
Er hat mich schmählich blamieret,
Gewissermaßen hat er mich auch
Politisch kompromittieret.[12]

Weniger satirisch als politisch tritt jenem Poeten Niklas Becker der Redner des Hambacher Festes und Dichter Gustav Friedrich Wilhelm Ewald Cornelius entgegen.[13] Beckers Verse misst er an den politischen Vormärz-Parolen und erteilt ihnen – wie Heine – mit *Des Rheines Antwort* eine Entgegnung, in welcher der Rhein sich wehrt gegen die ihm ungebeten auferlegte vaterländische Pflicht:

Lasset ab mich zu besingen,
Stellet ein die Litanei,
Macht mich erst vor allen Dingen,
Wahrhaft d e u t s c h und wahrhaft f r e i .

Räumet weg die fremden Zölle,
Räumet weg der Rede Zwang,
Daß fortan so Wort als Welle
Ströme f r e i den Rhein entlang.
Redet erst, wie d e u t s c h e n Mannen
Ziemt, für euer gutes Recht,
Sonst im Kampf mit den Tyrannen,
Russen, Welschen geht's Euch schlecht.

Bis Ihr so Euch habt erschwungen,

Stellet ein die Litanei,

Laßt mich lieber unbesungen,

Nennt mich weder deutsch noch frei!¹⁴

In ähnlichem Geiste, wenn auch ironisch und dazu ein wenig frivol, spricht 1841 der Autor der *Lieder eines kosmopolitischen Nachtwächters*, Franz von Dingelstedt, seine Deutschen an:

Der Rhein, wie Ihr, läßt sich von jedem drücken,

Drum heißt er auch der freie deutsche Rhein.¹⁵

>   Der Rhein,
>
>   Teutschlands Strom,
>
>   aber nicht
>
>   Teutschlands Gränze.
>
>   ―――
>
>   Von
>
>   E. M. Arndt.
>
>   ―――
>
>   Leipzig, 1813
>   bei Wilhelm Rein

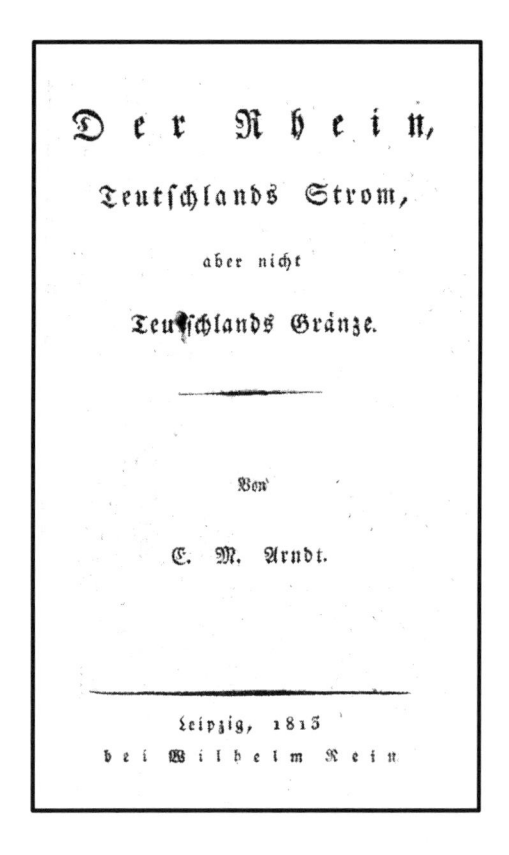

Kriegsgeschrei um einen Fluss: Ernst Moritz Arndt: Der Rhein, Teutschlands Strom, aber nicht Teutschlands Gränze. Leipzig: bei Wilhelm Rein 1813

Lorenz Clasen: Germania als Wacht am Rhein, 1860.
Das für das Krefelder Rathaus geschaffene Gemälde der Heroine von mächtiger Gestalt mit Schwert und großdeutschem Doppeladler der Habsburger fand als Druck vieltausendfache Verbreitung.

III. Die *Wacht am Rhein* – oder: „Gleich Kindern laßt ihr euch betrügen"[16]

Ob Friedenslieder, ob gegen aggressive Gedichte satirisch ankämpfende Verse: Beiden blieben in Deutschland breite Popularität und nachhaltige Wirkung versagt. Hasserfüllte Kriegslieder hatten mehr Glück. Unter ihnen erwies sich als wirkungsmächtigstes wiederum eines jener Rheinlieder,[17] die, geprägt von verhängnisvollem nationalistisch-spätromantischen Geiste, ausgerechnet im Vormärz gedichtet wurden. 1840 entstand *Die Wacht am Rhein*, geschrieben von Max Schneckenburger, einem jungen, gerade der Lateinschule entwachsenen Mann, der sich 21jährig wohl kaum träumen ließ, dass seine Verse zum „rauschenden Kriegsgesang der deutschen Sieger" würden, wie Heinrich von Treitschke das Lied charakterisiert hat,[18] tauglich, um Eingang zu finden in die Gesangbücher für Volksschüler, Gymnasiasten, Studenten, Burschenschafter und die bündische Jugend. Problemlos könnte mit den Schicksalen dieses Liedes ein Buch gefüllt werden, so eng ist es mit der deutschen Geschichte verbunden. Gesungen wurde es verführerisch im Volksliedton – „bei einem Volksliede bedeutet die Melodie fast Alles"[19] –, komponiert von dem Leiter eines Männerchores in Thüringen namens Carl Wilhelm. Es wurde zu dem Schlachtlied des deutsch-französischen Krieges der Jahre 1870/71 und zur Nationalhymne Preußens, es blieb – deutsche Kontinuität – bis 1945 im Marschgepäck der deutschen Soldaten und erlebte mehr als zwanzig Übersetzungen, zwei davon selbst in die hebräische Sprache; im Liederbuch der Hitlerjugend war es unter der Rubrik *Fahrt* genau am rechten Ort zu finden. Die Verse machen noch immer schaudern:

Es braust ein Ruf wie Donnerhall,
  Wie Schwertgeklirr und Wogenprall:
    Zum Rhein, zum Rhein, zum deutschen Rhein!
  Wer will des Stromes Hüter sein?

Bis heute sprichwörtlich der Refrain:

Lieb' Vaterland, magst ruhig sein,
Fest steht und treu die Wacht am Rhein!

In den weiteren Strophen folgt all das Wortgeklirr, welches romantischer Irrationalismus und Vaterlandsvergötzung seitdem für länger als ein Jahrhundert zum Kennzeichen deutscher Mentalität hat werden lassen, sei es das Bild vom „deutschen Jüngling, fromm und stark", den Blutvergießen und Tod nicht fürchtenden Beschirmer „heil'ge[r] Landesmark", oder der Blick „hinauf in Himmelsau'n,/ Wo Heldengeister niederschau'n", einschließlich der Beschwörung „stolzer Kampfeslust" und eines deutschen Landes, das so reich an Heldenblut sei wie seine Fluten an Wasser. Die letzten Verse wurden zur tauglichen Begleitung künftiger Fackelaufmärsche:[20]

Der Schwur erschallt, die Woge rinnt,
Die Fahnen flattern hoch im Wind:
Zum Rhein, zum Rhein, zum deutschen Rhein,
Wir Alle wollen Hüter sein![21]

Es gab unter den demokratisch gesinnten Schriftstellern mehrere, die spürten, dass mit solchem Getöse von den konkreten politischen Forderungen im Vorfeld der Revolution von 1848 abgelenkt werden sollte – zahllos sind bis in den Ersten Weltkrieg die überlieferten Parodien des Liedes, zusammengetragen unter anderem im Freiburger Volksliedarchiv.[22] Unter den Parodisten, die sofort 1840 zur Feder griffen, ist auch Robert Prutz, der Journalist, Literaturwissenschaftler, Schriftsteller, Dichter und Pressehistoriker, dem wenig mehr am Herzen lag als Meinungs- und Pressefreiheit, ohne die von einem freien deutschen Land so wenig die Rede sein konnte wie vom freien Rhein. Er reagierte mit einer Gedicht-Flugschrift und fragte nachdenklich:

Wer hat nun Recht zu sagen und zu singen
    Vom freien Rhein, dem freien deutschen Sohn?
O diese Lieder, die so muthig klingen,

> Beim ew'gen Gott! sie dünken mich wie Hohn.
> Ja wolltet ihr erwägen und bedenken,
> Welch stolzes Wort von eurer Lippe kam,
> Ihr müßtet ja das Auge niedersenken,
> Mit bittern Thränen voller Zorn und Scham! –

Vor die großtönenden Worte sei die geschichtliche Aufgabe des Kampfes für demokratische Rechte zu stellen, ohne die von Freiheit keine Rede sein könne. So ruft Prutz seinen Lesern zu:

> Mit euch zuerst müßt ihr den Kampf beginnen!
> Soll unverführt von heiserem Geschrei
> Und ungetrübt des Rheines Welle rinnen,
> So seid zuerst ihr selber deutsch und frei!

Deutsch und frei als Synonyme, davon träumt der Dichter, „Die Presse frei! / Uns selber macht zum Richter, / Das Volk ist reif!" Doch davor finde ein Lernprozess statt, wie Prutz ihn mit schönen Versen fordert:

> Sei deutsch, mein Volk! Verlern' den krummen Rücken
> An den du selbst unwürdig dich gewöhnt!
> Mit freier Stirn, gradaufwärts mußt du blicken,
> Vom eignen Muth gesittigt und verschönt.
> Es kann den Fürsten selber nicht gefallen,
> Dies schmeichlerisch demüthige Geschlecht -
> Ein offnes Auge! so geziemt es Allen,
> Zu Boden sieht das Thier nur und der Knecht. –[23]

Man wird das Lied von der *Wacht am Rhein* als Antizipation einer Reichseinigung durch den Krieg gegen Frankreich und unter preußischer Vorherrschaft, jedoch ohne die 1848 erstrebten demokratischen Rechte verstehen dürfen. Niemand hat dies stärker empfunden als Georg Herwegh, der einen Monat nach der Reichseinigung sein Gedicht *Der schlimmste Feind* schreibt,[24] einen Text, der wie alle Lieder Herweghs nach 1871 der Zensur unterliegt. Die Verse, mit denen er sich auf die *Wacht am Rhein* bezieht, lassen dies verständlich erscheinen. In den ersten vier Strophen charakterisiert Herwegh das deutsche Volk als Objekt der Geschichte:

Dies Volk, das seine Bäume wieder
Bis in den Himmel wachsen sieht
Und auf der Erde platt und bieder
Am Knechtschaftskarren weiter zieht;

Dies Volk, das auf die Weisheit dessen
Vertraut, der Roß und Reiter hält,
Und mit Ergebenheitsadressen
Frisch, fromm und fröhlich rückt ins Feld:
Dies Volk, das einst aus Cäsars Schüssel
Und Becher sich so gern erfrischt
Und sich, wie Mommsen, seinen Rüssel
An Cäsars Tischtuch abgewischt;

Dies Volk, das gegen Blut und Eisen
Jungfräulich schüchtern sich geziert,
Um schließlich den Erfolg zu preisen,
Womit man Straßburg bombardiert.

Dies Volk, das im gemeinen Kitzel
Der Macht das neue Heil erblickt
Und als „Erzieher" seine Spitzel
Den unterjochten „Brüdern" schickt
[...]
Mit patriotischem Ergötzen
Habt ihr Viktoria geknallt

Da bleibt nur „Kriegsidiotentum, Gewalt", Europa werde künftig sich am Übermute siegreicher Junker erfreuen dürfen:

Ein Amboß unter einem Hammer,
Geeinigt wird Alt-Deutschland stehn;
Dem Rausche folgt ein Katzenjammer,
Daß euch die Augen übergehn.

Und zum Schluss ist noch einmal die Rede vom „Volk":

Gleich Kindern laßt ihr euch betrügen,
Bis ihr zu spät erkennt, o weh! –
Die Wacht am Rhein wird nicht genügen,
Der schlimmste Feind steht an der Spree.[25]

Solche Warnungen blieben vergeblich. Es war ein Bremer Gymnasiallehrer und Volkskundler namens Hermann Tardel – übrigens Herausgeber u.a. der Herweghschen „Lieder eines Lebendigen" –, der 1916 in den Preußischen Jahrbüchern mittels zahlreicher Zeugnisse wissenschaftlich zeigen konnte,

daß Bismarcks vorahnendes Wort von dem Lied als Kriegsverbündeten des deutschen Volkes wundersam in Erfüllung gegangen ist. Das Lied wirkt anspannend während des Marsches, beim Vorrücken, entspannend nach dem Marsch oder Gefecht, im Lager, in der Ruhestellung. Das eigentliche Soldaten- und Marschlied spornt an, rafft auf und mindert die Anstrengungen, das Nationallied begeistert und feuert zur Höchstleistung, zum Einsatz des Lebens an; im heimatlichen Volkslied und Choral ebbt das erregte Gefühl ab und führt zum Ausgleich. Die letzte Wirkung des Liedes ist immer eine ethische. Man täusche sich nicht darüber, daß der Krieg trotz aller Erfolge im großen, aller Heldentaten im einzelnen unvermeidbar seelische Abstumpfung zur Folge hat. Der Gegensatz zu den Anschauungen des Friedens ist eben zu groß, um ganz ohne Nachteil überwunden zu werden (Vor dem Kriege lehrte man: du sollst nicht töten, im Kriege: du mußt töten, um nicht getötet zu werden). Bei der hohen Kulturstufe unseres Volkes und seiner starken sittlichen Reserve darf man ohne nationale Überhebung aussprechen, daß die schädlichen Nebenwirkungen des blutigen Kriegshandwerkes sich auf ein Mindestmaß beschränken und beschränken werden. Dazu hat auch der von unsern Gegnern bewunderte Gesang unseres Heeres an seinem Teil mitgewirkt, als ein ethisches Heilmittel, denn jedes der bedrängten Menschenbrust entströmte Lied ist eine Selbstbefreiung vom Leid, eine Erhebung über das Gemeine und Rohe, ein Sehnsuchtsruf nach Freude und Glück, eine Minderung egoistischer Triebe und ein leises Hervortreten reiner und wahrer Menschlichkeit".[26]

Am Ende stehen 1945 zerstörte Rheinbrücken,
hier die Hohenzollern-Brücke in Köln.

IV. Eine neue *Wacht am Rhein*

Ausgerechnet die alte Wacht am Rhein regte in den 1970er Jahren in einer Region, die in besonderem Maße Zankapfel zwischen Deutschland und Frankreich war, zu einem neuen Lied an. Es entstand in den Kämpfen gegen das Atomkraftwerk in Whyl und gegen ein neues Bleichemiewerk im elsässischen Marckolsheim. Bei einer Bauplatzbesetzung in Marckolsheim tauchte die Demonstrationsparole auf: „Deutsche und Franzosen gemeinsam – Die Wacht am Rhein". Walter Moßmann zitiert die Gedanken und Motive, die einen alten Lehrer aus Marckolsheim zur Formulierung dieses Textes bewegt hatten:

> „Nimm die alte, schwerbeladene Parole des deutschen Nationalismus und des Krieges, und konfrontiere sie heute 1974 mit der Wirklichkeit im Grenzland. Und schon verwandelt sich die Bedeutung der Wörter. Der Rhein verwandelt sich aus dem ‚deutschen Schicksalsstrom', dem Symbol, zurück in Wasser, lebensnotwendig für die Anwohner auf beiden Seiten, gefährdet durch die Industrieabfälle aus beiden Ländern. Die ‚Wacht' ist nicht mehr nötig gegen den ‚Erbfeind', den Verwandten von gegenüber, der einen anderen Paß hat und den sie in eine andere Uniform gesteckt haben, sondern gegen die eigenen Herren in beiden Ländern, die Rüstungsbosse von damals und heute, die international längst verflochtene Atomindustrie. [...] Das Kanonenfutter aus drei Kriegen zieht die Uniform aus, verweigert die Anerkennung der Grenze und hält gemeinsam in Arbeits- und Alltagskleidung die Wacht gegen seine Herren [...]. Und: wir machen nicht irgend etwas Neues, was Modernes, sondern ganz bewußt das Gegenteil vom Bisherigen. Deshalb ist es sinnvoll, die alte Parole nicht zu vergessen oder zu verstecken, sondern öffentlich umzudrehen."[27]

Genau dieses tut das neue Lied Walter Moßmanns. Die erste Strophe lautet:

> Im Elsaß und in Baden
> war lange große Not
> da schossen wir für unsere Herrn
> im Krieg einander tot.

> Jetzt kämpfen wir für uns selber
> in Wyhl und Marckolsheim
> wir halten hier gemeinsam
> eine andere Wacht am Rhein.

V. Deutsche Hymnen und Flüsse

Es sind auffällig viele deutsche Schicksalshymnen, in denen Flüsse eine wichtige Rolle spielen, man denke neben der *Wacht am Rhein* nur an jenen Vers des vom 1848er-Demokraten August Heinrich Hoffmann von Fallersleben gedichteten Deutschlandliedes, den Franz Josef Degenhardt wie Wolf Biermann nicht mehr singen mochten. Degenhardt schrieb zahlreiche Lieder, die sich mit der Situation seines Landes auseinandersetzen, 1966 bereits auch eines, in dem er dem Überdruss an seinem Land Ausdruck gab, ja, dem Überdruss an beiden deutschen Staaten mit ihren Traditionen des Spießer- und Kleinbürgertums, der Unterordnung unter jede Obrigkeit und der Abwehr gegen Fremdes. „Adieu Kumpanen" ist sein Titel, sein einziges Lied, das den Gedanken an Emigration thematisiert, so dass es für Degenhardt folgerichtig war, es später Wolfgang Neuß zu widmen, als dieser ins Exil gehen wollte. Das Lied beginnt mit den Zeilen:

> Ich werd' jetzt ziehn, Kumpanen, und kann mich erholen
> von diesem Land, vom Rhein gespalten bis nach Polen,
> dem Land, von meinem roten Sangesbruder Biermann drüben
> mit einem Arsch verglichen – das wir trotzdem lieben.
> Auch wenn wir beide nicht von Maas bis Memel singen:
> von diesem Land mit seinen hunderttausend Dingen,
> den schönen Mädchen, Wäldern, Bieren, vollen Scheunen,
> den Führungskräften, Sonntagsworten und den Todeszäunen,
> aus diesem Land zieh' ich jetzt fort, kann mich verschnaufen.
> Kumpanen, darauf wollen wir noch einen saufen.
> Adieu, Kumpanen, ich zieh' in ein andres Land.[28]

Franz Josef Degenhardt

Deutsche Lieder – German Songs

Aus dem Deutschen in das Englische übersetzt von
Translated from German into English by Stephan Lhotzky

edition lumière

Ein andres Land? Mit einer andren Hymne? 1990 ergab sich mit der Wiedervereinigung die Chance, ein friedliches Lied zur Nationalhymne zu wählen, nämlich eine vier Jahrzehnte zuvor entstandene Liebeserklärung an das eigene Land, in dem wiederum Flüsse eine wichtige Rolle spielen. Bertolt Brecht schrieb seine *Kinderhymne* 1950 mit genau dem Ziel, damit das als aggressiv empfundene Deutschlandlied, das einst zeitlich gemeinsam mit den franzosenfeindlichen Rheinliedern entstanden war, mit seinem Anspruch auf Maas und Memel zu ersetzen; und fast jeder Vers verdeutlicht, dass es sich hier um einen Gegenentwurf zum Hoffmannschen *Lied der Deutschen* handelt. Mit dem vierhebigen Trochäus und wechselnder männlicher und weiblicher Kadenz gibt es auch formale Übereinstimmungen.

Bertolt Brechts Hymne ließe sich auf Haydn's Melodie singen.[29] Die Verse lauten:

Anmut sparet nicht noch Mühe
Leidenschaft nicht noch Verstand
Daß ein gutes Deutschland blühe
Wie ein andres gutes Land.

Daß die Völker nicht erbleichen
Wie vor einer Räuberin
Sondern ihre Hände reichen
Uns wie andern Völkern hin.

Und nicht über und nicht unter
Andern Völkern wolln wir sein
Von der See bis zu den Alpen
Von der Oder bis zum Rhein.

Und weil wir dies Land verbessern
Lieben und beschirmen wir's.
Und das Liebste mag's uns scheinen
So wie andern Völkern ihrs.[30]

Anmerkungen

[1] Johann Wolfgang von Goethe: Faust. Der Tragödie erster Teil, Szene: Auerbachs Keller in Leipzig.

[2] August Heinrich Hoffmann von Fallersleben: Gesammelte Werke, 8 Bde., hrsg. v. Heinrich Gerstenberg, Berlin 1890-93, hier: Bd. 1, 45.]

[3] Zu den Quellen siehe Henning Kaufmann: Die Dichtung der Rheinlande. Eine landschaftliche und örtliche Bibliographie nebst einem Abriss ihrer Entwicklung. Bonn, Leipzig: Kurt Schroeder 1923. Zu den Rheinliedern existiert eine große Zahl von Forschungsarbeiten, zum hier behandelten Thema. Siehe beispielsweise Cecelia Hopkins Porter: The „Rheinlieder" Critics: A Case of Musical Nationalism. In: The Musical Quarterly, Vol. 63, No. 1 (Jan., 1977), S. 74–98, sowie Edda Magdanz: Das Rheinlied : Springflut des Nationalismus. In: Aufbruch in die Bürgerwelt. Lebensbilder aus Vormärz und Biedermeier. Münster: Westfälisches Dampfboot 1994, S. 325–331. An weiterer Literatur sei hier genannt: Lucien Febvre: Der Rhein und seine Geschichte. Frankfurt a.M.: Campus Verlag 2006; Horst Johannes Tümmers: Der Rhein. Ein europäischer Fluss und seine Geschichte. München: C.H. Beck Verlag 1994; Gertrude Cepl-Kaufmann, Antje Johanning: Mythos Rhein. Kulturgeschichte eines Stromes. Darmstadt: Primus Verlag 2003; Karen Denni: Rheinüberschreitungen. Grenzüberwindungen. Konstanz: UVK-Verlag 2008. Zahlreiche Rheinlieder finden sich bei: http://www.lieder-archiv.de/liedsuche-rhein.html [20.06.2016]. Erst nach Abschluss meiner Arbeit erschien der vorzügliche Katalog: Der Rhein. Eine europäische Flussbiographie. Hrsg. von der Kunst- und Ausstellungshalle der Bundesrepublik Deutschland und Marie-Louise von Plessen. München, London, New York: Prestel 2016. Das Buch erschien anlässlich der Ausstellung „Der Rhein. Eine europäische Flussbiographie" vom 9.9.2016 bis 22.1.2017 in der Bundeskunsthalle Bonn.

[4] Richard von Kralik: Allgemeine Geschichte der Neuesten Zeit von 1815 bis zur Gegenwart: Vierter Band, Teil B, Graz und Wien: Styria 1921, S. 845.

[5] Paul Liman: Bismarck nach seiner Entlassung. Leipzig : Historisch-politischer Verlag 1901, S. 249f.

[6] Ebd., S. 250.

[7] Heinrich von Kleist: Germania an ihre Kinder. In: Ders.: Sämtliche Werke, hg. von Paul Stapf, München o.J., S. 17.

[8] Hans-Wolf Jäger: Vorlesungen zur deutschen Vorgeschichte. Bd. VII: Biedermeier / Vormärz. Bremen: edition lumière (in Vorbereitung).

[9] Ernst Moritz Arndt: Das Lied vom Rhein an Niklas Becker. In: Ders.: Gedichte. Leipzig: Philipp Reclam jun. o. J. (um 1913), S. 130–131.

[10] Heinrich von Treitschke: Deutsche Geschichte des 19. Jahrhunderts. Bd. 5: Bis zur März-Revolution. Leipzig: S. Hirzel 1894, S. 86f.

[11] Ferdinand Freiligrath: Werke. Hrsg. von Paul Zaunert. Kritisch durchgesehene und erläuterte Ausgabe. Bd. 1–2, Bd. 2, S. 237–241.

[12] Heinrich Heine: Deutschland. Ein Wintermärchen, Caput V.

[13] Zu ihm W. Koner: Gelehrtes Berlin – Verzeichniss im Jahre 1845 in Berlin lebender Schriftsteller. Berlin: Athenaeum 1846, S. 57. Siehe weiter Veit Veltzke (Hrsg.): Für die Freiheit – gegen Napoleon – Ferdinand von Schill, Preußen und die deutsche Nation. Köln, Weimar, Wien: Böhlau 2009

[14] Politische Gedichte aus Deutschlands Neuzeit. Von Klopstock bis auf die Gegenwart. Herausgegeben und eingeleitet von Hermann Marggraff. Bd. 1–2, Leipzig: Franz Peter 1843, Bd. 2, S. 278.

[15] Franz v. Dingelstedt: Lieder eines kosmopolitischen Nachtwächters. Deutsche Lyrik von Luther bis Rilke, S. 21769. Erstdruck Hamburg: Hoffmann und Campe 1841.

[16] Georg Herwegh: Ausgewählte Gedichte. Deutsche Lyrik von Luther bis Rilke, S. 50986.

[17] Dazu mit der Literatur u.a. Horst-Johannes Tümmers: Der Rhein: ein europäischer Fluß und seine Geschichte. München: C.H. Beck ²1999.

[18] Heinrich von Treitschke: Deutsche Geschichte des 19. Jahrhunderts. Bd. 5: Bis zur März-Revolution. Leipzig: S. Hirzel 1894, S. 87.

[19] Ebd.

[20] Dazu im Detail Walter Moßmann, Peter Schleuning: Die Wacht am Rhein. In: Dies.: Alte und neue politische Lieder. Entstehung und Gebrauch, Texte und Noten. Rowohlt, Reinbek 1978, S. 17–80.

[21] Georg Scherer, Franz Lipperheide (Hrsg.): Die Wacht am Rhein, das deutsche Volks- und Soldatenlied des Jahres 1870. Mit Portraits, Facsimiles, Musikbeilagen, Uebersetzungen etc. Zum Besten der Carl Wilhelm's-Dotation und der deutschen Invalidenstiftung herausgegeben. Berlin: Lipperheide 1871, S. VII–VIII. Verpflichtet ist mein Aufsatz den Ausführungen von Walter Moßmann und Peter Schleuning: Die Wacht am Rhein. In: Dies.: Alte und neue politische Lieder. Entstehung und Gebrauch, Texte und Noten. Rowohlt, Reinbek 1978, S. 17–80.

[22] Siehe zahlreiche Parodien bei Walter Moßmann, Peter Schleuning: Die Wacht am Rhein. In: Dies.: Alte und neue politische Lieder. Entstehung und Gebrauch, Texte und Noten. Rowohlt, Reinbek 1978, S. 58.

[23] R[obert] E[duard] Prutz: Der Rhein. Gedicht von R. E. Prutz. Leipzig: Otto Wigand 1840.

[24] Dazu aufschlussreich Paloma Cornejo: Zwischen Geschichte und Mythos: La guerre de 1870/71 en chansons. Eine komparatistische Untersuchung zu den identitätsstiftenden Inhalten in deutschen und französischen Liedern zum Krieg. Würzburg: Königshausen &.Neumann 2004. Zu Herwegh u.a. Michail Krausnick: Die eiserne Lerche. Die Lebensgeschichte des Georg Herwegh. Weinheim: Beltz und Gelberg 1993.

[25] Georg Herwegh: Neue Gedichte. Hrsg. von Ludwig Pfau und Emma Herwegh. Zürich: Verlags-Magazin 1877.

[26] Professor Dr. Hermann Tardel, Gymnasiallehrer und Volkskundler : Die Macht des deutschen Liedes im gegenwärtigen Kriege , in: Preußische Jahrbücher , Jg. 1916, S. 75 f.. 77, 81, 82, 87 f., 89 f. Von ihm herausgegeben: Herweghs Werke, Gedichte eines Lebendigen. Berlin: Deutsches Verlagshaus Bong & Co. 1919.

[27] Walter Moßmann, Peter Schleuning: Die Wacht am Rhein. In: Dies.: Alte und neue politische Lieder. Entstehung und Gebrauch, Texte und Noten. Rowohlt, Reinbek 1978, S. 58.

[28] Franz Josef Degenhardt: Die Lieder. Berlin : Eulenspiegel-Verlag 2006, S. 51. Siehe auch Franz Josef Degenhardt: Deutsche Lieder – German Songs. Aus dem Deutschen in das Englische übersetzt von/Translated from German into English by Stephan Lhotzky. Mit einem Vorwort von/Foreword by Holger Böning. Bremen: edition lumière 2016.

[29] Dazu mit weiterer Literatur Gerhard Müller: Lieder der Deutschen. Bertolt Brechts „Kinderhymne" als Gegenentwurf zum „Deutschlandlied" und zur „Becher-Hymne": http://muellers-lesezelt.de/aufsaetze/lieder_der_deutschen.pdf [30.05.2016].

[30] Bertolt Brecht: Kinderhymne. In Ders.: Ausgewählte Werke, Bd. 1–6, Frankfurt a.M. Suhrkamp 1997, Bd. 3, S. 507.

Karl Holl:

Ein General bewährt sich als Mensch: Die Loire-Brücke von Beaugency

Die französische Sprache besitzt hauptsächlich zwei Bezeichnungen für den „Fluss": „la rivière" und „le fleuve". *La rivière* bezeichnet jedes natürliche fließende Gewässer, das nicht in einen der Ozeane oder in ein Meer mündet, also etwa Bäche und Nebenflüsse. Das Wort *le fleuve* ist natürlichen fließenden Gewässern vorbehalten, die in einen der Ozeane oder in ein Meer münden. Ihm entspricht in der deutschen Sprache vor allem das Wort „Strom".

Ebenso wie die Rhone ist die Loire deshalb ein „*fleuve*". Überdies mag man das Wort schon wegen der Länge des Stroms für angemessen halten. Denn die Loire legt eine beträchtliche Strecke von mehr als eintausend Kilometern von ihrem Ursprung aus drei kleinen Quellen am Mont Gerbier-de-Jonc im Massif Central bis zu ihrer Mündung bei Saint-Nazaire zurück und ist somit das längste Fließgewässer Frankreichs.

Wenn die Loire das auf ihrem rechten Ufer liegende Städtchen Beaugency erreicht, hat sie bereits 662 Kilometer und mehr als die Hälfte ihres Weges bewältigt. Beaugency in der lieblichen Landschaft des Loiret stellt mit seinen weit weniger als zehntausend Einwohnern einen Ort bescheidenen Umfangs dar. Indes erfreut er sich einer Fülle ansehnlicher architektonischer Schätze: Kirchen und anderer Gebäude von historischem Rang. Von manchen wie von dem machtvollen Donjon ist nur noch eine Ruine geblieben, allesamt Hinweise auf die Einbettung der Stadt in eine an erregenden und oft blutigen Ereignissen reiche Geschichte.

Beaugency bezieht seinen ästhetischen Reiz nicht zuletzt aus dem Eindruck, den man beim Blick auf seine Brücke gewinnt. Ja, die Brücke, deren Errichtung bis ins 12. Jahrhundert zurückreicht, ruft Erstaunen und Bewunderung hervor. Auf einer Länge von mehr als vierhundert Metern und mit dreiundzwanzig Bögen überspannt sie den Fluss als ein ebenso solide wie elegant wirkendes Zeugnis französischer Brückenbaukunst, und dergestalt entkräftet sie jeden Zweifel an ihrem Rang als eine der schönsten Brücken Frankreichs. Betritt man sie und blickt flussaufwärts auf das in trockenem Sommer mit gelinder Geschwindigkeit dahinfließende und kleine gekräuselte Wellen bildende blau-schwärzliche Wasser, dann bemerkt man die keilförmige steinerne Bewehrung der Pfeiler, welche der Brücke bei heftigem Hochwasser durch die Ableitung von Treibgut stabilen Schutz verschaffen soll. Das hat sich jahraus, jahrein als notwendig erwiesen, und doch hat die Gewalt des Wassers die Brücke schon mehr als einmal in ihrer langen Vergangenheit zusammenbrechen lassen.

Schmerzlicher jedoch waren die Schäden, die dieser Brücke und mit ihr der Stadt Beaugency als Ziel und Gegenstand von Politik zugefügt wurden. Zu einem Ort der Geschichte wurden beide, die Stadt und ihre Brücke, häufig wegen ihrer strategischen Bedeutung für die Überquerung der Loire.

Gegen Ende des 13. Jahrhunderts an die französische Krone gelangt, blieb Beaugency während des Hundertjährigen Krieges zwischen England und Frankreich mehrmals für längere Zeit unter englischer Besatzung, aus der die Stadt erst 1429 durch französische von Jeanne d'Arc und Jean d'Alençon von Orléans herangeführte Truppen befreit wurde. Opfer von Brandschatzung und schweren Verwüstungen bei ihrer Eroberung durch Protestanten wurde die Stadt 1567 im Verlaufe der Hugenottenkriege. Während die Brücke hierbei verschont blieb, zog sie das bewaffnete Interesse der Kriegsparteien erneut im deutsch-französischen Krieg von 1870/71 auf sich und stand im Zentrum der Schlacht von Beaugency vom 8. bis 10. Dezember 1870. Im Zweiten Weltkrieg war sie 1940 und 1944 das Ziel deutscher und 1944 auch alliierter Bombenangriffe. Am 16. September 1944 schließlich wurde die Brücke zum Schauplatz eines einzigartigen, ja, spektakulären, jedenfalls im höchsten Maße denkwürdigen Vorgangs.

Seit April 1944 befand sich der im März des Vorjahres zum Generalmajor beförderte und als Feldkommandant mit wichtigem Auftrag nach Marseille beorderte Botho Henning Elster als Leiter der Feldkommandantur in Mont de Marsan, der Hauptstadt des Departements *Landes*, in Aquitanien. Auf seinem Posten in Marseille war er wiederholt maßlosen und unsensiblen Ansprüchen der deutschen Militärbehörden gegenüber der französischen

Bevölkerung entgegengetreten. In seiner Versetzung nach Mont de Marsan drückte sich auch die Missbilligung seiner Haltung aus.

France Loiret Beaugency Pont

Der fünfzigjährige Offizier blickte auf eine für die Zeitverhältnisse typische deutsche Militärlaufbahn zurück, die jedoch Besonderheiten aufwies. Er war der Sohn eines Offiziers mit Sympathien für die Ansprüche der Welfen, der später von dem zu erwartenden Weg eines Berufsoffiziers abwich, indem er sich als Journalist, als Schriftsteller und zeitweilig im Dienste des Fürsten zu Schaumburg-Lippe als dessen Archivar in Nachod (Böhmen) betätigte. Sein am 17. Mai 1894 in Berlin-Steglitz geborener Sohn Botho Henning trat im Alter von neunzehn Jahren als Fahnenjunker in ein Infanterieregiment ein, kam im Sommer 1913 an die Kriegsschule in Glogau und wurde im Herbst des Jahres zum Fähnrich befördert, dann, im Mai 1914, zum Leutnant. Bei ihm traten früh besondere Eigenschaften hervor. Seine musischen Neigungen förderten sein Talent beim Klavierspiel, seine Begabung für fremde Sprachen bedingten seine Beherrschung vor allem der französischen und der englischen, aufgrund seines früheren Aufenthaltes in Böhmen auch der tschechischen Sprache, sein gewinnendes und freundliches, sein dem Humor aufgeschlossenes Wesen sicherte ihm die Sympathie seiner Umgebung und verhalf ihm zum Erfolg in der Führung seiner Untergebenen.

Die zahlreichen dienstlichen Beurteilungen Elsters durch seine Vorgesetzten stimmen ausnahmslos in der hohen Wertschätzung seiner Charaktereigenschaften überein. Sie heben seine vornehme Gesinnung, seinen Takt, seine Liebenswürdigkeit, seine Gewandtheit, sein Urteilsvermögen hervor und geben der Überzeugung Ausdruck, dass er dank seiner überdurchschnittlichen Anlagen zu höheren Aufgaben berufen sei. Sie betonen Elsters vielseitige Bildung, und sie sprechen sich anerkennend über sein Verantwortungsbewusstsein als Vorgesetzter aus, das sich in der Absicht äußere, seine Untergebenen zur Loyalität zum demokratischen Staat, zur Pflichterfüllung und zur Disziplin zu erziehen.

Während des Ersten Weltkriegs erlebte Botho Henning Elster Einsätze auf zahlreichen Posten an verschiedenen Orten. So führte er eine Maschinengewehrkompanie, dann eine Infanterie-Kompanie und wurde im September 1914 bei Reims verwundet. Es folgte im November des Jahres seine Versetzung an ein Reserve-Infanterie-Regiment und im Februar 1915 seine Teilnahme an der Schlacht in den Masuren. Zur Westfront kehrte er im April 1917 zurück und erlitt in der Schlacht an der Aisne eine Verwundung am Kopf, wodurch er für den Dienst an der Front untauglich wurde. Inzwischen zum Oberleutnant befördert, begann er eine Generalstabsausbildung. Im Sommer 1918 bekleidete er zweimal Posten als Adjutant in Infanterie-Einheiten. Das Kriegsende erzwang Anfang 1919 seine Demobilisierung, so dass er im Juni 1920 mit Hauptmanns-Rang aus dem aktiven Dienst entlassen wurde. Seine Übernahme in den preußischen Polizeidienst geschah auf seinen eigenen Wunsch.

Hannover, wo er zeitweilig die Wohnung mit seinem Freund Ernst Jünger teilte, dann Altona, Hildesheim und Wesermünde waren Elsters Stationen als Polizeioffizier von 1920 bis 1932. Stets bezeugte er seine zuverlässige Loyalität gegenüber der Republik von Weimar und seine Ablehnung der NS-Ideologie, so etwa während seiner Zeit in Wesermünde, als er einer provozierenden Nazi-Demonstration entschieden entgegentrat. Im März

1932 zum Polizeimajor befördert, wechselte er, als Experte für Polizeifragen durch einschlägige Publikationen ausgewiesen, zum Völkerbund in Genf. Im folgenden Jahr kehrte er nach Deutschland zurück und übernahm die Leitung einer Abteilung an der technischen Polizeischule in Berlin. Eine Veränderung in seinem privaten Leben trat im März 1935 ein durch die Heirat mit Gisela Riehl, der dreizehn Jahre jüngeren Tochter eines Hildesheimer Juristen.

Wenig später, im Sommer 1935, wurde er in die Wehrmacht übernommen und somit abermals Heeresoffizier. Seine weitere Offizierskarriere vollzog sich in regelmäßigen Schritten. Er befehligte seit 1935 eine Panzerabwehrabteilung und wurde 1936 zum Oberstleutnant befördert. Er übernahm das Kommando eines Panzerregiments in Böblingen und erhielt im August 1939 seine Beförderung zum Oberst. Sowohl an der Besetzung des Sudetenlandes 1938 als auch am Polenfeldzug im September 1939 nahm er teil. Er stand im Frühjahr 1940 an der Spitze eines Regiments in Frankreich. Seither war er als Vertrauter Erwin von Witzlebens in Paris am militärischen Widerstand gegen Hitler beteiligt und unternahm im Zusammenhang mit den Planungen für den Umsturz Sondierungen bei Kommandeuren der Panzertruppe, um deren Zuverlässigkeit im Falle des Gelingens zu erkunden.

Die Anerkennung seiner Tropen-Untauglichkeit ersparte ihm einen Einsatz in Nordafrika. Er wurde Kommandeur einer Panzerbrigade. Als er im Frühjahr 1943 zum Generalmajor befördert wurde, geschah es spät und nur im Rahmen der Regelbeförderung, da er zu keiner Zeit als willfähriges Werkzeug des NS-Systems hatte gelten können.

War es die Laune eines Zufalls, dass er auf den Posten in Mont de Marsan gelangte? Elster an diesem Ort, in diesem Moment, – das sollte sich jedenfalls als glückliche Fügung erweisen. Auch für ihn persönlich: Als nach dem Scheitern der Umsturzpläne vom 20. Juli 1944 die Verfolgung der Verschwörer einsetzte, blieb er auf seinem Posten im Süden Frankreichs für die Rache Hitlers unerreichbar.

Die deutsche Militärpräsenz in Frankreich geriet in Bedrängnis, dann ins Wanken, seit der angloamerikanischen Invasion in der Normandie am 6. Juni 1944 und der alliierten Invasion in Südfrankreich am 15. August 1944. Das alliierte Vordringen vom Westen und Süden aus erzwang eine alternativlose strategische Aufgabe für die deutsche Seite. Sie bestand darin, die Truppe in geordnetem Zustand nordwärts, vom Vorfeld der Pyrenäen aus, zunächst in Richtung Bordeaux und Angoulême, dann in Richtung auf die Loire hin, schließlich zur deutschen Grenze in Bewegung zu setzen. Das übergeordnete Ziel der Heeresleitung war, die Truppe neuer Verwendung auf den Kriegsschauplätzen zuzuführen. Das hieß, ein Unternehmen mit erheblichen organisatorischen, besonders logistischen Problemen zu wagen, dessen Gelingen von vielfältigen Unwägbarkeiten abhing.

Botho Henning Elster - Le Général allemand (1894-1952)

Die Verlegung der tausende Soldaten und in erheblichem Umfang ziviles Personal umfassenden und dergestalt zusammengewürfelten Truppe nach Norden über eine Strecke von mehr als eintausend Kilometern konnte wegen des weitgehenden Mangels an motorisierten Transportmitteln und Treibstoff sowie einer zu geringen Ausrüstung mit Fahrrädern für das Gros nur in Fußmärschen erfolgen. Zu solcher Marschleistung war die aus Heeres-, Luft- und Marineeinheiten bestehende Truppe jedoch meistenteils außerstande. Im Rahmen der gesamten Operation, die mehrfach Umgruppierungen der Truppe erfordert hatte, fiel dem Generalmajor Elster die Aufgabe zu, eine von drei Marschgruppen zu führen. Sie setzte sich am 21. August 1944 in einer Stärke von etwa 12.000 Mann in Marsch, erfuhr nach ihrem Eintreffen in Angoulême eine Verstärkung auf ungefähr 25.000 Mann als „Fußmarschgruppe Süd" und stellte die Nachhut der gesamten Truppe dar. Ihren Weitermarsch trat sie am 31. August an, mit dem Befehl, bis zum 1. Oktober die deutsche Grenze zu erreichen. Ihr Kommando übernahm Elster.

Der Kontakt zwischen den einzelnen Abteilungen sollte unter allen Umständen aufrecht erhalten bleiben. Dennoch riss die Verbindung der einzelnen in einer Gesamtlänge von rund einhundert Kilometern vorwärts rückenden Marschkolonnen mit dem Oberkommando mehrmals ab. Vorsicht und Klugheit empfahlen, Kampfhandlungen auszuweichen, es sei denn, es bestand die Notwendigkeit zur Verteidigung, vor allem bei den ständigen, zu beträchtlichen Verlusten an Menschen und Material führenden Angriffen des *Maquis* und bei den Angriffen von alliierter Seite. Häufig erwiesen sich Nachtmärsche als notwendig, zumal die Luftüberlegenheit der Alliierten die Hoffnung auf wirksamen Schutz und auf Unterstützung durch die deutsche Luftwaffe nahezu ausschloss. Vielmehr war das Unternehmen, das eher einer mehr oder weniger improvisierten fluchtartigen Absetzbewegung in Großformat als einem geordneten Rückzug glich, stets feindlichen Attacken aus der Luft wehrlos ausgesetzt.

Die Männer, deren Wünsche sich einzig und allein auf die Befreiung aus ihrer gefährlichen Lage richteten und die nun mit diesem Ziel der Loire zustrebten, stellten eine armselige, ausgemergelte, zerlumpte, Hunger leidende Truppe dar. Zweifellos hatte Elster sie verstanden, und er respektierte ihre Absicht. Nachdem ihm die Erschießung französischer Geiseln durch ihm nicht unterstellte deutsche Einheiten bekannt geworden war, betrachtete er es als seine Pflicht, die Wiederholung solcher Vorfälle innerhalb seiner Zuständigkeit abzuwenden. Seinem ethischen Codex entsprach es, seiner Truppe auf ihrem zwei Wochen dauernden Marsch jedweden Übergriff gegenüber der französischen Zivilbevölkerung zu untersagen und jeder Versuchung, „verbrannte Erde" zu hinterlassen, zu widerstehen. Auch die Elster befohlenen Sprengungen unterblieben deshalb. Ja, er ließ dem Präfekten des Departementes *Indre* (Poitiers) in Châteauroux eine beträchtliche Geldsumme aus der Kriegskasse zukommen zur Milderung der von einer anderen deutschen Truppe auf ihrem Durchmarsch angerichteten Schäden. Ja, er scheute sich nicht, zur Ahndung von Kriegsverbrechen kriegsgerichtliche Entscheidungen herbeizuführen.

Elster hatte die Überzeugung gewonnen, dass eine bewaffnete Rückführung seiner Truppe über die Loire hinaus unmöglich geworden war. Den Übergang über den Fluss mit Waffengewalt gegen die ihn erwartende amerikanische Übermacht zu erzwingen, mag ihm als schiere Illusion vorgekommen sein, vor allem als unverantwortliches Spiel mit dem Leben seiner Leute.

Was nach Elsters Überzeugung blieb, war der Entschluss zu einer ehrenvollen Kapitulation. Das bedeutete bis zu deren Zeitpunkt im Besitz von Waffen und Gerät zu bleiben, – auch weil die Chance der Verteidigung gegenüber dem *Maquis* bis zuletzt gewahrt und die Kapitulation gemäß dem entschiedenen Willen Elsters nur vor der amerikanischen Truppe als dem regulären Kriegsgegner vollzogen werden sollte. Das war vor allem Ausdruck der Befürchtung beider Seiten, sowohl der Amerikaner wie auch Elsters, die Waffen von dessen Truppe könnten in kommunistische Hände geraten.

Die Modalitäten der Ergebung nach militärischen Regeln, also nach einem den ehrenhaften Charakter des Vorgangs bekräftigenden strikten Zeremoniell, waren zwischen Elster und dem amerikanischen Divisionskommandeur auf der Unterpräfektur von Issoudun am 10. September 1944 in allen Einzelheiten ausgehandelt worden. Der mit der Herstellung des ersten förmlichen Kontaktes mit Elster betraute, damals vierundzwanzigjährige amerikanische Leutnant Sam Magill bekundete noch in hohem Alter Respekt vor der menschlichen Größe und der souveränen Haltung des deutschen Generals.

Beaugency from the South, Joseph Mallord William Turner

Der in die Gefangenschaft führende Übergang der deutschen Truppe über die Loire vollzog sich bei Orléans, Mer und Beaugency. Die zentrale Rolle nahm der Übergang über die Brücke von Beaugency ein. Dort, am südlichen Brückenaufgang, traf die Truppe unter der Führung Elsters seit dem 16. September 1944 ein. Sie ergab sich vor der mit präsentiertem Gewehr salutierenden US-Einheit unter Niederlegung ihrer Waffen dem amerikanischen Gegner, dem Divisionskommandeur General Robert C. Macon. Eine eigens hierzu von der amerikanischen Seite organisierte Zählung erbrachte nach dem mehrere Tage dauernden Vorgang die Zahl von 18.850 Soldaten und 754 Offizieren. Was hier zur Erhaltung zahlreicher Menschenleben geschehen war, stellte einen Sieg der Humanität über blinden und menschenverachtenden Gehorsam dar.

Darüber urteilte das Reichskriegsgericht in unüberbietbarem Kontrast. Auf Veranlassung der deutschen Wehrmachtsführung wurde ein Strafverfahren gegen Elster eingeleitet, das die Anklageerhebung gegen ihn auslöste. In seiner Sitzung in Torgau verurteilte das Reichskriegsgericht Elster in Abwesenheit am 7. März 1945 zur Todesstrafe mit der Begründung, er habe mit seiner Kapitulation gegenüber der Notwendigkeit, im Kriege Opfer und Verluste in Kauf zu nehmen, „den Gedanken einer falsch verstandenen und gefährlichen Menschlichkeit" den Vorzug gegeben. Dagegen Elster: Er gehörte zu den Verfassern von Flugblättern, die zum Verzicht auf sinnlosen Widerstand aufriefen und aus amerikanischen Flugzeugen über Deutschland abgeworfen wurden. Das, was ihm in seinem Vaterland die Todesstrafe eintrug, sichert ihm in Frankreich bis auf den heutigen Tag Hochachtung und Anerkennung.

Abbildung mit freundlicher Genehmigung des Autors und des Verlages.

Elster erlebte während seiner Kriegsgefangenschaft, die er zunächst in einem Zwischenlager in England, dann in den USA, in dem Generalslager in Clinton, Mississippi, verbrachte, wegen seiner Haltung Anfeindungen und sogar Todesdrohungen von einigen im Banne der NS-Ideologie verharrender

Mitgefangener. „Kill the pie!" war der drohende Willkommensgruß, den ihm jene unbelehrbar fanatisierten Offizierskameraden damals entboten.

Jedoch erfuhr er durch einen von der deutschen Lagerführung eingesetzten Ehrenrat nicht nur Entlastung von allen Vorwürfen, sondern auch die Genugtuung, dass sein Entschluss zur Kapitulation als verantwortungsbewusst und ehrenhaft anerkannt wurde. Als ähnlich bezeichnend können die Umstände bei seiner Entlassung aus der Gefangenschaft im Februar 1947 gelten: Elster wurde nicht den sonst üblichen Beschränkungen für seine berufliche und politische Betätigung unterworfen.

Stich von R. Brandard nach dem Gemälde von
Joseph Mallord William Turner, 1833

Bei seiner Rückkehr zu seiner Frau und dem Sohn Welf traf Elster auf eine Fülle neuer Aufgabe. Seine Frau befand sich in schwieriger gesundheitlicher Verfassung, da sie körperlich und seelisch unter den Folgen einer Vergewaltigung durch Marodeure litt, deren Opfer sie in den Wirren der unmittelbaren Nachkriegszeit beim Einsetzen der französischen Besatzung geworden war. Zu den Beschwernissen dieser Zeit wie die Bewältigung von

Wohnungs- und Versorgungsproblemen gesellte sich die Sorge um eine neue berufliche Zukunft. Zu den der Versorgung seiner Familie gehörenden Tätigkeiten gehörten Übersetzungen von Werken klassischer Literatur, darunter Herman Melvilles „Moby Dick".

Vor allem überkamen Elster immer wieder Gefühle bitterer Enttäuschung. Wo auch immer er während des Krieges als Offizier Entscheidungen zu treffen hatte, waren sie dem Gebot der Menschlichkeit verpflichtet gewesen. Dafür erntete er, ein lauterer, vorbildlicher Charakter, der unerschrockene Gegner des NS-Systems, jetzt innerhalb der neuen, demokratischen Verhältnisse, selten die zu erwartende Anerkennung. In Böblingen, wo er am 24. Juni 1952 starb, fand er keine durchweg freundliche Aufnahme, da auch dort über seine humane Entscheidung vom September 1944 noch immer aus dem tief verwurzelten Geist des Kadavergehorsams geurteilt wurde. Das Entnazifizierungsverfahren, dem er sich zu unterwerfen hatte, endete 1948 mit dem hierbei besonders aussagekräftigen Urteil „entlastet". Darüber hinaus wäre ein Akt posthumer Wiedergutmachung längst geboten.

Dass der Vorgang von Beaugency die Beglaubigung historischer Authentizität durch den Einsatz von Filmkameras erhielt, verdankt sich der Entscheidung der Amerikaner. Für die USA stellte der so entstandene Film einen willkommenen Beitrag zur Hebung der Kriegsmoral an der Heimatfront dar. Er diente Barbara Dickenberger und Mike Conant als Grundlage für eine Filmdokumentation, die unter dem Titel „Ein deutscher Held. Die Kapitulation des Botho Henning Elster" von „Arte", Hessischer Rundfunk, am 21. Januar 2004 und erneut am 23. und 27. Februar 2005 ausgestrahlt wurde. Eine Darstellung aus französischer Sicht: Robert G. Dupuy, La capitulation de la colonne Elster. Victoire des Maquis de France – 10 septembre 1944 –, 1994. Zum Verständnis der Persönlichkeit Botho Henning Elsters liefert einen wertvollen Beitrag, der die subtile Paradoxie eines sich dem Militarismus samt dessen Bellizismus verweigernden Offiziers kenntlich macht, die Darstellung von Elsters Sohn Welf Botho Elster, Die Grenzen des Gehorsams. Das Leben des Generalmajors Botho Henning Elster in Briefen und Zeitzeugnissen, Hildesheim, Zürich, New York 2005. (Die Vorstellung des Buches und eine Würdigung der Persönlichkeit Botho Henning Elsters erfolgte 2007 durch die Stiftung Adam von Trott im Rahmen der „Imshauser Gespräche".) Ähnlich aufschlussreich die Spruchkammer-Akte zum

Entnazifizierungsvorgang Elster im Staatsarchiv Ludwigsburg (Signatur: EL 902/4 Bü 2845).

Martin Vogt

Torgau 25./26. April 1945

Auf deutsche Soldaten war Leutnant Alexander Kotzebue nicht gestoßen, als er mit einer Patrouille des 273. Infanterieregiments der US-Army am 25. April 1945 das Gebiet zwischen Mulde und Elbe erkundete. Da es hieß, sowjetische Truppen seien in der Nähe, hielt es der Leutnant als Nachfahre des ehemals umstrittenen deutsch-russischen Schriftstellers August von Kotzebue (ermordet 1819 von dem deutschen Nationalisten Karl Ludwig Sand) für angebracht, den direkten Kontakt zu ihnen aufzunehmen. Nahe dem Dorf Leckwitz sahen die Amerikaner einen einsamen Reiter, den sie in einem Hof verfolgten. „[...] inmitten einer zerlumpten Schar verschleppter Menschen, saß ein russischer Soldat auf einem Pferd. Es war jetzt 11.30 Uhr." Das war der erste Kontakt zwischen Angehörigen der Armee der Vereinigten Staaten und der Sowjetunion. Der Soldat war ein Kavallerist. „Er war ruhig und zurückhaltend und schien gar nicht begeistert." Mit Mühe gelang Kotzebue, begleitet von drei Soldaten seiner Patrouille, ans andere Elbufer, wo ihn zwischen 12.00 und 13.00 Uhr Oberstleutnant Alexander Gordejew, Kommandeur des 175. Garde-Schützenregiments, begrüßte. Doch der anwesende Kommissar der sowjetischen Truppe Karpowitsch drängte auf Kotzebues Rückkehr an das andere Ufer, von dem aus er noch einmal herüberkommen solle. Eine Dokumentation dieser ersten Elbüberquerung fand nicht statt. Erst die erneute Ankunft und Begrüßung diesmal in Kreinitz um 13.30 Uhr wurde zu Protokoll genommen. Danach fuhren Kotzebue und Patrouille weiter bis Burxdorf (jetzt Ortsteil von Bad Liebenau) zur Begegnung mit dem Stab der 58. Garde-Division. Dort, wo ein großes Kriegsgefangenenlager mit vielen sowjetischen Soldaten bestanden hatte, war bereits am 22. Mai vom russischen Ortskommandant ein provisorischer Stadtrat einberufen worden.

Ein wenig begeisterter Kavallerist und ein Kommissar, der zunächst die US-Soldaten wegschickt – beides deutet bei allererster Betrachtung auf einen geringen Grad von Gemeinsamkeit bei diesen Alliierten hin zu einem

Zeitpunkt, als das Ende des Krieges und die Vernichtung des nationalsozialistischen Deutschlands bevorstand. Unter anderem meldete der deutsche Wehrmachtsbericht vom 25. April 1945: „Während die Amerikaner an der Mulde und an der Elbe weiterhin verhielten, erreichten sowjetische Angriffsspitzen die Elbe zwischen Riesa und Torgau." Dahinter verbarg sich die unausgesprochene Wahrscheinlichkeit einer baldigen Landverbindung der Westalliierten mit der Roten Armee und damit die militärische Teilung Deutschlands.

Die deutsche Bevölkerung zweifelte, so der letzte Lagebericht des Gestapo im März 1945, am Sinn weiteren Kämpfens. In die nunmehr offene Kritik an der deutschen Führung wurde auch der „Führer" einbezogen, der „gealtert, gebeugt, zitternd und offenbar von Injektionen abhängig" im Führerbunker in Berlin saß. Hitler wollte mit militärischen Verbänden, die dazu weder personell stark genug, noch waffentechnisch genügend ausgerüstet waren, Berlin verteidigen und die sowjetischen Armeen zurückwerfen. Bestärkt von Anhängern wie Goebbels hoffte Hitler auf ein Wunder: dass eine Entsatzarmee die Russen von Berlin vertreiben oder dass der Einsatz von Strahlenjägern die entscheidende Krisenlösung bringen werde. In der

Führerweisung vom 15. April 1945 kehren Floskeln wieder, die die nationalsozialistische Kriegspropaganda begleitet haben: Gegen „Asiaten" und „jüdischen Bolschewismus" werde Krieg geführt und bei soldatischer Pflichterfüllung werde „der letzte Ansturm Asiens zerbrechen" und dann auch „der Einbruch unserer Gegner im Westen". Die Erwähnung der Westalliierten wirkt nebensächlich. Selbst unter dem Eindruck der unmittelbar bevorstehenden Landverbindung zwischen den Alliierten gab es aber immer noch Fanatiker, die an den vollen Inhalt von Hitlers Parole glaubten. „Berlin bleibt deutsch, Wien wird wieder deutsch und Europa wird niemals russisch".

Über das Ausmaß von Kooperation und Konfrontation zwischen den Alliierten bestand auf deutscher Seite keine rechte Vorstellung. Goebbels, der schon bei der Meldung des Todes von US-Präsident Roosevelt (12. 4. 1945) auf die Legenden preußischer Geschichte verwiesen und einen deutschen Sieg beschworen hatte, fabulierte über ein deutsch-sowjetisches Bündnis nach weiteren zwei Wochen des fortgesetzten Kampfes am 25. April 1945 in einer Lagebesprechung: „In einer ähnlichen Situation hat ja Friedrich der Große auch einmal gestanden. Auch er bekam durch die Schlacht von Leuthen wieder seine ganze Autorität zurück." Bei dieser Gelegenheit meinte Hitler, ein von ihm bewirkter Rückschlag der Sowjets vor Berlin werde bei den Westalliierten zu der Einsicht führen, „daß es nur einer sein kann, der dem bolschewistischen Koloss Einhalt zu gebieten in der Lage ist, und das bin ich und die Partei und der heutige Staat." Es ist auffällig, dass Hitler und Goebbels mit keiner Silbe die Konzentrationslager erwähnen, die – wie Auschwitz, Bergen-Belsen, Buchenwald oder Dachau – von Soldaten der Alliierten befreit worden waren. Hitler und Goebbels scheinen jedoch in Momenten von Höhepunkten ihrer illusionären Zukunftsvisionen geglaubt zu haben, die Gesamtverbrechen des nationalsozialistischen Deutschlands würden im erhofften Konfliktfall beiseitegeschoben und vergessen, während Hitler in seiner letzten Führeranweisung (15. April 1945) Roosevelt, den „größten Kriegsverbrecher aller Zeiten" nannte.

Zu diesem Zeitpunkt bestand auf amerikanischer Seite die Besorgnis, es gebe als Schwerpunkt letzten militärischen Widerstands eine deutsche „Alpenfestung". Daher hatte sich der Oberbefehlshaber der Westalliierten Dwight D. Eisenhower entschlossen, nicht mehr von Leipzig aus weiter ostwärts vorzudringen, sondern gegen diese potentiellen Befestigungen vorzugehen und der Roten Armee Einkreisung und Eroberung Berlins zu überlassen. Einheiten der 1. Ukrainischen Front unter Marschall Konew waren von Berlin abgezogen und im Raum Bautzen in Kämpfe verwickelt. Konfrontationen der Alliierten waren daraus nicht abzuleiten. Hitler hatte die 12. Armee unter General Walther Wenck dazu ausersehen, die sowjetischen Truppen in der Schlacht um Berlin zu besiegen und damit die Kriegswende herbeizuführen. Doch die Verbände der Armee Wenck waren personell schwach und materiell den Gegnern völlig unterlegen. Wenck ließ, um Schlagkraft zu erhalten, die Einheiten seiner Armee zusammenführen und räumte dafür militärisch das Gebiet zwischen Mulde und Elbe. Die US-Truppen konnten hier kampflos vorgehen, während die sowjetischen Soldaten auf der anderen Uferseite in Gefechte gerieten. Die Elbbrücke bei Riesa war von Flüchtlingen und sich zurückziehenden deutschen Wehrmachtsangehörigen derart überlastet, dass eine Pontonbrücke über die Elbe bei Lorenzkirch geschlagen werden musste. Deshalb befanden sich auf den Elbwiesen zwischen Riesa und Lorenzkirch Flüchtlinge, die diese Pontonbrücke erreichen wollten. Jedoch am 22. und 23. April 1945 kamen Flüchtlinge, aber auch Einheimische, durch Gefechte ums Leben, da sie in das Artillerie- und Maschinengewehrfeuer zwischen sowjetischen und deutschen Truppen gerieten. Die Zahl der toten Zivilisten soll bei 400 gelegen haben. Dabei blieb es nicht. Über die Pontonbrücke drängten Soldaten und Flüchtlinge nach Westen. Aber bei der deutschen Wehrmacht bestand die Sorge, diese Brücke könne von den sowjetischen Truppen überschritten und damit zum schnellen Vorstoß in den Westen benutzt werden. Daraufhin wurde die Brücke gesprengt, obwohl sich an die 400 Zivilisten auf ihr befunden haben. Zuvor scheint es keine Warnung gegeben zu haben.

Die Toten, die auf dem Land und aus dem Fluss zusammengetragen worden waren, lagen von den sowjetischen Soldaten mit weißen Tüchern bedeckt, aber unverkennbar, auf den Elbwiesen, als Leutnant Kotzebue die Elbe überquerte. Der Anblick muss erschreckend gewesen sein. Möglicherweise wollte Karpowitsch Diskussionen über die Gefechte bei Lorenzkirch vermeiden; vielleicht aber hatte er sofort erkannt, dass neben den Toten eine geräuschvolle Freudenfeier nicht angebracht sei. Der einsame sowjetische Kavallerist in Leckwitz hatte sich wahrscheinlich zurückgehalten, weil er keine Vorstellung besaß, wie er sich gegenüber den „kapitalistischen" Verbündeten zu verhalten habe. Karpowitschs Entscheidung, die „erste" Begegnung zeitlich und vom Ort her zu verschieben, war wohl eine Form von Stil. Beides weist aber nicht auf bis in die alliierten Armeen reichende tiefgehende Differenzen hin, wie sie im Berliner Führerbunker erhofft wurden. Die erste nicht dokumentierte Begegnung Kotzebues mit Gordejew trat hinter der zweiten offiziell anerkannten zurück. Diesmal war in den Elbwiesen ein Platz gefunden worden, der nicht an die Katastrophe der Brückensprengung erinnerte.

Allerdings gab es noch eine zweite Patrouille des Infanterieregiments 273, die von Leutnant William Robertson befehligt wurde. Diese Patrouille sollte die Flüchtlinge beobachten. Unterwegs traf sie auf deutsche Soldaten, die die Waffen abgelegt hatten und keinerlei Hindernis darstellten, sondern den Amerikanern zuwinkten. Auch Robertson fuhr weiter als vorgesehen war und erreichte am 25. April nachmittags die ehemalige Festungsstadt Torgau, die als Gefängnis- und Hinrichtungsort für deutsche Soldaten im 2. Weltkrieg einen furchtbaren Ruf erhalten hatte. Die Stadt war inzwischen von den Russen besetzt worden. Robertson gab sich als Amerikaner den sowjetischen Soldaten am anderen Ufer zu erkennen und durfte mit seinen Leuten die zerstörte Elbbrücke betreten, auf der sie der sowjetische Leutnant Alexander Silwaschko und seine Rotgardisten herzlich begrüßten. Die Lücke zwischen den Alliierten war nun eindeutig geschlossen. Bei amerikanischen wie sowjetischen Soldaten herrschten Freude und Sicherheit, dass der Krieg nun bald beendet sein werde. Von Feiern und Verbrüderungen am 25. April scheinen keine Bilder überliefert zu sein. Die Begrüßungen in Torgau, der Austausch von Zigaretten (und Getränken) zwischen den amerikanischen und sowjetischen Soldaten, die allgemeine Hochstimmung hat in nachgestellten Szenen und Bildern vor allem das amerikanische Special Film-Team 186 aufgenommen. Für diese Stimmung war Torgau angemessener als die Elbwiesen bei Lorenzkirch. Außerdem war Torgau besser zu erreichen. Differenzen zwischen den Alliierten lassen sich aus den vielfach wiedergegebenen Bildern nicht ablesen. Die Kommandeure der 69. US-Infanterie-Division (Emil F. Reinhardt) und der 5. Garde-Armee (Aleksei Zhadow) trafen sich am 26. April 1945 am Vor- und am Nachmittag, nachdem sie zunächst wohl ohne Weisungen für ihr Verhalten gegenüber den

Alliierten Zurückhaltung geübt hatten. Auch wenn die Bilder vom amerikanisch-sowjetischen Handschlag nachgestellt sind, dürfte die freudige Stimmung des Vortages während der Aufnahmen noch bestanden haben. Sie klingt nach im Bericht der amerikanischen Militärzeitung „Stars and Stripes": „Die amerikanische und die russische Armee trafen sich 75 Meilen südlich von Berlin, wodurch sie Deutschland halbiert und den letzten Spalt zwischen der Ost- und Westfront geschlossen haben. Das Treffen, das gestern gleichzeitig in Washington, Moskau und London bekanntgegeben wurde, geschah um 16.40 Uhr in Torgau, am Fluss Elbe ... Die russischen Soldaten lassen sich am besten wie folgt beschreiben: Sie sind genau solche Menschen wie die Amerikaner ... Die überschäumende Freude erfasst uns, eine große neue Welt tut sich auf ..."

Die Hoffnungen von Hitler und Goebbels, es werde ein Zerwürfnis bei den Alliierten geben, die zu einem Bündnis der USA und Großbritanniens mit einem nationalsozialistischen Deutschland führen werde, blieben Illusionen. In gleichlautenden Erklärungen versicherten die Regierungen in London, Washington und Moskau gemeinsam das nationalsozialistische Deutschland vernichtend zu schlagen und das zeigte sich: Berlin war am 26. April eingeschlossen worden. Das oberste Hauptquartier der Alliierten, SHAFE, ist am gleichen Tag 1945 von Paris nach Frankfurt am Main verlegt worden. Das geschah unabhängig vom „Handschlag in Torgau", verdeutlichte aber die realen militärischen Verhältnisse, die von der Begegnung der sowjetischen mit der US-Armee deutlich unterstrichen worden sind. Obgleich das alliierte Bündnis bald in Differenzen unterging und sich zum „Kalten Krieg" wandelte, blieb die Begegnung von Torgau im Bewusstsein der Miterlebenden lebendig. Einige Denkmale entlang der Elbe zwischen Riesa und Torgau verweisen auf die ersten Berührungen amerikanischer und sowjetischer Soldaten. Es löste allerdings in Kreinitz geradezu Empörung aus, dass die Stadt Torgau das Erstbegegnungsrecht für sich beanspruchte und dort ein Denkmal errichtet wurde mit der Inschrift: „Hier an der Elbe vereinigten sich am 25. April 1945 die Truppen der 1. Ukrainischen Front der Roten Armee mit den amerikanischen Truppen." Auch auf dem Militärfriedhof in Arlington wird auf dieses Ereignis verwiesen. Die amerikanische Armee begeht den 25. April als „Elbe-Day". Im Jahr 1995 sind Robertson und Silwaschko zu Ehrenbürgern Torgaus ernannt worden.

Zehn Jahre zuvor war Josef Polowsky in Torgau beigesetzt worden. Er hatte der Patrouille des Leutnant Kotzebue (später Oberst in der US-Army) angehört und war von der selbst miterlebten Torgauer Begegnung amerikanischer und sowjetischer Truppen derart beeindruckt, dass er sich – allerdings vergeblich – dafür einsetzte, die UNO solle den 25. Februar zum Weltfriedenstag erklären. Torgau, Kreinitz, Lorenzkirch – diese Ortsnamen dokumentieren das nahe Ende des NS-Staates.

Reinhold Lütgemeier-Davin

Keine besonderen Vorkommnisse. Die Glienicker Brücke als Symbol des Kalten Krieges

Kuriositäten

Die Glienicker Brücke war vier Jahrzehnte lang in mehrfacher Hinsicht ein Kuriosum: 1. Sie wurde scharf bewacht, um zu verhindern, dass sie ihre eigentliche verbindende Funktion erfüllen konnte. Ein bedeutsames Bindeglied der fast 1400 km langen Fernstraße 1 (ab 1934 Reichsstraße 1) zwischen niederländischer und litauischer Grenze, von Aachen über Berlin und Königsberg nach Eydtkau, war gekappt, zudem war die wichtigste regionale Straßenverbindung zwischen Potsdam und Berlin unterbrochen. 2. Neben dem geographisch begründeten Namen „Glienicker Brücke" führte sie seit 1949 den Namen „Brücke der Einheit", obgleich ihr Funktionsverlust augenfällig die Ideen von (nationaler) Einheit und (Reise-)Freiheit konterkarierte. 3. Sie trennte ein als Gesamtkonzept geplantes Landschaftsensemble durch Schlagbaum, Sperren, Barrieren, Signalanlagen, Drahtzäune und Mauerblöcke in zwei Teile, war streng kontrolliert von Zoll, Mitgliedern des Ministeriums für Staatssicherheit und dem KGB auf der einen, eher gelangweilt und lasch beobachtet von Westberliner Polizisten auf der anderen Seite. 4. Eine Schlösser- und Landschaftsidylle wurde zum öden Ort, zu einem heruntergekommenen Schandfleck, zu einem stummen Zeugen für den politischen Zustand zwischen zwei verfeindeten Systemen, zum Bollwerk, an dem sich zwei unversöhnliche, waffenstarrende Welten ihre Verachtung gegenseitig zeigten. 5. Ihre geopolitische Lage war merkwürdig: der Osten lag im Westen (Potsdam), der Westen im Osten (West-Berlin). 6. Die Straßennamen, die von Potsdam über die Berliner Vorstadt zu ihr führten, waren Ausdruck der Zeitläufte: Die Königsstraße wird zur Stalinallee und schließlich zur Berliner Straße. Auf der Seite von Berlin-West blieb der alte Name Königsstraße, republikanischen Umwälzungen zum Trotz, bis heute bestehen.

Die Brücke – ursprünglich Teil eines landschaftlichen Gesamtkonzepts

Bis zur Teilung Deutschlands verband die Brücke zwei Residenzstädte, dies an einer besonders markanten Stelle an der unteren Havel: inmitten einer weitläufigen Parklandschaft und einem Ensemble bezaubernder und gepflegter Landsitze, die durch Sichtachsen aufeinander bezogen waren. Konzipiert von einem so herausragenden Landschaftsplaner wie Peter Lenné, von berühmten Architekten wie Ludwig Persius, Karl Friedrich Schinkel, Friedrich August Stüler, Christian Daniel Rauch – und all das unter der Protektion preußischer Könige. Die Landsitze: individuell gestaltet mit Bezug zur sie umgebenden Landschaft, mit sparsam eingesetzten historisierenden Stilmitteln, nahezu schmucklos in den Außenfassaden und doch wohl proportionierte kubische Baukörper mit flachen Pult- und Satteldächern – eine Reverenz gegenüber arkadischen Ideallandschaften.

Noch Mitte des 17. Jahrhunderts war das Gebiet um die nachmalige Glienicker Brücke weitab von urbaner Zivilisation. Durch eine hölzerne Pfahlbrücke über die Havel mit aufklappbarem Schiffsdurchlass wurde schließlich ein lichtes Waldgebiet erschlossen, das für die Parforcejagd genutzt wurde. Viele Jahrzehnte war die Brücke nur von lokalem Belang, selbst als sie durch eine neue Holzbrücke ersetzt wurde. Seit 1753/54 allerdings kam ihr durch die Einrichtung der Journalière, einer täglichen Postverbindung zwischen Berlin und Potsdam, eine größere Bedeutung zu und sie rückte beide Residenzstädte näher beieinander. Zugleich bot sie jenen Gelegenheit zur Desertion, die dem Drill militärischer Ausbildung im Zentrum des preußischen Militarismus entfliehen wollten. Diese Elenden trafen allerdings auf ähnlich Elende, die den Brückenübergang zu bewachen hatten: invalide Soldaten, „Ausrangirte", oft kaum der Schriftsprache mächtig, die mit hohem bürokratischen Aufwand Ausweispapiere zu kontrollieren pflegten, um Desertionen zu verhindern.

Einen Bedeutungsschub erhielt die Havelquerung ab 1795 durch den Bau einer wetterfesten Musterchaussee zwischen Berlin und Potsdam, die es künftighin erlaubte, eine Reisegeschwindigkeit von zehn Stundenkilometern zu erzielen.

Prachtvoll und zum Teil einer sich rasant wie geplant entwickelnden Schloss- und Parklandschaft gestaltete Karl Friedrich Schinkel 1834 eine steinerne Brücke, die durch die Tochter des preußischen Königs Friedrich

Wilhelm III., die russische Zarin Alexandra Feodorowna, feierlich eingeweiht wurde. Erstmals wurde hierbei für ein technisches Bauwerk die Sichtziegelbauweise angewendet; sie war Ausweis der Leistungsfähigkeit preußischer Baukunst. Die Schlösser Klein-Glienicke, Glienicke und Babelsberg, die Pfaueninsel, der als Rundtempel nach antikem Vorbild konzipierte Aussichtspavillon „Große Neugierde" unmittelbar auf der Berliner Seite der Brücke, eine hügelige Landschaft mit künstlichen kleinen Seen und Wasserfällen, mit Springbrunnen, Putten und Statuen, einheimischen Baumarten wie südländischen Gehölzen ergab ein harmonisches Ganzes, nah und fernab zugleich von städtischer Hektik wie vorindustriellem Lärm und Smog. Von hier aus konnte die reichere Bevölkerung zu Vergnügungsfahrten zur Heilandskirche in Sacrow, zur Pfaueninsel, über den Tiefen See, den Griebnitzer See und den Jungfern-See aufbrechen. Auch die neue Brücke behielt eine Kontrollstelle. Freizügigkeit blieb den Soldaten verwehrt, kostenfreie Durchfahrt nur den Händlern und Kaufleuten vorbehalten.

Dem überregionalen Bauvorhaben, dem Bau des Teltowkanals als zeitsparender südlicher Umgehung Berlins mit dem Schiff (1901–1906), musste die Schinkelsche Brücke mit ihren zu engen Jochen einer Stahlfachwerkträgerbrücke weichen (1907). In Form einer Hängebrücke nach Entwürfen des Oberbaurats Eduard Fürstenau von der Firma Johann Caspar Harkort in Duisburg gefertigt, bot sie nun Schiffen mit größerer Tonnage Durchlass. Filigranes Stahlfachwerk ruhte auf einem monumental ausgebildeten steinernen Unterbau mit vier Strompfeilern. Mit 146 m Länge und fast 23 m Breite genügte sie dem wachsenden Verkehr.

Die Widerlager an den Ufern wurden auf runden bastionsartigen Brückenköpfen mit Aussichtsterrassen gestaltet; von ihnen führten breite Treppen zum Ufer hinab zu den Anlegeplätzen der Vergnügungsdampfer. Die neue Brücke, repräsentativer Ausweis deutscher Ingenieurbaukunst, des industriellen Aufschwungs am Beginn des 20. Jahrhunderts, mithin auf der Höhe der Technik der Zeit, wurde immerhin durch Beiwerk an den Uferseiten in die inzwischen gewachsene Parklandschaft eingebettet: dekoriert mit Nixen und Tritonen im neobarocken Stil auf den Brückenlagern, halbrunden Kolonaden auf Potsdamer Seite als Gestaltungsmittel, um die Zufahrt zu den königlichen und kaiserlichen Schlössern anzukündigen. Die kühn-kühle Stahlkonstruktion des Brückenbauwerks verwies auf industriellen Fortschritt. Die sie umgebende Landschaft bot dabei nach wie vor hinreichend Muße und Erquickung für jene Bürger, die sich jenseits der Metropole Berlin in der Sommerfrische ergehen wollten.

In der Zwischenkriegszeit war die Straße über die Glienicker Brücke zu einer stark frequentierten Verkehrsader geworden. Das Brückenbauwerk, bevorzugtes Ziel von Ausflüglern, erlaubte melancholische Gedanken wie sehnsuchtsvolle Blicke über die Havel.

Der UFA-Film „Unter den Brücken" von Helmut Käutner nutzte die Glienicker Brücke als Filmkulisse, kurz bevor sie von der Wehrmacht in den letzten Kriegstagen in einer strategisch sinnlosen Verteidigungsmaßnahme durch Sprengung teilzerstört wurde. Er wurde ein poetisch anrührender wie künstlerisch hervorragender sog. „Überläufer-Film": noch in der Zeit des Nationalsozialismus produziert (1944), aber erst nach dem Zweiten Weltkrieg uraufgeführt (1946). Filmisch hält er die inzwischen zerstörte Idylle um die Glienicker Brücke fest, die in der unmittelbaren Nachkriegszeit durch eine hölzerne Notbrücke behelfsmäßig ersetzt werden musste.

Die Brücke wird zum Symbol des Kalten Krieges

Ihre Lage gibt einen Hinweis darauf, weshalb die Glienicker Brücke in der Zeit des Kalten Krieges ihre wichtige Funktion als Verkehrsweg über die Havel einbüßte: 20 Minuten Fußweg in Richtung Nordwesten liegt das Schloss Cecilienhof, 1 Stunde und 20 Minuten Fußweg in Richtung Nordosten das Haus der Wannseekonferenz. Mit dem Auto sind beide unmittelbar aufeinander bezogenen Orte heute ungefähr gleich schnell erreichbar – nach dem Mauerfall und der Öffnung der Grenze 1989.

Die Großen Drei besiegelten im Cecilienhof im Juli/August 1945 das Ende des Zweiten Weltkrieges, legten die Grundlagen für eine Nachkriegsordnung und damit auch für die spätere Teilung Deutschlands, ja für den Kalten Krieg. Im Haus der Wannseekonferenz wurde im Januar 1942 die systematische Ermordung der europäischen Juden vereinbart – ein barbarischer Beschluss, der es den demokratischen Staaten umso dringlicher machte, das nationalsozialistische Deutschland zu einer bedingungslosen Kapitulation zu zwingen, die Zerschlagung vom preußisch-deutschen Militarismus und Nationalsozialismus zum zentralen Kriegsziel zu erheben. Auf den totalen Krieg folgte die totale Niederlage mit einer Verkleinerung und Zerstückelung Deutschlands. Zwei imperiale Staaten mit diametral entgegengesetzten Ordnungsmodellen und konträren Ideologien bestimmten fortan die Geschicke in Deutschland. Ihre Armeen hatten den Hitler-Staat zertrümmert. Nun standen sie einander waffenstarrend in einem eingefrorenen latenten Konflikt gegenüber.

In den letzten Wochen des heißen Krieges noch zerstört, büßte die Glienicker Brücke im Kalten Krieg schließlich ihre Funktion als Flussüberführung ein. Zurück blieb ein bauliches Konstrukt, das die Zerschlagung Preußens sinnfällig machte. Die zwischen Ost und West durch einen weißen Strich inmitten der Havel geteilte Brücke scheidet willkürlich wie bewusst ein aufeinander bezogen konzipiertes Landschafts- und Villenensemble. Durchschnitten wurde ein Gebiet, das hauptsächlich von jenen Kreisen in Besitz genommen worden war, die die Reichskanzlerschaft Hitlers und den Zweiten Weltkrieg zu verantworten hatten, Kreise aus Adel, der Hochfinanz, dem begüterten Bürgertum (Geldadel), die in sündhaft teuren Villen rund um die Glienicker Brücke residierten – mit einem Hang zu Protz, Prunk, Monumentalität und Mondänität. Diese Villen befanden sich hauptsächlich auf Potsdamer Seite, nunmehr im Sperrgebiet. Sie blieben fortan vernachlässigt, verfielen, verkamen zu Ruinen. „Auferstanden aus Ruinen" war allein die Glienicker Brücke, ohne fortan freilich tatsächlich „der Zukunft zugewandt" zu sein. Aus finanziellen Gründen wurde die alte Stahlkonstruktion mit Kränen aus der Havel gehoben, wiederaufgerichtet, repariert und in einem zynisch anmutenden Akt bald nach der doppelten Staatsgründung im Dezember 1949 mit frischem Anstrich wiedereröffnet. Auf Beschluss der Potsdamer Landesregierung sollte sie künftig „Brücke der Einheit" heißen, „eine ständige Verpflichtung […], die Einheit im Block der antifaschistischen Parteien und Organisationen weiter zu festigen und auszubauen." In Wirklichkeit aber wurde die Brücke ihrem neuen Namen nur dadurch gerecht, dass sie als einheitliches Bauwerk von der DDR aus verwaltet wurde. Tatsächlich symbolisierte sie aber die deutsche Teilung. Die „Brücke der Einheit" behielt im Westen ihren geographisch bestimmten Namen „Glienicker Brücke".

Ab Mai 1952 konnte man nur noch mit Sondergenehmigung oder als Angehöriger einer alliierten Militärmission vom West- in den Ostteil (oder umgekehrt) gelangen. Die GÜST Glienicker Brücke, wie es im DDR-Jargon hieß, war nun nicht mehr als eine Grenzübergangsstelle für wenige privilegierte Militärangehörige. Irgendwie kafkaesk mutete die Brücke an. Zwar verirrten sich von West-Berliner Seite Touristen „zu dieser unwegsamen Höhe" und sie war als Brücke (mit unterschiedlichem Namen) auch „in den Karten" eingezeichnet, aber: sie lag da. „Ohne einzustürzen kann keine einmal errichtete Brücke aufhören, Brücke zu sein." Mit dem Versprechen als Brücke, zerrissene Teile zu verbinden, war sie demungeachtet Teil des sog. „antifaschistischen Schutzwalls" geworden, Bollwerk gegen einen als imperialistisch und protofaschistisch wahrgenommenen kapitalistischen und dekadenten Westen.

Städtebaulich blieb während der Zeit der deutschen Teilung das Gebiet um die Brücke vernachlässigt. Zwei Bauwerke diesseits und jenseits der Grenze mögen dies verdeutlichen:

Die Villa Schöningen, unmittelbar an der Glienicker Brücke auf Potsdamer Seite gelegen, wurde vom „Freien Deutschen Gewerkschaftsbund" der DDR zum Kinderwochenheim umgewidmet, Teile des Gebäudes verfielen und wurden abgerissen; der Gesamtkomplex schaffte zwar 1987 die Aufnahme in die Bezirksdenkmalliste Potsdams, bis zur Maueröffnung blieb allerdings der Bau schäbig, sah heruntergekommen und abgewirtschaftet aus. Mit beachtlicher zeitlicher Verzögerung wurde die Villa 1999 umfassend renoviert, nachdem sie in das Eigentum der Nachfahren der ehemaligen Besitzer rückübertragen worden war.

Erst ab 1977 wurde das Lustschloss Glienicke und sein Park auf West-Berliner Seite, im Weltkrieg und der Nachkriegszeit stark betroffen, unter denkmalpflegerischen Gesichtspunkten von Grund auf saniert.

Die Brücke – ein Objekt, das Ressentiments, antikommunistische wie antikapitalistische, befeuern konnte. Angeblich riegelte die Mauer die Keimzelle des preußisch-deutschen Militarismus hermetisch vom Freiheit liebenden Arbeiter- und Bauernstaat ab, der sich als Sachwalter des demokratischen Erbes deutscher Geschichte begriff. Diejenigen, die ein Inseldasein (mit Ausreisemöglichkeit) fristeten, begriffen indes die DDR als ein großes Konzentrationslager mit Stacheldraht und Schießbefehl, mit zackigem Gleichschritt seiner Volksarmee, die militaristisches Auftreten in antifaschistisches Pathos umzufälschen versuchte. – Der Blick vom Osten in den Westen (der der Osten war) wiederum reizte zur eigenen Selbstbestätigung, im besseren, demokratischen, freiheitlichen System zu leben und jene „nach drüben" zu schicken, die gesellschaftliche Veränderungen in der Bundesrepublik wie West-Berlin einforderten. Der Blick über die Grenze blieb der besondere Kick, um sich in eigenen Vorurteilen und Selbstvergewisserung zu weiden. Über das Unrechtsregime in Pankow ließ sich genüsslich und zweifelsohne mit Berechtigung schimpfen; verdrängen konnte man dabei aber auch das nationalsozialistische Unrechtsregime, das verantwortlich war für dieses „Deutschland, o zerrissen Herz".

Hier, an der Glienicker Brücke, war Deutschland sinnfällig zerrissen. „Brücke der Einheit" und „Glienicker Brücke", getrennt durch einen weißen Strich in Flussmitte, waren bestenfalls durch Westdeutsche und West-Berliner mit Passierschein und Visum nach langwierigen Prozeduren und Umwegen erreichbar.

Konnte die Entfernung zwischen Berlin und Potsdam im 17. Jahrhundert mit einer Kutsche noch in sechs bis acht Stunden bewältigt werden, so mussten Westbesucher mit Visum im 20. Jahrhundert immerhin einige Stunden einplanen, um von der Ostseite zur Westseite der Brücke zu gelangen.

„You are leaving the American Sector", warnte und kündete zugleich zuversichtlich eine große Tafel auf West-Berliner Seite. Eine Tafel als Farce, denn verlassen konnte ein normaler Bürger den amerikanischen Sektor an dieser Stelle gar nicht.

Von Wannsee musste man mit der S-Bahn zum Grenzübergang Friedrichstraße in Berlin-Mitte gelangen (ohne Mitnahme westlicher Druckerzeugnisse!), mit der Ringbahn über Alexanderplatz zum Bahnhof Potsdam, von dort mit der Straßenbahn und erneutem Umsteigen zur Berliner Vorstadt Potsdams fahren. Die Brücke selbst, im militärisch sensiblen Sperrgebiet, blieb allerdings auch nach dieser beschwerlichen Fahrt unerreichbar, denn sie konnte nur von Anwohnern oder von Personen mit Sondergenehmigung betreten werden. Auf den in der DDR herausgegebenen Stadtplänen Potsdams und Ost-Berlins waren die Straßen der „selbständigen politischen Einheit Westberlin" nur als weiße oder gelbe Flächen abgebildet, nicht-existent, ohnehin außerhalb der Reichweite, bestenfalls als Gebiet sehnsuchtsvoller Verheißung in Träumen vorhanden, befördert von Westmedien, die ein Bild der schönen neuen Wessi-Welt virtuell vermittelten. Dem überwiegenden Teil der DDR-Bevölkerung war nur diese medial-virtuelle Ausreise in den Westen möglich. Real endete ihre Reise meist vor dem „Tränenpalast" Friedrichstraße: Hier wurden Tagesbesucher aus dem Westen oft tränenreich „in die Freiheit entlassen".

Mauertote und Mauerspringer

Mindestens 136 Maueropfer in der Zeit zwischen Mauerbau und Maueröffnung sind zu beklagen: (Die genaue Zahl der Opfer ist in der Forschung immer noch strittig.) Fluchtwillige; Menschen, die ohne Fluchtabsicht verunglückten oder erschossen wurden; im Dienst getötete Grenzsoldaten. Eine düstere Bilanz. Unstrittig: Ergebnis eklatanter Verletzung elementarer Menschenrechte durch die Staatsführung der DDR und deren Grenzorgane als ihre Handlanger. Die Opfer: keine Helden, mitunter Verzweifelte, Übermütige, Kurzentschlossene, Wankelmütige, Bedachtsame, Verbissene, Furchtlose, Menschen zur falschen Zeit am falschen Ort. Es scheint fast unmöglich, die Maueropfer sachgerecht und für jedermann überzeugend zu kategorisieren.

Nacht vom 7. auf den 8. Juli 1962 in Nähe des Sperrgebiets. Herbert Mende, wie viele seiner Altersgenossen ein feierfreudiger junger Mann. Angetrunken verlässt er nach Mitternacht das Potsdamer Jugendclubhaus „John Schehr", um mit einem Bus nach Hause zu fahren. (Der Namensgeber des Clubs, Nachfolger Thälmanns als Vorsitzender der KPD, wurde am 1.2.1934 von Nationalsozialisten unweit der Glienicker Brücke „auf der Flucht" erschossen!) Nach einer Ausweiskontrolle des auffällig torkelnden Mannes durch Volkspolizisten läuft er, wahrscheinlich unbedacht, in Richtung des herannahenden Busses und wird, nach einem Warnschuss, zweimal gezielt in den Rücken geschossen. Jahrelang ein Pflegefall, stirbt er am 10. März 1968 an den Spätfolgen sinnlosen, unverantwortlichen Schusswaffengebrauchs. Selbst ohne Fluchtabsicht und ohne Tollkühnheit konnte man im Grenzgebiet der DDR zum Opfer unverhältnismäßiger Staatsgewalt werden.

19. November 1962. Die Bonner Koalitionskrise wegen der „Spiegel-Affäre" hat ihren Höhepunkt erreicht. Der 23-jährige Horst Plischke versucht das eiskalte Wasser der Havel nördlich der Glienicker Brücke Richtung West-Berlin zu durchschwimmen, wird von Grenzsoldaten entdeckt, beschossen, nicht getroffen, erreicht das rettende Ufer aber dennoch nicht. Erst am 16. März 1963 wird seine Leiche am Ufer des Jungfernsees von DDR-Grenzsoldaten geborgen. 32 Jahre später, 1994, werden Dokumente entdeckt, die über das Schicksal des Ertrunkenen Gewissheit geben. Den-

noch kennen wir nur dürftige Lebensdaten; seine Lebensumstände und seine Fluchtmotive lassen sich nicht aufklären.

9. Dezember 1987. Zwei junge Männer scheitern bei ihrem Versuch, mit einem PKW die Grenzsperren an der Glienicker Brücke zu durchbrechen.

10. März 1988. Drei tollkühnen Männern gelingt es mit einem LKW alle Grenzsperren zu überwinden und unversehrt West-Berliner Territorium zu erreichen. Das Motiv des einen: Liebeskummer. Er sehnt sich nach seiner Frau, die bei einem Verwandtenbesuch in der Bundesrepublik geblieben ist.

Der Mythos „Agentenbrücke"

Die Staatsgrenze der DDR, ein weißer Strich auf der Brückenmitte, immer wieder akkurat getüncht, wurde nur selten fußläufig überschritten. Hier entstand der Mythos von der „Bridge of spies" – ein Mythos, der bis heute fortwirkt. Ein Mythos, im kollektiven Gedächtnis verankert, oft medial vermittelt, glorifiziert oder verfälscht eine Begebenheit, erhebt aber zugleich den Geltungsanspruch auf Wahrheit.

Ende November / Anfang Dezember 2014 wurde die Glienicker Brücke zur schier unüberwindlichen Staatsgrenze, zum Sperrgebiet – für drei Tage. Der Verkehr wurde weiträumig umgeleitet, Buslinien wurden verlegt, Panzersperren errichtet, Stacheldraht gezogen, die Brücke in Kunstschnee gehüllt, Staatswappen wie Fahne der DDR mit Hammer und Sichel kündeten vom längst obsolet gewordenen Souveränitätsanspruch des „anderen Deutschland", Menschen in sowjetischen Uniformen tummelten sich auf der Potsdamer Seite, Schaulustige wurden in geziemendem Abstand gehalten – mit einer Ausnahme: Die Bundeskanzlerin Angela Merkel, die sich aktuell wegen Krim-Krise und Krieg in der Ukraine zusammen mit ihren Freunden in der NATO der Instrumentarien des Kalten Krieges bediente, stattete der Crew um den Hollywood-Regisseur Steven Spielberg und dem Hauptdarsteller Tom Hanks einen Besuch ab, um die Dreharbeiten für einen Agententhriller über die Geschichte des US-Piloten Francis Gary Powers zu beobachten und mit Regisseur wie Oskar-Preisträger (er spielt den Verhandlungsführer der USA James B. Donovan) für die Presse zu posieren. „Bridge of Spies" ist am 26.11.2015 in deutschen Kinos angelaufen.

Der Austausch von Agenten, Spionen, „Kundschaftern des Friedens" – wie auch immer sie im Politsprech des Kalten Krieges tituliert wurden – machte die Glienicker Brücke weltweit bekannt, erstmalig am 10. Februar 1962, also wenige Monate nach Errichtung der Berliner Mauer. Ein kurzfristiges Tauwetter zwischen den Supermächten hatte der Agentenaustausch und mit ihm die Bereinigung der sog. U2-Affäre ausgelöst. Dieser wie die beiden anderen Austausche konnten von West wie Ost als Geste des guten Willens politisch überhöht, als Ausdruck überzeugungskräftiger Humanität propagandistisch ausgeschlachtet werden. Tatsächlich waren sie auch ein beiderseitig einträgliches Geschäft.

10. Februar 1962, 8.44 Uhr. Der US-amerikanische Pilot Francis Gary Powers wird gegen den enttarnten sowjetischen Top-Spion Rudolf Iwanowitsch Abel ausgetauscht. Der eine: Teilnehmer am Korea-Krieg, dann Pilot des Spionageflugzeugs U2 mit dem von Präsident Eisenhower persönlich autorisierten Auftrag, Luftaufnahmen von strategisch bedeutsamen sowjetischen Einrichtungen und Produktionsstätten zu machen, um das militärische Potential der UdSSR beurteilen zu können. Es gelingt den Sowjets, das Flugzeug am 1.5.1960 bei Swerdlowsk (Ural) aus 20.000 m Höhe abzuschießen. Powers überlebt den Absturz mit einem Fallschirm. Genüsslich und triumphierend wird der Fall vom sowjetischen Ministerpräsidenten Nikita Chruschtschow vor der Weltpresse ausgeschlachtet und zum Vorwand genommen, um ein geplantes Gipfeltreffen mit seinem amerikanischen Widerpart in Paris platzen zu lassen. In einem Schauprozess wird Powers wenige Monate später zu zehn Jahren Haft verurteilt. – Der andere: erfolgreicher langjähriger Agent der UdSSR in den USA mit dem Auftrag, Atomgeheimnisse zu verraten, wird 1957 zu dreißig Jahren Haft verurteilt. Langwierige Verhandlungen über einen Agentenaustausch folgen. Der ehemalige stellvertretende Ankläger im Nürnberger Prozess und Pflichtverteidiger des russischen Meisterspions Abel, James B. Donovan, führt auf amerikanischer Seite die geheimen Gespräche. Im Auftrag der Regierung der DDR und der Staatssicherheit hat Rechtsanwalt Wolfgang Vogel Vermittlerdienste übernommen. (Bis zum Zusammenbruch der DDR organisiert er die finanziell lukrativen Häftlingsfreikäufe durch die Bundesregierung.)

Die Glienicker Brücke, in hinreichender Abgeschiedenheit und gebotener Distanz zur Metropole Berlin, wird als idealer Austauschort auserkoren, um geheimdienstliche Misserfolge auf Gegenseitigkeit und unter Gesichtswahrung beider Seiten zu bereinigen. Unscharfe Fotoaufnahmen vom Austausch selbst geben der Presse zusätzlich Nahrung für Sensation erheischende Berichte.

Der Mythos um die beiden Spione lebte fort. Powers wurde 1977 auf dem US-Nationalfriedhof Arlington beigesetzt. Nach Abel wurde eine Oberschule im Ostberliner Stadtteil Höhenschönhausen benannt, in dem Stadtteil, in dem sich auch das zentrale Untersuchungsgefängnis des Ministeriums für Staatssicherheit befand. 1990 prangte sein Konterfei auf einer sowjetischen Briefmarke.

11. Juni 1985, 12 Uhr mittags. In Anwesenheit von Michail Gorbatschow und Ronald Reagan erfolgt eine große Rochade auf der Glienicker Brücke: 23 Agenten aus dem Westen werden gegen 4 aus dem Osten ausgetauscht, allesamt weniger bedeutende Spione als Powers und Abel. Darunter der enttarnte Ex-Agent der CIA Eberhard Fätkenheuer, der sich wohl hauptsächlich aus Lust an gefährlichen Missionen und Wunsch nach persönlicher Anerkennung in Prag hatte anwerben lassen. Wie ein „James Bond für die Amerikaner" war er sich vorgekommen, im Gerichtssaal und nach dem Urteilsspruch von 13 Jahren Haft dann allerdings verzweifelt zusammengebrochen. Sein Leben schien auf Dauer verwirkt. Sechs zermürbende Jahre in den Haftanstalten Hohenschönhausen und Pankow folgten, bevor er die Chance einer Ausreise in den Westen erhielt. In einem Uckermärkischen Kleinverlag hat er seine Erinnerungen über „Die Brücke in die Freiheit" publiziert, bietet gelegentlich gegen Entgelt Führungen am Ort seines Agentenaustausch an, führt ansonsten ein normales Leben mit Frau und Familie als Kfz-Sachverständiger.

11. Februar 1986. An diesem Tag erfolgt ein politisch brisanter Austausch, der sich von den bisherigen Austauschen von Spionen über das Nadelöhr Glienicker Brücke unterscheidet. Die Freilassung des zionistischen, antikommunistischen Regimekritikers, Menschen- und Bürgerrechtlers Anatoli Schtscharanski war Ausdruck eines aufrichtigen Entspannungswillens Michail Gorbatschows und zugleich eine deutliche Distanzierung von der Politik seiner Vorgänger Breschnew, Andropow und Tschernenko.

Wegen antisowjetischer Agitation und Landesverrats verurteilt, war Schtscharanski im eigentlichen Sinn kein Spion. Er bestand deshalb unerbittlich darauf, nicht zeitgleich mit acht Agenten ausgetauscht zu werden, sondern gebührend zeitlich versetzt, bevor die Agentengruppe die weiße Linie auf der Glienicker Brücke überschreiten durfte. Die Geste Gorbatschows, den unversöhnlichen Kritiker der Sowjetunion freizulassen, wurde zu Recht als Angebot verstanden, daran zu arbeiten, die Konfrontation im Kalten Krieg mittelfristig zu überwinden.

Zunächst versperrten aber wieder Schlagbäume den Grenzübergang – bis zum 10. November 1989, 18 Uhr.

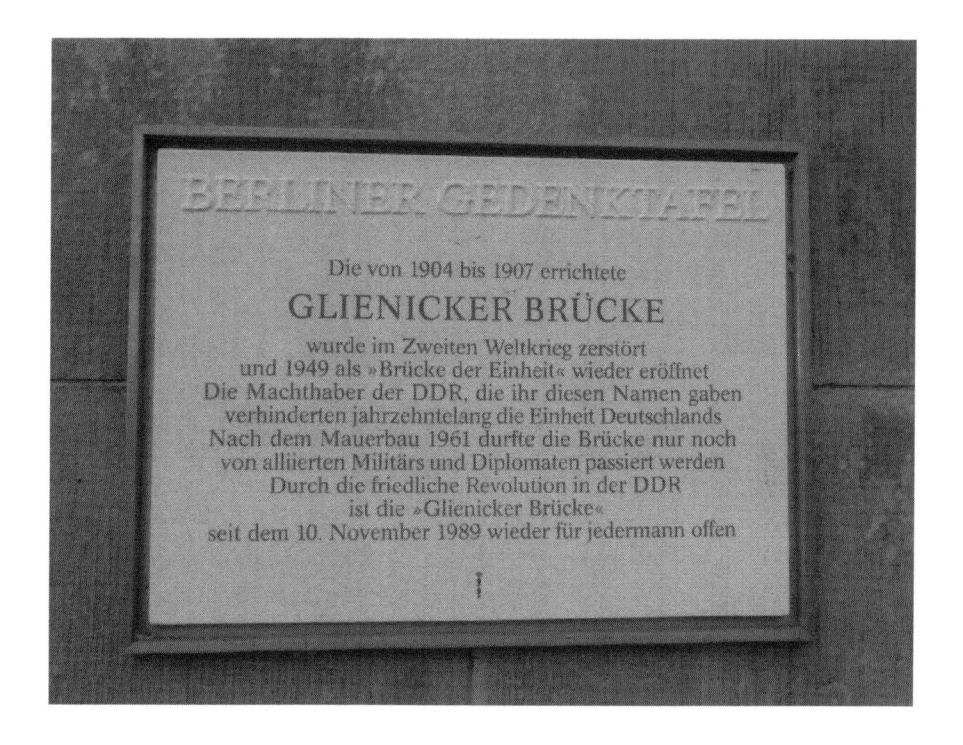

> BERLINER GEDENKTAFEL
>
> Die von 1904 bis 1907 errichtete
> **GLIENICKER BRÜCKE**
> wurde im Zweiten Weltkrieg zerstört
> und 1949 als »Brücke der Einheit« wieder eröffnet
> Die Machthaber der DDR, die ihr diesen Namen gaben
> verhinderten jahrzehntelang die Einheit Deutschlands
> Nach dem Mauerbau 1961 durfte die Brücke nur noch
> von alliierten Militärs und Diplomaten passiert werden
> Durch die friedliche Revolution in der DDR
> ist die »Glienicker Brücke«
> seit dem 10. November 1989 wieder für jedermann offen

Heute gehen viele Touristen auf Zeitreise, fahren mit dem Auto zur ehemaligen Demarkationslinie, kommen mit dem Bus 316 von der S-Bahn-Station Wannsee oder der Straßenbahn aus Richtung Potsdam, um sich in einer lieblich-friedlichen Landschaft mit Digitalkameras (oft mit Selfie-Stick) abzulichten. Von der Glienicker Brücke aus sind mit der Stern- und

Kreisschifffahrt Sacrow, Moorlake, Pfaueninsel, Kladow, Heckeshorn, Wannsee zu erreichen.

Die ehemalig penibel genau bewachte, mit Bojen gekennzeichnete Wassergrenze gehört der Vergangenheit an. Die Glienicker Brücke als Touristenmagnet, die Park- und Schlösserlandschaft als beliebtes Ausflugsziel, garniert mit historischen Informationen anhand von Schautafeln und einer informativen Ausstellung in der Villa Schöningen – man wünscht sich ruhige Tage, die von aktuellen politischen Konflikten unbelastet bleiben.

Literaturauswahl:

Thomas Blees: Glienicker Brücke. Ausufernde Geschichten. Berlin-Brandenburg 1996.

Mathias Döpfner/ Lena Maculan (Hrsg.): Villa Schöningen an der Glienicker Brücke. Ein deutsch-deutsches Museum. Berlin 2009.

Heinrich Kaak: Die Glienicker Brücke. In: Helmut Engel/Stefi Jersch-Wenzel/Wilhelm Treue (Hrsg.): Zehlendorf. Berlin ²1993, S. 447-460 (= Geschichtslandschaft Berlin. Orte und Ereignisse, Bd. 4).

Jens Schneider

Neretva – Mostar

Es war kein Zufall und auch nicht das Produkt eines Augenblicks. Die Granaten schlugen gezielt ein, seit Tagen schon. Längst war die alte Brücke, die stari most, schwer verwundet. Von ihrer Stellung in den Bergen im Westen hoch über der Stadt Mostar feuerte die Artillerie der bosnischen Kroaten immer wieder auf das Wahrzeichen der Stadt. Am Nachmittag des 9. November 1993 schlug der tödliche Treffer ein. Die Reste des wegen seiner Grazilität so berühmten Brückenbogens fielen in die Neretva.

Dieser Krieg hatte schon so viel Leid ausgelöst. Was mit dem Zerfall von Titos Jugoslawien geschah, erschien bis dahin unvorstellbar: Vertreibung, Mord, Belagerungen, mitten in Europa, so kurze Zeit nach dem Freudentaumel über den Fall des Eisernen Vorhangs zwischen West und Ost. Das Ende Jugoslawiens hatte Anfang der Neunziger in Slowenien begonnen, schnell waren die Kämpfe dort beigelegt. Dann kam der Krieg über Kroatien und wütete bald darauf noch heftiger in Bosnien-Herzegowina. Tausende waren seit dem Ausbruch dieses Krieges getötet worden, und verletzt und Zehntausende aus ihrer Heimat vertrieben worden.

Weiter im Innern des Landes wurde die bosnische Hauptstadt Sarajewo seit Monaten belagert, serbische Scharfschützen zielten aus sicherer Entfernung auf die verbliebenen Bosnier, die Armee der bosnischen Serben feuerten Granaten ins Stadtzentrum. Und nun gab es so eine Situation auch in Mostar, der Hauptstadt der Herzegowina, zunächst noch weniger beachtet von der Weltöffentlichkeit, wenig Hilfe kam in die Stadt, und für die Menschen im belagerten Ostteil gab es im Grunde keinen Weg hinaus in sichere Gefilde.

In Mostar war ein Krieg im Krieg ausgebrochen: Erst hatten Muslime und Kroaten die Stadt gemeinsam gegen die Serben verteidigt, nun kämpften die Muslime und Kroaten gegeneinander.

Mostar war eine Stadt, in der die Menschen mit so einem Krieg nicht gerechnet hätten. Das galt auch für andere Städte, wohl für die meisten Muslime, Serben und Kroaten und all jene, die sich keiner Volksgruppe zugehörig fühlten – so viele Menschen in Bosnien-Herzegowina wollten diesen Krieg nicht, und sie rechneten bis zum Schluss nicht damit. Mostar galt als beispielhaft für den Vielvölkerstaat. In den Jahren des sozialistischen Jugoslawiens unter dem Staatspräsidenten Tito hatten die Volksgruppen meist harmonisch zusammen gelebt, die meisten mehr miteinander als nebeneinander. Die Konflikte zwischen Serben, Kroaten und Muslimen waren eine Sache von Eiferern. In Mostar gab es viele Verbindungen zwischen den Volksgruppen, Ehen und Freundschaften, in denen die Herkunft keine Rolle spielte.

Die Brücke über die Neretva wurde gern als ein Symbol für die gelungene Verbindung von Okzident und Orient beschrieben. Später hieß es von überzeugten Nationalisten, das sei nur gut gemeinte Propaganda gewesen, oder ein Hirngespinst von Idealisten. Aber die Bilder der Brücke mit ihren Türmen und den fein geschwungenen Bögen hingen in vielen Häusern und Wohnungen, ob nun bei Serben, Kroaten oder Muslimen. Sie standen für ihre Stadt. In den heißen Sommermonaten trafen sie alle sich gern auf der Brücke, bei den Brückenspringern, die hier – gern gegen ein Honorar von Touristen – vom Rand der stari most in die Neretva sprangen, mehr als zwanzig Meter hinab.

Die Brücke war so kühn über die Neretva gebaut worden, dass um ihren Bau viele Legenden entstehen mussten. Legenden, in denen sich diese Kühnheit spiegelt, die das Wagnis des Architekten Hairuddin ausmachte. Der Baumeister hatte die Brücke zum Jahr 1566 über die hier schmale Neretva ziehen lassen, die aus den Bergen kommend hier das Tal hinab zum Adriatischen Meer fließt. Mostar hatte sich in jener Zeit unter türkischer Herrschaft zu einer Stadt der Händler und Handwerker entwickelt, der Bau ersetzte eine alte Holzbrücke. Später wurde erzählt, dass er sich versteckte, als am Ende der Bauzeit die Stützpfeiler entfernt werden sollten und sich zeigen sollte, ob die Konstruktion halten würde. Einer Legende zufolge hatte der Auftraggeber, der Sultan Süleyman gedroht, ihn enthaupten zu lassen, falls die Brücke einbrechen sollte. Eine erste Konstruktion sei schon eingebrochen. Hairuddin habe sich auf einem Friedhof versteckt, dort weinend sein Grab ausgehoben, so geht diese Legende weiter, als eine von vielen, die man in Mostar zu hören bekam.

Der „steinerne Halbmond" hielt stand, die Brücke wurde zu einem der berühmtesten Bauwerke des Balkans. Schon im 17. Jahrhundert wurde von Brückenspringern berichtet, für eine Belohnung im Sommer in die Neretva hinabsprangen. Rund um die Brücke und die Quartiere der Händler am Fluss wuchs die Stadt Mostar zur Hauptstadt der Herzegowina. Ihre Bedeutung wächst noch als Bosnien-Herzegowina 1878 beim Berliner Kongress unter Habsburgische Herrschaft gestellt wird. In dieser Zeit entstehen moderne Schulen wie das Gymnasium westlich der Neretva, die neue Eisenbahnlinie führt von der Adria aus Mostar und weiter die Hauptstadt Sarajewo. Weitere Brücken über die Neretva entstanden, die schmale Steinbrücke verlor als Flussquerung an Bedeutung,

Das Bild der Stadt wurde nun von Minaretten geprägt, aber auch die Kathedrale der Katholiken war präsent. Mostar wurde für sie wie für die orthodoxen Serben Bischofssitz.

Im sozialistischen Jugoslawien unter der Führung von Josip Brosz Tito wuchs eine beachtliche Industrie heran. Rund um die Altstadt entstehen Hochhäuser für die schnell wachsende Bevölkerung. Rund 126 000 Menschen wurden bei der letzten Volkszählung vor dem Krieg gezählt: 34, 8 Prozent Muslime, 33,8 Prozent Kroaten, 19 Prozent Serben und zwölf Prozent ließen sich eintragen als: sonstige, viele von ihnen verstanden sich als Jugoslawen.

Nun brach ein Krieg aus, in dem Nationalisten dieses Gewebe auseinander reißen, möglichst viele Teile von Bosnien-Herzegowina unter ihre Herrschaft bringen wollten. Als die kleine jugoslawische Teilrepublik am 6. April 1992 ihre Unabhängigkeit erklärte und als Staat von Teilen Europas anerkannt wurde, brachte das nicht die angesichts des Krieges in Kroatien erhoffte Beruhigung. Die Nationalisten auf serbischer Seite akzeptierten diesen Staat nicht. Bald brachen Kämpfe in einzelnen Teilen des Landes aus. Serbische Verbände kontrollierten bald zwei Drittel des Territoriums. Die bosnischen Serben strebten einen Zusammenschluss mit dem serbischen Kernland und wurden von Belgrad unterstützt, so wie die wie die bosnischen Kroaten den Anschluss an Kroatien suchten, und aus der kroatischen Hauptstadt Zagreb in diesem Bestreben befördert wurden.

Alte Brücke von Mostar. Photo von Auguste Léon

Zunächst kämpften Muslimen und Kroaten gemeinsam gegen die von der früheren Jugoslawischen Armee unterstützten serbischen Verbände. Als aber die Kroaten, so wie zuvor die Serben in Bosnien, ihre eigene Republik „Herzeg-Bosna" ausriefen, zerbrach die Allianz. Der Krieg im Krieg begann, hier kämpften nun Kroaten und Muslime um jede Stadt und jedes Dorf, die unterlegenen Minderheiten wurden vertrieben, wenn sie nicht getötet wurden. Mostar sollte im Zentrum dieser Kämpfe stehen, die Muslime der Stadt waren bald eingekesselt im Osten der Stadt, mit den Bergen im Rücken, dort standen serbische Verbände. Der Weg hinaus nach Süden war ihnen versperrt durch kroatische Verbände. Und mitten durch die Stadt verlief die Frontlinie, einige hundert Meter westlich der Neretva. Weil alle anderen Verbindungen bald zerstört waren, blieb die alte Brücke zunächst die letzte, wenn auch schon verwundete Verbindung zwischen dem kleinen Streifen im Westen und dem Ostteil.

Dort lebten die Menschen, die ihre Wohnung hatten, und auch Tausende, die aus ihren Wohnungen im anderen Teil der Stadt vertrieben worden waren, dazu viele Vertriebene aus den Dörfern. Sie hausten in Kellern, die meisten Häuser waren zerstört. Es fehlte an allem, vor dem Winter 1993 berichteten Helfer der Vereinten Nationen, dass im Ostteil Menschen auch wegen der Unterversorgung starben. Die wenigen internationalen Helfer wurden von den bosnischen Kroaten nur sporadisch zu den Belagerten durchgelassen.

Es gab also Schlimmeres als die Brücke und ihre Zerstörung. Aber der Einsturz am 9. November lenkte den Blick auf Mostar.

„Der Tag, an dem die alte Brücke zerstört wurde, war der Todestag unserer Stadt", sollte später ein kroatischer Franziskaner-Pater sagen, dem es da nicht darum ging, wer die Brücke zerstört hatte, wer schuld sei an diesem Krieg. Er sah, dass die Stadt sich verloren hatte, ihre Seele. „Wenn ein Notarzt einen Patienten auf der Intensivstation beobachtet, sucht er nach Indizien, die ihm bestätigen, dass sein Patient noch am Leben ist. Er prüft, ob das Herz noch schlägt. Und solche Indizien gibt es auch bei einer Stadt. Eines davon war die alte Brücke. Als sie fiel, war das Herz der Stadt Mostar zerstört."

In Kroatien löste die Zerstörung unter vielen Bürgern Bestürzung aus, die schon lange besorgt auf die von Zagreb unterstützte Kriegsführung der kroatischen Herzegowina blickten. „Die Täter sind unter uns", schrieb eine große kroatische Zeitung. International wurde Kritik an der kroatischen Politik laut. Die Kroaten galten vielen als Opfer des Krieges, nun wurden die Kriegsziele von Franjo Tudjman genauer betrachtet, der offenbar gemeinsam mit dem serbischen Präsidenten Slobodan Milosevic mit diesem Krieg Bosnien-Herzegowina zwischen Kroatien und Bosnien aufteilen wollte. Nun aber wuchs die Bereitschaft zur Verständigung mit den Muslimen – auch weil die an anderen Stellen große Geländegewinne auf Kosten der Kroaten erzielt hatten, und dort viele Kroaten ihre Heimat verloren.

Unter internationalem Druck verständigten sich die Kroaten und Muslime im März 1994 auf die Gründung einer Föderation, die später im Abkommen von Dayton neben der Republik der bosnischen Serben eine der beiden Säulen für den Friedensvertrag für Bosnien-Herzegowina sein sollte. Das heftig umkämpfte Mostar sollte nach dem Willen der Vermittler für zwei Jahre unter Europäische Verwaltung gestellt werden, die deutsche Regierung wurde gebeten, einen Administrator zu suchen. Es hieß, die beiden Kriegsparteien, die nun Verbündete werden sollten, hätten sich einen Deutschen gewünscht. In Bonn kam die Bundesregierung auf den Bremer Bundestagsabgeordneten Hans Koschnick, der lange Jahre Bürgermeister in Bremen gewesen war und sich dort den Ruf erworben hatte, ein begabter Vermittler zu sein, ein Mann, der sich keine Feinde machen konnte. Im Bundestag engagierte er sich als Außenpolitiker, er kannte die Verhältnisse auf dem Balkan.

Ende Juli 1994 traf Koschnick in Mostar ein, um dort den Wiederaufbau an der Spitze eines europäischen Stabs zu koordinieren, unterstützt von Polizisten aus der Europäischen Union. Es sollte Ausdruck einer selbstbewussten neuen europäischen Außenpolitik sein, dies war die Vorstellung. Zum feierlichen Auftakt kamen auch der bosnische und der kroatische Präsident. Als nun die Politiker auf ihrem Spaziergang aus dem weitgehend unversehrten Westteil zu den Ruinen im Osten kamen, ging einer nach dem anderen über die wacklige Hängebrücke, die inzwischen dort errichtet worden war, wo Jahrhunderte die stari most gestanden hatte.

Es war heiß an diesem Tag, die Stimmung angespannt, es gab Warnungen, Extremisten hätten einen Anschlag geplant. Angespannt und voller Neugier warteten Hunderte Muslime am Fluss, den sie noch Monate vorher nur unter höchster Lebensgefahr passieren konnten. Als der kroatische Präsident Franjo Tudjman sich auf den Weg über die Brücke machte, gab es Protestrufe und Pfiffe. Einige riefen: „Mörder, Mörder." Koschnick drehte sich um, wartete auf ihn, beide gingen nun zusammen weiter. Dieser Krieg hatte viele Wunden hinterlassen, viele Gründe für Wut, Trauer und Misstrauen. Man spürte, dass diese Mission eine schwere Aufgabe für die europäischen Vermittler sein würde; eine Mission, bei der sie bald an ihre Grenzen stoßen sollten.

Schnell stellte sich heraus, dass die Beharrlichkeit der Nationalisten vieles verhindern würde. Vor allem die Hardliner auf kroatischer Seite hatten kein Interesse, wieder aufzugeben, was sie an Zielen erreicht hatten – die Teilung der Stadt, und ihre alleinige Herrschaft über die West-Seite. Sie hatten kein Interesse, die Stadt wieder zusammen zu führen, die noch immer bestehenden Checkpoints an der alten Frontlinie zu öffnen und die Vertriebenen in ihre Häuser zurück zu lassen. Koschnick und sein Stab hatten von der Europäischen Union enorme Mittel zur Finanzierung des

Wiederaufbaus von Schulen und Kindergärten, auch für die Infrastruktur zur Verfügung. Das Geld sollte der Klebstoff sein, um die Risse der geteilten Stadt zu schließen. Die erste Aufbauhilfe fruchtete tatsächlich schnell, die Versorgung mit Strom und Wasser im Ostteil konnte notdürftig repariert, die Versorgung der Menschen in den Kellern verbessert werden. Aber auf gemeinsame Planungen ließen sich die kroatischen Machthaber zunächst gar nicht ein.

Schon im Sommer auf seiner Ankunft, noch in der ersten Woche, luden Taucher Koschnick in ein kleines Zimmer an der Hauptstraße im Ostteil Mostars. Sie waren in die Neretva gesprungen und hatten die Reste der alten Brücke gefilmt. Sie hofften, damit einen ersten Schritt zum Wiederaufbau gemacht zu haben. Der Traum war schnell präsent zwischen all den Trümmern, die Sehnsucht nach dem Symbol. Die EU-Verwaltung konzentrierte sich erst einmal auf den Aufbau von Schulen und Kindergärten, sie unterstützte die medizinischen Einrichtungen, ließ bessere Unterkünfte für die Menschen in den Kellern herrichten. Mühsam erzwang sie die Öffnung der Übergänge zwischen Ost und West, die lange Zeit für die Einheimischen undurchdringlich waren. Die Menschen sollten sich, das war das Ziel, wieder auf beiden Seiten Mostars sicher fühlen.

Unterdes gingen die Vertreibungen weiter, Muslime wurden mit Gewalt aus ihren Wohnungen gedrängt, die europäische Polizei war zumeist machtlos. Und weiter blockierten die Nationalisten alle Versuche, wieder eine gemeinsame Verwaltung und Polizei aufzubauen. Auf Koschnick wurden Anschläge verübt, er harrte aus. Aber als er sich von der europäischen Diplomatie gegen die Hardliner auf kroatischer Seite wieder einmal nicht ausreichend unterstützt sah, gab er sein Mandat für Mostar zurück, im Februar 1996 schon, einige Monate vor dem Ablauf der geplanten zwei Jahre. Ein Anfang war gemacht, aber es hatte sich auch gezeigt, wo die internationale Gemeinschaft machtlos bleiben müsste. In den folgenden Jahren versuchten die Vermittler der internationalen Gemeinschaft immer wieder, die Kontrahenten zum Einlenken zu bewegen. Wie überall in Bosnien versuchten sie auch, Druck auszuüben. Die bosnische Politik ist auf internationale Hilfen angewiesen. Aber verordnete Kompromisse wurden selten oder höchstens umgesetzt. In Mostar entstand eine Stadt mit zwei Verwaltungen, vielen doppelten Strukturen, die Wahlen zum kommunalen Stadtparlament fielen zuletzt seit 2008 aus, weil man sich auf kein Verfahren einigen konnte.

Die neue Brücke von Mostar

Bald aber begann der Wiederaufbau der alten Brücke, des Symbols für die Verbindung zwischen Ost und West, finanziert aus internationalen Mitteln. Am 23. Juli 2004 wurde die Brücke eröffnet. Ein Jahr später wurde das Bauwerk wegen seiner architektonischen Einmaligkeit und Eleganz, aber auch wegen seiner Bedeutung von der UNESCO in dies Liste des Weltkulturerbes aufgenommen. Die UNESCO nannte sie ein „Symbol der Versöhnung und internationalen Zusammenarbeit" und auch ein „Symbol für das Zusammenleben von verschiedenen religiösen, kulturellen und ethnischen Gemeinden". Inzwischen kommen wieder häufiger Touristen in die Stadt, auch für die jungen Brückenspringer sind sie eine der wenigen Einnahmequellen in der sonst armen Stadt, die ihrer Jugend kaum eine Perspektive bieten kann.

Und die Menschen haben sich auf ihren Seiten des Flusses eingerichtet. Serben leben kaum noch in der Stadt, einst spielten sie hier eine wichtige Rolle. Die Kroaten leben auf der Westseite mit vielen modernen Gebäuden und oft neu hergerichteten Einfamilienhäusern. Die Muslime haben den wieder aufgebauten Altstadtkern mit den Moscheen und den alten Steinhäusern für sich, mit vielen Grabsteinen dazwischen, auf denen das Todesjahr 1993 an die Kämpfe erinnern, mit denen alles begann. Man könnte denken, dass die Brücke vorerst ihre Bedeutung verloren hat. Als Verbindung und Ort der Begegnung brauchen die Menschen sie nicht, solange sie nicht mehr zueinander kommen wollen.

Autorenverzeichnis

Christoph Auffarth. Geboren 1951 in Mannheim. Nach dem Studium der Altertumswissenschaften und Geschichte zunächst sieben Jahre Lehrer am Gymnasium. Eine Beurlaubung zum Hausmann erlaubte mir eine Promotion 1987 und die Habilitation 1995 in Religionswissenschaft in Tübingen, jeweils zur frühen griechischen Religion und ihren altorientalischen Wurzeln. Theologische Promotion zur Eschatologie der Kreuzfahrer in Groningen. Mit-Herausgeber des vierbändigen „Metzler Lexikon Religion. Alltag, Medien, Gegenwart" 1999–2002 (am. Übersetzung 2006). Nach Lehre u.a. in Tübingen, Bern, Basel, Göttingen Professor für Religionswissenschaft in Bremen. Forschungsschwerpunkte in Europäischer Religionsgeschichte: Spätantike, Kreuzzüge, Aufklärung, Religion des Dritten Reiches. Fellow am Wissenschaftskolleg (KHK) Bochum, DAAD-Professor in Jerusalem. Ausführlich sind die Schwerpunkte beschrieben unter
http://www.fb9.uni-bremen.de/en/staff/alphabetische-liste/detail/auffarth.html

Holger Böning. Geboren 1949 in Delmenhorst. Lehre als Starkstromelektriker, Abitur am Oldenburg-Kolleg. Studium der Germanistik, Geschichte und Pädagogik. Dissertation 1982 mit einer Arbeit über die Volksaufklärung in der Schweiz. Habilitation 1991 mit einer Arbeit über „Volk" und Alltag in Presse und Gebrauchsliteratur der deutschen Aufklärung. Mitherausgeber des *Jahrbuches für Kommunikationsgeschichte*. Professor für Neuere Deutsche Literatur und Geschichte der deutschen Presse an der Universität Bremen. Bis 2015 Sprecher, jetzt Leiter zweier DFG-Forschungsprojekte am Institut für Deutsche Presseforschung. Hauptforschungsinteressen: Deutsche und Schweizer Geschichte, Literatur und Presse. Populäre Aufklärung im deutschsprachigen Raum. Geschichte des politischen Liedes und der politischen Lyrik.

Roger Chickering, geboren 1942 in San Francisco. Studium in Cornell und Stanford; seit 2010 emeritiert, wohnhaft in Oregon. Zuvor 1993–2010 Professor für Geschichte am BMW Center for German and European Studies, Georgetown University, Washington, DC; 1968-93 Professor für Geschichte, University of Oregon. Veröffentlichungen u. a.: Imperial Germany and the Great War, 3. Aufl., Cambridge 2014 (deutsch: Das Kaiserreich und der Erste Weltkrieg, München 2002); Freiburg im Ersten Weltkrieg. Totaler Krieg und städtischer Alltag

1914–1918, Paderborn 2009; Krieg, Frieden und Geschichte. Gesammelte Aufsätze über patriotischen Aktionismus. Geschichtskultur und Totalen Krieg, Stuttgart 2007; Karl Lamprecht. A German Academic Life (1856–1915), Atlantic Highlands NJ 1993; zusammen mit Dennis Showalter und Hans van de Ven (Hrsg.), The Cambridge History of War, Bd. 4. War in the Modern World, Cambridge 2012; zusammen mit Stig Förster (Hrsg.), War in an Age of Revolution, 1775–1815, Cambridge 2010.

Corinna Hauswedell, Dr. phil., geb. 1953 in Hamburg; Historikerin, leitet Conflict Analysis and Dialogue (CoAD) in Bonn (www.hauswedell-coad.de) und ist seit 2013 wissenschaftliche Mitarbeiterin der Forschungsstätte der Ev. Studiengemeinschaft (FEST) in Heidelberg (www.fest-heidelberg.de); 1994-2005 wiss. Mitarbeit am Bonn International Center for Conversion (BICC); 2006-2009 Studienleiterin für Internationale Politik, Konflikte und Geschichte an der Evangelischen Akademie Loccum; zahlreiche friedenswissenschaftliche Publikationen; Mitherausgeberin des Friedensgutachtens 2000-2006, 2011 und 2012 und wieder seit 2015; Mitherausgeberin der Reihe Frieden und Krieg im Klartext-Verlag. Hauptforschungsinteressen: Vergleichende Gewalt- und Konfliktgeschichte; Europäische Friedens- und Sicherheitspolitik; Friedensbewegungen/Pazifismus.

Karl Holl. Studium der Geschichte, Germanistik und Romanistik in Mainz und Tübingen. Dissertation über „Die irische Frage in der Ära Daniel O'Connells und ihre Beurteilung in der politischen Publizistik des deutschen Vormärz" 1958 bei Leo Just in Mainz. Tätigkeit zunächst als Lehrer an Gymnasien in Mainz und in der Lehrerausbildung für Geschichte an der Pädagogischen Hochschule in Neuwied und der Erziehungswissenschaftlichen Hochschule in Koblenz. 1971 Ruf als einer der ersten Professoren an die neu gegründete Universität Bremen, wo er Neuere, Neueste und Zeitgeschichte mit besonderer Berücksichtigung der Parteiengeschichte lehrte. 1985 als Fulbright-Professor am Gettysburg College. Neben den Forschungsinteressen zum 19. Jahrhundert und zur Weimarer Republik bildeten sich Schwerpunkte in der Geschichte der Friedensbewegung und des Pazifismus sowie der Exilforschung. Mitbegründer der Historischen Friedensforschung in Deutschland in den 1970er Jahren. Beteiligung an der Gründung des Arbeitskreises Historische Friedensforschung (AKHF). Für die Arbeit „Pazifismus in Deutschland" 1988 Auszeichnung mit dem Carl-von-Ossietzky-Preis für Zeitgeschichte und Politik der Stadt Oldenburg. Nach der Emeritierung 1996 Arbeit an einer Biografie des Friedensnobelpreisträgers Ludwig Quidde, die 2007 erschien.

Hans-Wolf Jäger. Studium der Philosophie, Psychologie und katholischen Theologie an den Universitäten Saarbrücken und Freiburg i.Br. Dr. phil. 1960. Studium der katholischen Religionslehre und Germanistik an der Universität München. Staatsexamen 1963. Wiss. Assistent und Dozent für Philosophie an den Pädagogischen Hochschulen Stuttgart-Ludwigsburg bzw. Esslingen (1962–1966). Assistent für Germanistik an der Universität München. 1972–2001: Professor für deutsche Literaturgeschichte an der Universität Bremen. Wichtigste Gebiete in Lehre und Forschung: Lehrdichtung, Reiseliteratur, Geschichte der Rhetorik, Metrik, Literatur des Vormärz, Goethe. Letzte Veröffentlichungen 2015/16: Vorlesungen zur deutschen Literaturgeschichte (I: Humanismus / Reformation; II: Barock; III: Aufklärung; IV: Empfindsamkeit /Sturm und Drang / Göttinger Hain).

Hans Kloft. Studium der Klassischen Philologie, Geschichte und Politikwissenschaft an den Universitäten Köln und Bonn. 1968 in Köln Promotion zum Dr. phil. Danach 1968 bis 1974 Wissenschaftlicher Assistent an der Rheinisch-Westfälisch-Technischen Hochschule Aachen, dort habilitiert er sich 1974 und lehrte anschließend bis 1977 als Privatdozent und Akademischer Oberrat für Alte Geschichte. Von 1977 bis zu seiner Emeritierung 2004 ordentlicher Professor für Geschichte mit dem Schwerpunkt Alte Geschichte an der Universität Bremen. In den Jahren 1980 bis 1993 mehrfach Fachbereichssprecher des Fachbereiches Sozialwissenschaften und kontinuierlich Mitglied des Akademischen Senates der Universität Bremen. Hauptforschungsbereiche sind die Wirtschafts- und Sozialgeschichte der Antike, besonders der römischen Kaiserzeit, die antike Religionsgeschichte, die Ideologie- und Verfassungsgeschichte sowie Probleme der Rezeptionsgeschichte.

Reinhold Lütgemeier-Davin, Dr. phil., Jg. 1951, nach Studium und Referendariat Lehrer an Oberstufengymnasien in Bad Hersfeld und Kassel 1981–2016 (Geschichte, Deutsch, Gesellschaftslehre/Politik), derzeit Studiendirektor i.R. in Kassel; Mitbegründer des Arbeitskreises Historische Friedensforschung. Veröffentlichungen zum organisierten Pazifismus in der Zwischenkriegszeit, zu Rüstungs- und Abrüstungsfragen nach 1918, zum Widerstand gegen den Nationalsozialismus, von politischen Biographien und von geschichtsdidaktischen Arbeiten: Ausgewählte Veröffentlichungen: Pazifismus zwischen Kooperation und Konfrontation. Das Deutsche Friedenskartell in der Weimarer Republik. Köln 1982 (Dissertation); Hakenkreuz und Friedenstaube. Der Fall Hein Herbers (1895–1968): Frankfurt/M. 1988; Lothar Schücking. Eine Biographie. Bremen 1998; Frieden und Friedensbewegungen in Deutschland 1892–1992. Ein Lesebuch. Essen 2010 (zusammen mit Karlheinz Lipp und Holger Nehring); Helene Stöcker: Lebenserinnerungen. Die unvollendete Autobiographie einer frauenbewegten Pazifistin. Hrsg. und kommentiert zus. mit Kerstin Wolff. Köln 2015;

Köpfe der Friedensbewegung (1914–1933). Gesehen von dem Pressezeichner Emil Stumpp. Essen 2016

Karen Piepenbrink, Prof. Dr. phil. habil. Geboren 1969 in Bremen, Studium der Geschichte und der Klassischen Philologie in Freiburg, 1999 Promotion in Freiburg mit einer Arbeit über Politische Ordnungskonzeptionen in der Attischen Demokratie des 4. Jahrhunderts v. Chr., 2005 Habilitation in Mannheim mit einer Arbeit über den Christlichen Identitätsdiskurs in der Spätantike. Seit 2012 Professorin für Alte Geschichte an der Justus-Liebig-Universität Gießen. Hauptforschungsinteressen: Attische Demokratie, Philosophie und Rhetorik in der Antike, Antikes Christentum

Jens Schneider, Journalist. Geboren 1963 in Hamburg, ist seit 1991 Redakteur der Süddeutschen Zeitung. Berichtete zunächst bis 1996 als Mitglied der außenpolitischen Redaktion vor allem über den Balkan. In dieser Zeit zahlreiche Reportagereisen unter anderem nach Kroatien, Serbien und Bosnien, dort vor allem auch nach Mostar. Veröffentlichte 1995 gemeinsam mit Hans Koschnick ein Buch über das Wiederaufbauprojekt der EU in Mostar im Verlag dtv: „Brücke über die Neretva". Seit 1996 Korrespondent für die Süddeutsche Zeitung, zunächst bis 2005 in Dresden, dann bis Ende 2007 im Parlamentsbüro der SZ in der Hauptstadt Berlin, anschließend von 2008 bis 2012 in Hamburg als Norddeutschland-Korrespondent und 2013 in Frankfurt am Main. Seit 2014 Korrespondent für die Bundesländer Berlin und Brandenburg.

Professor em. Dr. Martin Vogt (1936) Studium der Fächer Geschichte und Germanistik in Göttingen und London. Promotion bei Percy Ernst Schramm, Assistent bei Karl Dietrich Erdmann. Mitarbeiter der Edition „Akten der Reichskanzlei Weimarer Republik". Dozent/Professor a.Z. an der TH Darmstadt. Habilitation in Darmstadt. Wissenschaftlicher Leiter der Bibliothek des Instituts für Europäische Geschichte Mainz. Lehraufträge in Frankfurt, Mainz, Saarbrücken, Bern, Norwich. Mitarbeiter der Edition „Theodor Heuss. Stuttgarter Ausgabe Briefe". Veröffentlichungen zur Geschichte Englands und Deutschlands von der Frühen Neuzeit bis zur Zeitgeschichte.

Weitere Titel aus den Reihen
Presse und Geschichte – Neue Beiträge
Die jüdische Presse – Kommunikationsgeschichte
im europäischen Raum

Holger Böning
Zur Musik geboren
Johann Mattheson

Sänger an der Hamburger Oper,
Komponist, Kantor und Musikpublizist

Eine Biographie

edition lumière

Diese Biographie erzählt das ereignisreiche Leben einer der interessantesten Persönlichkeiten der frühen deutschen Aufklärung: des Opernsängers, Komponisten, Publizisten und Hamburger Domkantors Johann Mattheson. Geboren in einer wohlhabenden Hamburger Familie, wird er neunjährig als Sänger für die Oper in der Hansestadt entdeckt und wird in den folgenden fünfzehn Jahren zweitausendmal auf der Bühne stehen. Er befreundet sich mit Georg Friedrich Händel, den er mit seinen Erfahrungen bei dessen erster Oper Almira unterstützt, bis es 1704 nach einer Aufführung der Mattheson-Oper Cleopatra zu einem Duell kommt, das Händel nur mit Glück überlebt. Bald darauf wird Mattheson Sekretär beim englischen Gesandten in Hamburg. Weiterhin ist er als Tonsetzer – eine von ihm erfundene Bezeichnung für Komponisten – und Domkantor tätig, befreundet mit dem Verantwortlichen für die Kirchenmusik an den Hamburger Hauptkirchen, Georg Philipp Telemann. Streitbar setzt er sich für die „Ehre der Musik" und ein größeres Renommée der Musiker ein.
Nicht nur als Komponist ist Mattheson bedeutend. Als einfallsreicher Publizist kultiviert er die Polemik, weil er meint, Erkenntnisfortschritt sei nur im öffentlichen Disput möglich. Er begründet die deutsche Musikpublizistik mit seiner *Critica Musica* und dem *Musicalischen Patrioten*, in denen er auch Laien als Leser ansprechen möchte. Nicht Autoritäten, so ist er überzeugt, haben über die Richtigkeit von Lehrmeinungen zu entscheiden, sondern die Vernunft, und als Motor jeden Fortschritts begreift er die unbehinderte Debatte. So wird er zu einem der Mitbegründer eines modernen Wissenschaftsbegriffs.

Bd. 72: Rudolf Stöber: Neue Medien. Geschichte: Von Gutenberg bis Apple und Google. Medieninnovation und Evolution.
ISBN 978-3-943245-09-7 – 498 S., zahlr. Abb., 2013 – Hardcover – Euro 19,80

Jedes Medium war einmal ein neues Medium. „Neue Medien. Geschichte" behandelt die Mediengeschichte seit Beginn der Frühen Neuzeit: die Presse, den Film, den Rundfunk und die Netzwerkmedien. Vieles daran ist durchaus überraschend: Gutenberg erfand nicht den Buchdruck, der Stummfilm war nie stumm, Rundfunk wurde nach seiner Invention erfunden, die ersten Computer waren keine Maschinen.

Der Vergleich der Entwicklungen von Gutenberg bis Apple, Google und den Sozialen Netzwerken zeigt im internationalen und im diachronen Vergleich die Ausdifferenzierung des Mediensystems als stete Wiederkehr des Gleichen: die Bedeutung von medialen Vorläufern und kulturellem Umfeld, die unsystematischen Erfindungen, die gesellschaftlichen Diskussionen über das Neue mit ähnlichen Hoffnungen und Befürchtungen, die Institutionalisierung neuer Kommunikationsmittel, die Suche nach neuen Geschäftsmodellen, die Gewöhnung an Medien, nicht zuletzt Lerneffekte und Wirkungen auf Gesellschaft und Politik. Die empirisch dicht belegte Studie gliedert die Entwicklungsprozesse in drei Phasen: Invention, Innovation und Diffusion. Neben der diffusionstheoretischen Rahmung wird die Ausdifferenzierung evolutionstheoretisch als nicht planbarer Prozess von Versuch und Irrtum interpretiert, in dem neue Medien nicht erfunden werden, sondern erst entstehen, wenn die Gesellschaft einen neuen Verwendungszweck für die Medien gefunden hat.

Bd. 73 und 74 bzw. 14 und 15: Michael Nagel, Moshe Zimmermann (Hg.): Judenfeindschaft und Antisemitismus in der deutschen Presse über fünf Jahrhunderte: Erscheinungsformen, Rezeption, Debatte und Gegenwehr. Five hundred years of Jew-Hatred and Anti-Semitism in the German Press: Manifestations and Reactions. Band 1 und 2.
ISBN 978-3-943245-10-3 – LIV, 452 S.; ISBN 978-3-943245-11-0 – XII., 646 S., 2013 – Hardcover – je Euro 44,80

Die fünfundfünfzig Beiträge der beiden Bände dokumentieren und analysieren, in chronologischer Abfolge, die mediale Vermittlung judenfeindlicher und antisemitischer Bilder und Unterstellungen durch sämtliche Epochen der deutschen Pressegeschichte hindurch. Sie beginnen, nach einem Blick auf Angriffe gegen das Judentum in nichtperiodischen Medien seit dem Mittelalter bis zur Reformation, mit der Frühen Zeitungspresse ab Anfang des 17. Jahrhunderts und enden mit der heutigen online-Publizistik.

Bd. 75: Holger Böning: 300 Jahre Friedrich II. Ein Literaturbericht zum Jubiläumsjahr 2012. Eingeschlossen einige Gedanken zum Verhältnis des großen Königs zu seinen kleinen Untertanen, zu Volksaufklärung und Volkstäuschung sowie zur Publizistik
ISBN 978-3-943245-13-4 – 380 S., zahlr. Abb., 2013 – Hardcover – Euro 24,80

„Wieviel Beispielhaftes schaffen doch die Historiker heran, wenn sie für den Ruhm gewisser Monarchen eine ausgesprochene Vorliebe hegen!" Dieses Wort des Erstaunens formulierte der preußische König 1737 in einem Brief an Voltaire.

Friedrich II. selbst kann sich über die Reputation, die er bei den Historikern genießt, nicht beklagen, und er hat selbst alles dafür getan, dass die Bilder seiner Taten in allem Glanz übermittelt werden. Folgt die Geschichtswissenschaft noch immer dem, was der preußische König ihr vorformuliert hat, oder bezieht sie mittlerweile eine eigenständig-kritische Stellung zum umstrittensten Monarchen der deutschen Geschichte? Dieser Frage geht die vorliegende Studie in der Auseinandersetzung mit der Literatur nach, die zum 300. Geburtstag Friedrichs II. erschienen ist. Eingeschlossen ist ein Blick auf das Verhältnis des großen Königs zu seinen kleinen Untertanen, zu den gemeinen Soldaten insbesondere, auch zur Volksaufklärung, Volkstäuschung und Publizistik.

Die Publikationen der edition lumière sind in
jeder Buchhandlung erhältlich
und finden sich unter:
http://www.editionlumiere.de

Bestellungen versandkostenfrei auch per e-mail
edition.lumiere@arcormail.de
per Fax 0421 36 48 704 oder per Post an
edition lumière, Scharnhorststraße 26, 28211 Bremen